通盘无妙手

女私募基金经理26年投资感悟

刘红 著

中国人民大学出版社
·北京·

谨以此书献给愿意慢慢变富的您。

推荐序

善战者无赫赫之功

陆宝投资合伙人　王成

时间过得真快，我和刘老师创办陆宝投资已有八年整。创业不易，此刻回头想，如果不是我们都对价值投资有坚定的信念，也许熬不下来。

我和刘老师都曾在国泰君安证券公司上海总部工作，我是2006年到国泰君安研究所工作的，刘老师那会儿已经在国泰君安工作近十年了。2011年我作为国君研究所首席策略分析师，创作了《策略投资》这本书作为研究所的培训教材，刘老师当时是业务部门的产品总监。在与《策略投资》有关的研讨中，我留意到刘老师对书中第9章"市场心理分析"和最后一章"投资决策流程优化"特别感兴趣，与其他同行读者的关注点不太一样。我们为此进行了深入的讨论，这些讨论后来促成了陆宝投研体系的基础框架。

刘老师是个股痴。和股票相关的，她能力超群；和股票无关的，她水平就一般。刘老师虽然不是研究所研究员，但对于选股分析很有自己的一套，这应该和她的特殊经历有关。十多年前我组建国君中小盘团队，刘老师偶尔会来旁听我们的公司研讨会。当时创业板的很多公司，我们都一起讨论。我粗略统计过，刘老师看对公司的概率相当高，堪称高手。在陆宝的这几年，她一直孜孜不倦地优化选股体系，不断研究行为金融学的各种信息，这股劲头让我佩服。

我们联合创办陆宝投资的初心很简单，就是一心一意提升客户资产价值。我们希望在陆宝打造一套能把自上而下和自下而上完整结合的投研体系。这套体系能涵盖选股、资产配置、投资组合等关键要素，通过投研一体化的实践，输出基金产品净值稳健向上的结果。

这八年来，我们团队所有的时间和精力都耗费在此，特别拼。好在功夫不负有心人，陆宝顺利度过了2015年股灾、2016年熔断、2018年大熊市，我们的产品净值和管理规模始终顽强向上，取得了不俗的业绩。刘老师这些年在行业内获奖无数，相当了不起。

做投资研究的人很难一心二用。这些年陆宝的管理规模持续增长，我们的客户85%都靠口碑相传而来。这种发展模式虽然慢，但符合陆宝强调的稳健原则。

曾经有机构向刘老师建议重视个人包装、打造人设、增加曝光度等，说这样可以加强营销，但都被刘老师婉拒了。她对成为一名成功的商人没啥兴趣，不仅如此，她还总是不按常理出牌。如果只看刘老师的朋友圈，很难猜到她是一位水平极高的基金经理，因为她只要有点空闲，就喜欢在朋友圈晒出行或练瑜伽的照片，周末还写些游记、读书笔记之类的文章发在"陆宝投资"公众号上。关于辛苦工作的内容，刘老师却固执己见，认为没必要发。

我认为刘老师不止我行我素，还挺奇葩。平时在管理上，除了反复强调合规，几乎什么都不爱管。对于有些和陆宝理念差别太大的客户，她从不会去积极主动争取，号称"佛系"。但刘老师每年都热情折腾陆宝投资者年会，去年还鼓动大家搞了个陆宝运动会。这些事看起来费力不讨好，结果却往往出人意料的好。这几年遇到媒体采访，她能躲就躲，躲不过就把我推出去。遇到这样的合伙人，我也不容易。

大家都说刘老师是个女汉子，我非常同意。我到现在都记得，公司的第一只产品陆宝点金精选2014年发行时，刘老师竟然在合同里勾选的是公布费后净值（后来发行的其他专户产品也大都如此）。也就是说，陆宝公布的产品净值是扣除了管理人的费用和业绩报酬的。同业的私募基金管理人大都会选择公布费前净值，毕竟，费前净值代表了投资经理创造的价值，更能真实地体现投资经理的能力水平。刘老师为何会犯这种低级错误呢？选择公布产品费后净值显然不划算：在基金业绩排名或比赛中，我们的产品就相当于至少打个8折参与竞赛。在业绩竞争白热化的私募基金行业，这个选择对市场营销工作相当不利。对于此事，女汉子刘老师没有特别介怀，她对大家说："我们如果站在客户角度，所见即所得，其实挺好的。短期来看，我们好像吃亏了；但长远来看，陆宝若真有实力，就不该怕打点折，该赢还得赢！"

一家私募基金公司是愿意全心全意为现有的客户创造价值，还是要用客户的资金冒险且花费大量精力（人的时间和精力是有限的）去开发新客户以便快速做大规模？答案只能二选一。在我们的坚持下，陆宝始终选择前者。刘老师在投资上从不激进，信奉稳健才能创造持续的复利。一年一倍者如过江之鲫，三年一倍者却寥若晨星。这么多年下来，持续稳健向上的业绩曲线让我由衷佩服她。从投资的专业角度来说，刘老师非常靠谱。

刘老师的微信朋友圈个性签名是：本是山中人，偶为前堂客。我认为她有知止的智慧。路遥知马力，如今公司稳健发展，团队蓬勃向上，必须感谢山中女汉子为陆宝付出的所有努力！善战者无赫赫之功，善弈者通盘无妙手。

我向大家郑重推荐本书，看起来"通盘无妙手"，其实处处是智慧。细细品来不仅能得到很多投资上的共鸣和经验，更重要的是可以获得非常舒适的心灵体验。

自 序

2021年7月，我满50岁了。正式跨入50岁行列的我荣获了职业生涯的又一个奖项——"第二届新财富最佳私募投资经理"。当天，我收到了一位老同学发来的祝贺短信："这些年看着你一路走来，始终坚持做自己，恒以致远，实在不容易啊！"那一瞬，我的眼泪唰地就流了下来。

很难想象，像我这样一位既没有名校光环，也没有资源和背景的女子，能在证券行业一干到底。中国证券行业从1990年呱呱坠地，到如今已是"三十而立"。我则将全部的青春献给了发展中的中国资本市场，从一个新手小白成长为一名证券行业资深从业者。

1994年，受一位朋友影响，23岁的我怀揣着3 000元，在上证指数只有660点时初入股市；1996年，25岁的我正式进入国泰君安证券营业部工作，那时上证指数在900点左右；2001年，30岁的我通过公司考核调入国泰君安上海总部，那时上证指数达到了2 100点；2013年，已过不惑之年的我，告别工作了17年的老东家，参与创办上海陆宝投资管理公司（简称"陆宝投资"），当时上证指数在2 200点附近；2021年，上证指数在3 500点上下震荡，年过半百的我依然担任着陆宝投资的CEO。作为中国首批取得中国证券投资基金业协会备案登记的证券私募基金的投资经理，我的职业生涯可以概括为简单的四个字："复利人生"。

投资界有这样一句名言："华尔街有胆大的交易员，也有老的交易员，但是没有又老又胆大的交易员。"我入行之初，一位老领导告诫我们年轻人："想端好金融这碗饭，必须洁身自好，永远牢记谨守本分，否则要么一脚踏法院，要么一脚进医院。做我们这行的牛人多得数不清，但只有活到最后且安全退出的人才是真正的王者，正所谓剩（胜）者为王。"如今，我已从业26年，经历过中国证券市场五轮牛熊，越发深刻理解并认同上述之言。

2004年的一天，我去上海陆家嘴附近的一座大楼，刚进大厅，就见到一群身着白衣的老人拉着黑色的横幅，上面写着红色的大字"还我血汗钱！""谁给我养老？！"这个场景令我震惊，一了解，原来是这群老人买了理财产品并亏了很多钱，索赔未果便采取了上述措施。看着这群眼神绝望、面带愤怒又憔悴不堪的老人，我心里真难受。他们本该安心享受晚年生活，却因购买了与自己的风险承受能力不匹配的理财产品而如此痛苦不堪。我当时暗暗发誓：一定要拼命勤学苦练，练就超级稳健的投资风格，争取做一名能让客户们夜夜安眠的投资经理。

非常幸运的是，随后的几年时间恰恰是价值投资在中国萌芽发展的时期，市面上有关投资的书越来越多，我得以尽情阅读学习；国泰君安研究所更是开创了国内上市公司与行业基本面研究的先河，让我得以如海绵般疯狂积累知识，提升自己。

很多人都认为股票市场是一个零和博弈的市场，一个人赚的钱就是另一个人亏的钱，但事实并非如此。股票市场的盈利大部分源于两类因素：一类是赚上市公司业绩增长的钱；另一类是赚估值提升的钱。前者很好理解，就如巴菲特所说，哪怕股票市场关门，只要咱买的股票对应的企业经营好，持续产生利润，甚至总是分红，那么作为股票持有者的股东，就没有什么好担心的，因为手上的股票肯定会随着企业的增值而越来越值钱。后者也不难理解，大意就是预判现在所买入股票的价格在未来某段时间会上升并得到他人认同，从而卖出股票赢利。

对这两大因素的认可程度，决定了投资者不同的投资理念。价值投资者大多选择前者，即希望赚上市公司业绩增长的钱；博弈论者则大多倾向于后者。股票市场起起伏伏，不同理念者在不同阶段有得有失。我也经历过无数次的徘徊选择，最终选择价值投资之道并坚定不移地走到现在，源自我对"复利"树立起了虔诚的信仰。

"复利"是指先计算第一期利息，再加到本金上，然后用新的本金计算下一期的利息，就这样重复计息，即利生利。复利的公式可简化为：$PV \times (1+r)^n = FV$。举个例子，假如你30岁时用20万本金做投资，年化收益率为15%，在不抽出本金和收益的情况下，坚持20年，你50岁时将有327万，60岁时能有1 324万，80岁时则将拥有2.16亿的巨额财富！

复利投资有如此大的诱人魅力，但是在现实世界中，却极少有人能真正做到。尤其在股市，更有"七亏二平一赚"之说。理想如此丰满，现实却过于残酷，这种近乎分裂的状态令我总想探个究竟。也就是这份强烈的好奇心，支撑我常年保持着高昂的斗志，默默艰苦工作，尝尽各种酸甜苦辣，痛并快乐着，一直走到今天。

陆宝投资成立8年以来，我们坚守复利原则，构建了专业的系统性投研体系，从零起步，稳健发展。这些年来，我们荣获了私募排排网2020年公司榜收益组冠军、东方财富私募风云榜五年最佳基金产品、《证券时报》私募大赛十佳产品、万得三年期最强私募基金公司等荣誉。我个人也荣获了首届中国证券私募华曜奖最佳股票策略基金经理、第二届新财富最佳私募投资经理及私募排排网稳健女性私募基金经理等荣誉。自始至终，我都牢记着"严守合规，谨守本分"的原则。

繁忙的工作、巨大的压力是投资行业的常态。我天性内向，不喜社交，自我调整压力的最好途径便是读书和写作。除了金融，我对未知领域的好奇心也比较强。社会、历史、科幻、心理等类别的书我都很喜欢，偶尔也会写些读书笔记。写作能使我得到放松和休息。通过写作，我可以屏蔽外部的压力，回归理性清晰的思考状态。后来，陆宝投资有了微信公众号，小伙伴们建议我把文章分享到公众号上。我就陆陆续续发了一些随笔。阅读量虽不算多，但常能引发读者的共鸣和互动，这对于我实在是超额的鼓励。

这些年，时不时会有三两朋友建议我出本书，我总是摇头。一来，我有自知之明，深知我这粗浅的文字实在难登大雅之堂；二来，我始终认为，过去再好的投资业绩并不等于未来还能有，只有等到若干年后退出投资领域，那时白发苍苍的我或许才有资格写些投资心得与读者分享。

2020年，突如其来的新冠肺炎疫情令我改变了想法。人生无常，世事难料。这些年目睹越来越多的人因为投资不当而生活受挫，更有人因为过于激进而陷入万劫不复的悲凉境地，有一个声音在我脑海里不断回响——我很想告诉善良的投资者：“投资千万别急，慢即是快！请坚信复利的价值！”

我的前半生只做了投资这一件事，价值投资早已渗透到了我人生的方方面面。既然过去的每一步都是付出和探索，既然复利的种子正在生根发芽，索性就在当下把过去的所思所想结集成册，分享给有缘人吧。黄金非宝书为宝，万事皆空善不空。低头是书本，抬头是未来。

在中国越发强大的时代背景下，希望能与各位朋友在价值投资的长路上结伴远行，坚持终生学习与修行，祝愿我们的心智和财富能共同成长。

书中不尽言，为吾之过也。

刘　红

2021年8月28日夜，于上海

目　录

第一篇　点万两金 / 1

谁能在股市中赚钱？/ 2
什么是好的投资心态？/ 5
如何从投资中持续赚钱？/ 9
估值的面壁人和破壁人 / 16
投资的规范、体系与远见 / 21
做投资不能有太多幻想 / 26
英雄未老 / 29
炒股有害健康？/ 34
通盘无妙手 / 40
最贵的，是自己 / 44
市场也有精气神 / 49
真厉害！/ 54
投资需要答对三道数学题 / 61
成长是人生最好的交易 / 66

艰苦训练，轻松比赛 / 70
"奇葩"巴菲特 / 74
打开私募基金的正确姿势 / 85
从巴菲特作业想到的 / 89

第二篇　读万卷书 / 93

进一寸有一寸的欢喜 / 94
《在股市大崩溃前抛出的人：巴鲁克自传》之读书笔记 / 98
《华盛顿邮报》/ 106
人生若只如初见 / 115
《乌合之众》与《比利·林恩的中场战事》/ 120
《调音师》/ 125
《飞行家》观后感 / 128
少有人走的路 / 133
惊蛰，笔记杂言 / 138
《查理·芒格的智慧》/ 146
我选择　我想要——《非暴力沟通》/ 150
《万万没想到》/ 154
《正义的成本》/ 158
读杂书，写闲语 / 162
观《沉睡魔咒》有感 / 167
跟着感觉走 / 171
驱动力 / 174
赖声川与他的上剧场 / 177

目录

三个女人的三本书 / 181

第三篇 悟万条理 / 191

致青春——生于 70 年代，长于 80 年代 / 192
身心健康　大脑灵光 / 196
性价比的时间管理 / 201
修炼最好的自己 / 206
价值投资者会更长寿吗？/ 210
客户见面会之异想 / 213
想要幸福还是一定要幸福？/ 216
找个什么样的人结婚？/ 220
开学季的唠叨 / 223
虚实之间 / 226
不惧不惑，向阳而生 / 230
空麻袋立不住 / 234
瑜伽与情绪自控 / 240
艾扬格与巴菲特 / 244
针灸、瑜伽和投资 / 254
小概率和大概率的选择 / 262

第四篇 行万里路 / 269

懂得性价比，玩遍全世界 / 270
"丧"之旅 | 私募老总寻房记 / 279

伦敦游记 / 284

美东游记 / 293

奥马哈之旅 / 300

欧洲游记——有逻辑地做事，有乐趣地生活 / 307

匠人之旅 / 313

后　记 / 319

第一篇

点万两金

谁能在股市中赚钱？

我是 23 岁时攒够 3 000 元后开始踏上炒股之路的，从业余选手进阶到职业选手，已有 26 年的时间了。为何执着于此，皆因持续得到了正反馈（赚钱），加之好胜心和好奇心并未随年龄而减，这才欲罢不能。内心有个念想，日子便过得飞快，苦中作乐也心甘情愿。

我比任何人都希望找到答案。我曾参与分析过几百万客户的交易数据，结论令我大跌眼镜——能连续 4 年在股市赚钱的客户居然只有 2‰！我还听说过一个更令人震惊的数据：某私人银行历年所有权益产品的复合收益率仅有 4%！这两个数据足以颠覆我对股市赚钱比例的认知了，股市神话年年有，基金冠军排排坐，至少也应该是一赚一平八赔呀？到底是数据错了还是我们的感觉错了？

今天无意中看到了来自某平台的大数据，终于把这层谜底揭开了。这是某顶流基金的用户盈亏比，这只基金过去一年净值飙升了 120%，但平台数据显示超过 80% 的持有人都处于亏损状态，其中亏 5% 以上的持有人占了 65%；更令人惊讶的是，获利超过 5% 的持有人只占 9.6%。

亏5%以上	亏5%以内	赚5%以内	赚5%以上
65.0%	16.9%	8.5%	9.6%

平台某顶流基金用户盈亏分析

平台提供的数据显示，不仅是这只基金，其他家基金用户盈亏占比也大同小异。

这可是在2020年基金取得了历史性好业绩下的当年用户数据，如果加上2015年（去杠杆）、2016年（熔断）或者2018年（大熊市），我估计真实的用户数据会更加令人心碎。

由此看来，想要在股市赚钱，尤其是持续地赚钱，其实挺难的。关于投资，有一句至理名言：投资很简单，但并不容易。

明明不容易的事，大众却趋之若鹜。问题究竟出在哪里？这个答案众说纷纭。

那么，到底谁能赚钱呢？我分析过公司的客户数据，答案很令人欣慰，同样截止到2020年年底，我们超过95%的客户都是获利的。然而，我们的产品业绩比起顶流们还是略逊一筹的，基本就是四颗星的水平。那陆宝的客户为何能赚钱呢？我认为，最大的原因是我们从来不鼓励客户择时。

2018年年初，曾有机构联系我，希望合作发产品。我当时说："现在投资获利机会很小，先别发产品了，免得客户亏钱体验不好。"后来，经过一年的暴跌，该机构的领导继续找到我说："就怪你太有责任心，我们的客户今年亏惨了，还不如年初就发产品，现在只亏两三个点该有多好。"从此以后，我谨记教训，坚决不乱做主张，也不鼓励客户自己择时。以后，但凡客户问"现在是高位还是低位？""现在买还是过一段时间跌下来再买？"等诸如此类的问题，我往往都如实回答："我也不知道。对我们来说，反正只买有性价比的公司组合投资，有合适的就买，估值高了就卖。我们从不敢保证你一定赚钱，但是我们敢保证我们自己知行合一做投资。"

知行合一，也许正是投资能赚钱的那把密钥。

如果客户当初是抱着"我也买只基金玩玩"的想法，那么大概率就会亏钱。这是因为，"玩玩"就是消费，消费就得花钱。

如果客户抱着"听说买基金很赚钱，隔壁张三都赚了老多了，我也要买"的想法，那么大概率也会亏钱。这是因为，盲目跟风，跟的是"风"，风往往来无影去无踪。

如果客户抱着"买基金就是要追涨杀跌"的想法，那么大概率会继续亏钱。"追涨杀跌"的意思就是高买低卖，高买低卖怎么可能赚钱呢？只有低买高卖才能赚到钱啊。

知行合一，对作为业余选手的基金用户和作为专业选手的基金经理具有同等的约束力。

很多专业选手只能在牛市中赚钱，然后在熊市中又亏了大钱，这种选手就很难持续创造超额收益。还有很多专业选手过于灵活，一涨就加仓，一跌就减仓，甚至还有永远半仓操作的，这也很难算知行合一。金融业是离钱最近的行业，在钱面前，人心的贪嗔痴都会被无限放大……

如此想来，知行合一的基金用户和知行合一的基金经理能有缘碰上的概率实在是太低了。

股票投资是买入并持有优秀企业的股权，与优秀企业家治理的企业共同成长；资产管理则是用投研体系和专业构建投资组合。谁能牢记初心，谁就能在股市中赚到钱。

心离钱越远，钱才会离我们越近。

2021年3月20日夜，于上海

什么是好的投资心态？

由于陆宝的年轻小伙伴们家都在外地，今年春节公司就多放了两天春运假。马年第一个工作日午餐时，我问："大家都说投资到最后比的是心态，那么什么是好的心态呢？"智商超高的王老师答曰："这个还真不好说，这个还真难表述，心态这东西很难客观量化呀。你有什么想法？"皮球又滚到了我这边……

我认真思考过这个问题，但是自己一直没有清晰的答案。直到这个春节，在读了一系列社会心理学的科普书籍后，才终于产生了一些想法和认识。

（1）投资的过程其实就是决策的过程。决策中面临的选择越多，一定会越痛苦，选择后的压力越大，而此时要放弃选择，则更需要勇气。

心理发现 1：选择过多不仅使人们做决定变得更艰难，因而感到更沮丧，还会让最终被选中的"幸运儿"魅力大减，导致满足感更低。

心理发现 2：峰终定律、锚定效应、框架效应、禀赋效应等一系列的实验结果表明，每当人们要决定自己的收益时，大多倾向于规避风险，具备风险厌恶的特征。但当人们面对损失时，却会一个个变得极具冒险精神，变成寻求风险的冒险家。

（2）要做出明智的选择，第一步就是要确定一个清晰的目标。而关于目标，很多人都未真正想清楚过，那就是你非得选择最好的那个目标（最大化者，另需注意，最大化者和完美主义者是两码事），还是说足够好就行（满足者）？

心理发现1：最大化者虽然总是朝着"最好"努力，但几乎永远无法对最终的选择感到满意，因此，最大化者可能更容易成功，但满足者更容易幸福。

心理发现2：消极情绪会导致注意力范围缩小，无法全面考虑影响选择的各个因素。相反，心情越好，思维就越灵活，能考虑到更多的可能性。

心理发现3：沉没成本无处不在（我也是沉没成本效应的奴隶，我的衣柜里总有几件我永远不会再穿的衣服，但我却因为当初购买时非常喜欢，一直狠不下心扔掉它们）。很多人会选择维持一段破裂的恋情，并不是因为他们深爱或觉得亏欠对方，也不是因为他们认为自己有履行誓言的道德责任，而是因为他们已经为这段感情投入了大量的时间和精力。受困于沉没成本更多是受到规避后悔的驱使，而不是为了规避损失，因为当人们需要为最初的决定负的责任越大时，沉没成本就越高。这种想法只着眼于过去，而不是将来！

回到股票市场：同样是年收益率50%，有人欢喜有人愁。最大化者会拿今年业绩翻倍的前几名说事，不爽；而满足者会和整体平均水平比较，甚至只和自己的年复利目标比较（比如我），超爽。这是因为，我们所构建的反事实思维可能会形成上行假设（想象一个更好的结果）或者下行假设（想象一个更坏的结果）。上行心态自然容易导致妒忌、不满等消极情绪，继而引发挫折感、压力感。下行心态则相反。很多客户甚至基金经理会因为曾经在很高价位买了某只股票，就一直拿着、熬着，明知道没希望解套，但始终不敢下决心砍仓，这就是典型的沉没成本心态惹的祸。

（3）做正确的决策需要的不仅是专业知识，更多的是意志力！我们的意志力让我们成为地球上最具适应力的生物，意志力是人类独有的美德。意志力越强的人，越乐于助人。自律永远通往仁慈！

心理发现1：如果幸福是快感的总和，那么获得幸福人生的秘诀就是获得快感。但是，快感不等于幸福，即使我们每时每刻都在享乐，都在满足自己的欲望，也未必能有幸福的人生。在一生当中，只有意志力顽强的人，才能走得更远。意志力研究介于科学和行为学的交叉处。

心理发现2：是人，就避免不了折中。在动物王国中，我们不会看到猎手与猎物之间有很多拖拉的谈判。折中是一类特别高级、特别难做出的决策，正因为这样，折中能力是意志力耗尽之后第一种衰退的能力，特别是在我们购物的时候。购物就是不断在质量和价格之间折中，而质量和价格并非总是同时同向同比例改变。通常，商品的价格提升得比质量快。100美元一瓶的葡萄酒通常比20美元一瓶的葡萄酒好，但是前者有后者的五倍好吗？这不存在客观的正确答案，而是完全取决于你的品位和预算，当超过某个临界点时，上涨的价格便与提升的质量不匹配了。选择那个临界点，就是做了最佳决策，只是，这个临界点很难算出来。而没有意志力的购物者在最后阶段也就是意志力被耗尽时，总会说："就买价格最低的"，或者"就买价格最高的"，再或者"你有什么建议，我都听你的"。

心理发现3：亚裔美国人只占美国人口的4%，但是斯坦福、哥伦比亚和康奈尔之类的精英大学有近1/4的学生是亚裔美国人。学者研究发现，这是美国亚裔父母培养孩子从小的自制力、给孩子从小设置高目标和严标准的结果。而孩子其实也需要清晰的规矩，为违反规矩承担责任是孩子健康成长的重要保证。

心理发现4：意志力强的人并不会把意志力用于救急和度过危机，而会把意志力用来培养有效的日常习惯，以此来避免危机。意志力强的人总是以攻为守，不管在学习工作上还是在生活玩耍上——以攻为守，快乐更多、压力更少。他们身上有最显而易见又最容易被人忽视的特征：绝不拖延（拖延几乎是种无处不在的恶习）。而预设底线是终极进攻武器（因为预设底线有助于避免情绪温差）。

回到股票市场。我从业已经20多年了，曾经听过无数令人唏嘘的新闻，有人自杀、有人进牢房、有人抑郁、有人爆仓……总有人追求个人快感，不顾家庭的幸福；总有人想一夜暴富，于是铤而走险……投资从来不是比谁更好的游戏，而是比谁犯错最少的游戏。要想少犯错，就需有正确的三观和强大的意志力！

那么，究竟什么是好的投资心态？那就是：从满足者的角度去选择投资标的，同时在投资决策过程中保持意志力。

令我感到欣慰的是，通过阅读学习和各种测试，我发现自己原来就是最棒的满足者，同时也算一名意志力较强者。难怪我多年来都能一如既往保持对投资的热情，且作为一名价值投资者能连续多年取得不错的成绩。也许，好的投资心态是与生俱来的。天生我材必有用，只有具备好的心态（或者说是性格）才能有好的人生。正所谓：心正而后身修，身修而后家齐，家齐而后国治，国治而后天下平。

2014年2月8日，于家中

如何从投资中持续赚钱？

清明小长假期间，陆宝小伙伴转发了一张微博网友的图片到我们的投研群，我一看，竟然是十年前王老师写的一篇旧文。小伙伴们在群里纷纷羡慕王老师有这样忠实的粉丝，同时也表达了对他专业的佩服。旧文是一篇周报，发表于2007年10月8日，当天的上证综指报收于5 692点，6个交易日后即10月16日，史上6 124高点出现！当时的市场有多疯狂，后入市者已无法体会。不过，当看到王老师在文章中摘抄的几家卖方报告的观点时，大家还是大笑不止。我说，其实当时还有分析师在强烈看多，指出上证指数第二年（2008年）就有望冲顶8 848！小伙伴问怎么还有零有整，如何算出来的？答案是：上证指数要挑战珠峰最高点8 848呀……只可惜，一年后8 848点并没有到来，1 664点倒成了很多人的噩梦。

十年前的牛市高潮期，有意思的事还真多。前段时间看一位朋友发的某卖方机构U** 分析师关于某能源公司的闹剧，把我笑晕了。因为，我勉强算是亲历者之一。事件起因很简单：一个有12年从业经验的卖方研究员，面对市场的疯涨，一个月之内悍然把这家公司的目标价从30多港元调升到了101港元！随之，便有了一个电话会议。在电话会议里，各路大神愤然开骂："我们在A股市场困惑这么久、疯狂这么久了，就想得到一些国际报告的理性分析，给我们一些理性的估值体系。但是，你们不但不给我们理性，反而比我们更疯狂！"

在这场轮骂中，有一段对话特别过瘾，我且转载抄录在此：

客户：您好，我想请教一下，您这个 101 的目标价，是 12 个月的目标价吗？

U**：当然了！

客户：那好，那您觉得中国的煤炭价格 12 个月内要涨两三倍了？

U**：根据我的分析，是的。因为我这辈子从来没见过哪一个宏观经济的哪一个周期，是这么强劲、这么特殊的，完全有潜力啊。

客户：那我们要好好探讨一下您的逻辑了。因为您首先说公司应该值 75 倍 PE，应该比 A 股最贵的还贵，倒推出来煤炭价格应该是 1 000 多元人民币一吨，然后您说宏观经济特殊，可以达到这个局面。那这就是一个先有鸡还是先有蛋的问题，您自己到底相信什么？您到底是相信中国的煤炭价格 12 个月内应该到 1 000 元/吨，还是相信 A 股的估值是合理的，应该值 75 倍 PE？

U**（愕然，随即说）：当然是后者！（此时语音语调已经颤抖了。）

客户：既然您自己都不相信煤炭价格能到 1 000 元/吨，只是觉得为了让目标价能升到 101 港元，煤炭价格应该升到 1 000 元/吨，那我就奇怪了。既然煤炭价格不涨，没有盈余动量，您怎么能这么大幅提高估值呢？这完全不符合逻辑啊。

U**：但是，A 股都是那么贵啊。

客户：那么，您其实是觉得 A 股的估值很理性、很合理了？那么，我问您，您这个月一下子调高几倍目标价，如果这个月底 A 股从 6 000 跌到了 3 000，同类公司的估值也从 60 倍 PE 跌到了 30 倍 PE，那么您在这个月月底就会把该公司的目标价再向下调低一半吗？

U**：没错！是这样！（估计破罐破摔了。）

第一篇　点万两金

客户：所以说，您自己最相信的，还是动量，而不是基本面了？我首先跟您说基本面吧。刚才很多行家已经跟您探讨半天了，我只想说，中国宏观经济现在确实强劲。请问您有没有和电厂交流过，如果煤炭价格突然涨三倍，那电厂还能运营吗？其次，如果煤炭价格涨三倍，煤厂收入这么多，它们的挖煤工人要不要涨工资？涨的话，那其他行业就会看到。挖煤这么赚钱，那岂不是所有人都来挖煤了？

U**（突然打断）：这位先生！您是不是香港的？您在香港的话，我单独请您喝咖啡再讨论吧！您这么分析都有道理，但其实我也是一个非常有幽默感的人啊！（双方在电话中都热情地笑。）

客户：其实，我并不是说您的想法和结论是错的。我质疑的是您的逻辑过程。事实上，在我有生之年，中国的煤炭价格会不会涨到1 000元/吨呢？这是有可能的。但您现在的逻辑是相反的。您盲目地认为目标公司应该值101港元，倒推回去说煤炭必须1 000元/吨，这种逻辑是错的。

还有，当年世界石油价格还是十几美元的时候，中石油才一块多，当时也没有人跳出来说世界石油价格必然到100美元，中石油必然值20元。但是，随着世界石油价格的提高，中石油是不断被调高的。股价是遵循基本面的，不是遵循动量的。煤炭可能也有这个过程，然而，并不是现在。

U**愕然，无言以对。

客户：煤炭价格1 000元/吨是公司值101港元的充分条件，而非必要条件。充分，也非唯一充分。您的逻辑过程，完全颠倒了。您现在不是针对基本面，反而是针对动量，您的前提是认为动量是合理的。卖方报告，不应该这么写。我很奇怪U**是怎么批准您这种报告发表的。

U**（有点不耐烦）：你也不用说别的了！我这么说吧，我在这

11

行干了 12 年，我最重要的任务，是要为客户赚钱！现在，你们赚了钱，应该开心才对啊！

客户：其实，您这么说也不合适。其实，不用您把报告写出来，我们自己心里也有数，在一个 peak market, peak valuation, and strongest momentum 之下，股价可能炒到很高。难道我们自己不知道？但您现在的问题是，用错误的论据、错误的逻辑，推出错误的结论，而且您背弃了卖方应该遵守的研究纪律，去投靠动量阵营，用疯狂解释疯狂。

U** 愕然。

电话会议就此草草收场，可惜那会儿还没有微信，否则我估计这场闹剧早就刷屏了。不过，这事儿在当时其实还是挺轰动的。那段时间，但凡有重要的电话会议，我都会想着去听，还会特别认真地提前做好功课。现在想想，之所以会这样，大概是因为在那段特殊的时期，市场中的人要么是已经疯了，要么就是在即将疯的路上。理性的人反而过得非常憋屈和压抑，只好自己找乐子，把电话会议当成同道中人临时搭建的游乐场。

后来，我也曾在不少上市公司的调研中玩过类似的智力游戏，前几年还能邂逅些同道中人，这几年真是越来越不好玩了。无论电话会议还是实地调研，渐渐变成了明白人（少）和糊涂人（多）的对垒，宾客双方都客客气气的，乐趣大减啊！

10 年前是这样，那么 20 年前又如何？这个话题，会让我有种老到没朋友的感觉吗？当然不会。证券投资这行最大的好处就是：时间飞逝，10 年、20 年都真的只是弹指一挥间而已。所以，我常常和朋友开玩笑说：我只有 24 岁呀，只不过另外加了 20 多年的投资经验。

20 年前，那是 1997 年，我当时还在证券营业部工作。记忆中，

1997—1999年是我工作强度最大的三年，每天工作十五六个小时是常态，除了大量难以想象的超繁杂工作，每晚还得加班写许多东西，因为要为报刊股票投资版面几个专栏同时供稿。报纸每晚11点截稿，所以我几乎没在11点前下过班。

如果说10年前的我算个乐天派，那么20年前的我绝对是个苦行僧。白天高强度、高压力的工作结束后，我们的4人小团队便开始夜战。尤其是1998年全年，我们每天晚上都要负责完成几个专栏，有专门分析新股的，有粗浅分析公司的，有热门点评的。大家都是年轻人，每当有人谈恋爱或者忙于其他什么事，我都是那个最后剩下的包子，也因此有了多个所谓的笔名。成为全能包子后，我为了增加读者的乐趣，便主动请缨要以营业部大户的操盘实录写一部连载小说，取名《大户沙龙》，专门写营业部几位真正的大户如何炒股。我的初衷是让更多的读者都能跟着优质大户走向致富之路。怀揣着这份好心，我开启了"网红"之路。没承想，我很快就掉进了自己给自己挖的坑里！

20年前炒股的绝大多数人，都是从看图和技术指标上手的，那会儿的我只是技术分析方面的一枚菜鸟。不过，我暗中挑选的小说主角可都是"看盘高手＋实战高手"，否则他们也不会成为大户啊（当年的营业部是按开户资金定义所谓的大户、中户的，我们营业部50万元以上资金的就算大户）。由于小说里每天都要提示公布这几位大户的操作记录和持仓，所以我的专栏在当地很火，报刊主编经常向我传达读者的吹捧，我还暗自骄傲。可惜好景不长，很快就有读者来骂了，抱怨说跟着大户炒亏钱啦！我内心既焦虑又着急，绝对比大户都急，也比读者还焦虑。更让我崩溃的是，被我挑选出来作为小说主角的几位大户，没多长时间就被市场打败了，有两位甚至还被请出大户室、转移到了中户室（中户的资金标准是30万元）。报刊主编各种呼我，说读者们强烈要求要有"股神"，要有"英雄"，要赚钱！营业部领导还找我谈话，说本来是为了提升营业部专业形象才出钱冠名整版报纸的，现在快被我搞砸了，问我到底还想不想要这份工作了。我小心地问领导能否停掉这个专栏，没想到各方都果断拒绝："不能停！读者就喜欢你写的专栏！"我简直欲哭无泪……

不过，或许冥冥中真有天意吧，内外交困的处境居然没有压垮我，我竟然咬牙坚持了下来。我们成都人常说，靠山山倒，靠水水流，靠自己最好。我迅速调整战略，开始不再依赖并不那么靠谱的大户，而是自己每时每刻都在挖空心思琢磨怎么才能让虚拟的"股市英雄"持续赚钱这个终极命题。我不仅自己拼命看图，研究技术走势和技术指标，甚至还买来坐标纸自己画K线图。一番苦功之后，我很快就从菜鸟成为技术派大拿，甚至能推荐出当天涨停的股票（这些本领，后来在上海国泰君安总部负责点股成金项目时可派上了大用场）。不过，因为看到客户吃过不少亏，所以我并不满足。加上市场也在不断提醒和教训我：技术分析并不总是靠谱。为了保住饭碗，也为了保住在读者心中的声誉，我又开始疯狂琢磨政策面、宏观面、行业面、公司基本面等。那几年，我整个人瘦到只剩下78斤，但每天还跟打了鸡血一样充满激情。

专栏写作到期后，我终于不用每晚加班了，也有了更多自由的时间。然而，"如何才能持续地赚钱"这个问题已经成功侵入我的脑海，我开始不是为了写作而是出于内心真正的兴趣来观察不同的投资者在不同的市场环境下如何思考并行动，也留意考察各种投资策略和行为背后的投资结果。也就是从那时起，对投资体系和投资方法进行专业的了解和学习成了我的渴望，于是我就像一块疯狂的海绵，大量地阅读、学习，反复地吸收、消化，也不断地边实战边选择。慢慢地，我开始充实自己。当我读到诸如《一个美国资本家的成长》（1997年版）、《客户的游艇在哪里》（1999年版）、《股票作手回忆录》（1999

年版)、《怎样选择成长股》(1999年版)等书籍后,我的视野开始变得开阔。2000年下半年,在准确预判了B股的大爆发后,尝到甜头的我开始对投资有了自己的理解。再后来,2005年前后,我如饥似渴地阅读了《证券分析》(2004年版)、《巴菲特致股东的信》(2005年版)、《向格雷厄姆学思考向巴菲特学投资》(2005年版)等一系列与价值投资相关的书籍,犹如在漫漫长夜中忽见光明。我想,总算找到一条属于自己的路了,于是,带着虔诚的心,我开始靠向价值投资这扇大门……

心血来潮写下此文,有两点特别的感受:一是感叹自己能有这么一段无悔的青春,没有拼搏过的青春那得多无聊啊;二是感谢自己的坚持,22年过去了,这段路走得多么艰难、多么不容易,只有我自己知道。但是,最令我开心的是,我现在依然还在这路上,且还在奋斗着。

感恩时光宝盒,令我活得从容自在且有爱……

2017年4月6日夜,于上海

估值的面壁人和破壁人

上个周末，我们公司外出团建，同事们都尽情享受夏日山水，唯有工作狂人王老师途中还一直顽强做研究，他甚至不合时宜地考问了邻座同学一个问题："某些板块的估值明显太高了，可资金还在买买买，买的人就不怕吗？"

看着大家扫兴的小眼神（说好不加班的呀），我秒懂，立马站起来且脱口而出："王老师，这个不用咱们担心，估值既有面壁人，自然也会有破壁人。"（我是刘慈欣的铁粉，读过他几乎所有的长中短篇科幻小说，面壁人和破壁人的说法来自《三体》。面壁人是指拥有很高权限，可以调动大量资源实现自己的计划，但不用向外界解释自己的计划和原因的人，他们的某些行为令人难以理解甚至很蠢，但也许是要隐藏真实意图；破壁人则是能够揭露并精准打击面壁人"真实意图"的人）。真希望读到此文的你也是刘慈欣的粉丝，除了"罗辑"，如果你也喜欢"丁仪""水娃""李宝库""林云"的话，这会令我喜出望外。

这两个月市场呈现反复震荡状态，符合我们之前的预判：2020年既没有牛市也不用担心出现熊市。今年总体而言（尤其是下半年）大概率会是精选个股的行情。

市场反复震荡折腾久了，近期开始出现了分歧：看牛市的投资人开始忧虑市场不涨是不是因为估值很高了；看熊市的投资人则担心市场早该跌却始终跌不下去，是不是要涨了。这再次印证了情绪波动带来市场波动。

其实，市盈率中值图最能反映市场整体状况。截至2020年8月28日，市场TTM市盈率中值为35.62倍。在过去20年大部分时间里，我国的股票市场都在30~40倍市盈率区间波动着。然而，市场整体市盈率也跟流动性和利率水平高度相关，目前这两个指标为估值提供的是正面作用。另外，由于疫情因素，今年一季度企业利润大幅度下滑，阶段性间接抬高了市盈率。客观来看，当下市场处于合理估值水平。更简单说就是：市场整体并不贵。

然而，市场整体不贵，并不代表就有大机会。当前A股共有3 986只股票上市，如果800亿市值以上的算是被广泛关注的大盘股票，则只有160只。200亿~800亿市值区间的股票算是中盘股，有550只。200亿市值以下的股票超过3 200只。也就是说，中国的A股市场，约82%被小市值公司占据，而且我们相信，这个比例以后会更大。在这种情况下，大部分投研机构重点研究覆盖的只可能是以大中型市值公司为主的公司，这个总量大概在500家。

让我们再来探究这批公司的估值情况：目前，这160只大盘股估值大于50倍的有60只，占比37.5%，主要是科技、消费和医药行业；估值小于20倍的也有60只，主要是传统行业，比如能源、金融等；估值在20~50倍的有40只，主要是一些增长预期稳定的大盘股，不限于消费板块或周期性板块。大盘股的这个分布相对于其他国家和相对于历史来说，其实是非常贵的。

消费行业因为没有业绩想象力，很难实现爆发性的增长，并且对于极少数新兴产业的大市值股票来说，业绩本身就很难超速增长。类似这种未来三年净利润在15%~20%稳定增长的公司，如果回归长期合理市盈率，股价空间应该说十分有限。做投资需要具有常识。让我们来看看全世界的消费牛股可口可乐，它历史上达到 60 倍市盈率就容易回归均值。而目前 A 股的消费股动辄百倍市盈率。

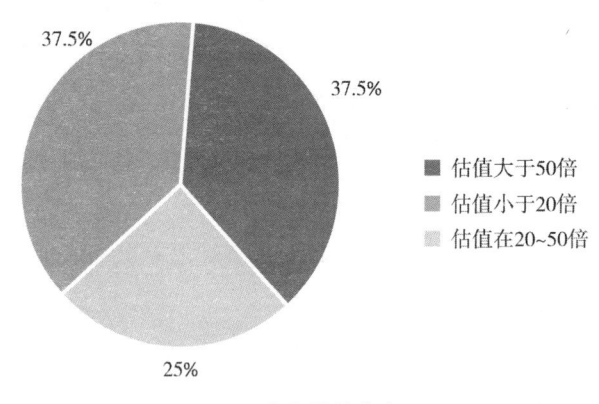

- 估值大于50倍 37.5%
- 估值小于20倍 37.5%
- 估值在20~50倍 25%

大盘股的分布

可能大家会问，那为什么这几年这种业绩涨幅小但是股价持续大幅度上涨的案例多之又多呢？为什么均值回归还没有到来呢？为什么某些叫嚣未来三年还要涨 100 倍的股神依然被热钱追捧呢？……我的答案是：这取决于投资者愿意降低多少未来的收益率并选择承受多大的风险。

学过金融基础知识的同学都知道，股价 P＝ 每股收益 EPS× 市盈率 PE。站在 10 年的角度，大部分时间里估值应该在一个比较中性的水平，不是特别高也不是特别低。长期来看，股票上涨终究应该只能赚到公司业绩增长的钱。这也是我们陆宝对价值投资的核心信仰。假如一家公司业绩的复合增长率为 15%——这已经是非常非常好的公司了，10 年后股价应该上涨 4 倍，投资者可以获得每年 15% 的股价涨幅。

但是，有些投资者是保守投资者，要求不高，对他们来说买优质大盘股每年获得 12% 的收益率就可以，这个购买行为本身就可以导致短期（比如半年）股价上涨 30%（这真是个好生意：内心想着 12%，短期市场奖励30%）！这时，另一些投资者会说：你要12%还保守啊？现在钱那么难赚，8%的收益率我就满足了。于是，他们也买优质大盘股，不到半年又上涨了40%！接着，还有投资者继续接受"新思想"：该优质大盘股是核心资产，确定性最大，风险远远比市场低。所以，它们正是我要的啊！这些投资者只要求5%的收益率回报就可以，结果短期内又上涨了30%！因为非卖品股价不断地上涨，让更多投资者认为这批非卖品公司好得不得了，投资逻辑完美，永远持有才是价值投资，2%的收益率都行，于是股票继续涨。这一来二去，导致非卖品股价在2年内轻轻松松涨了N倍。至于公司业绩才尴尬地涨了30%这点小事，真的不算事儿！

于是，新公式诞生了：要求更低的收益率，冒更大的投资风险，榨干未来的收益率！

这让我想起了《三体》里叶文洁提出的宇宙公理："生存是文明的第一需要；文明不断增长和扩张，但宇宙中的物质总量基本保持不变。"

假如一个基金经理买了这些股票，这几年复合收益率会很高，这位经理会成为超级明星基金经理，但这很可能是以严重透支这些股票的未来收益率为代价的。可是，大量蜂拥而来的新投资者并不知道他们未来不会获得过去几年显示的40%的复合收益率，要么只能获得长期2%的预期收益率，甚至可能会出现阶段性亏损！但愿我们是多虑了。

为什么市场短期也很难持续大涨？我们注意到，今年以来新股发行力度大增。中国股市历来就有支持产业升级的传统。陆宝做过一个统计：2016年，中国发行新股227只，融资1 500亿，贡献了2.4万亿市值。2017年，中国发行436只新股，融资2 300亿，贡献了4万亿市值，融资力度明显。2018年市场不好，仅发行100只新股，融资1 378亿，但是贡献了3.3万亿市值。2019年有了科创板，发行了200只新股，融资2 532亿，贡献了3.8万亿市值。今年因为疫情，估计全年发行320只新股，融资4 000亿，新增市值5万亿。未来2~3年每年至少发行400只新股，每年融资4 000亿，每年新增5万亿市值。一边是巨量融资带来新增市值猛涨，一边是有限的市场流动体量，在这种背景情况下，泡沫化牛市恐难再现。

然而，中国经济的韧性和内循环模式全球最佳，机会也非常多。只要避开不扎实高估值或严重透支的个股，我们对发掘并找到可持续增长的公司其实相当乐观。因为陆宝花了近十年时间积累打磨的投研体系，正是为了扎扎实实在几千家公司里不断地寻找未来三年复合增长率能在20%甚至更高的优质公司，从而为客户获得稳健的复利。如果把几千家公司当成几千颗种子，我们干的就是不断比对、不断优选配种组合的活。这活，很专业，相当累，但陆宝人乐此不疲。

半年报已经结束，我们这两周连开好几场投委会，总结了上市公司上半年业绩，对持有的个股组合进行反复评估，并进行了适当的调整。这得益于我们花了近十年的时间打磨的选股系统，我们找到了一批估值合理，甚至预期未来有很大发展空间的中小市值优质公司。

正如我之前说的，陆宝从不择时。如果选不到股票，我们就会果断降仓位，比如2017年年底我们及时降仓，后来成功避开了2018年的大熊市；同时，只要能选到股票，我们就会提高仓位，比如2019年三季度"我们加仓了"，然后迎来今年的净值大涨。事后证明，我们做了正确的事。

2020年的选股市下半场，我们很有信心继续赢下去。

2020年9月4日

投资的规范、体系与远见

最近这一两个月里,媒体报道了很多股票账户"爆仓"的真实案例,我的心情很复杂,总想表达些什么,但又感觉无从说起。

昨晚刚准备完陆宝年会要路演的PPT初稿,虽然花了很多心思在上面,但内心不由自主反复掂量,还能再如何改进?我习惯慢工出细活,每修改一次都希望"总归要比上一次有些进步"。对于一年时间里最多拿得出手一个路演PPT的我来说,总觉得进步太缓慢。

这次的PPT,我花了很大的篇幅讲述投资的规范、体系与远见。因为通过近期无数的"爆仓"事件,我发现,太多的投资人缺乏这个认知。

我曾经读过一本很好的书:《清单革命:如何持续、正确、安全地把事情做好》。该书的作者是美国哈佛医学院的医生阿图·葛文德(Atul Gawande)。葛文德认为,人类的错误主要分为两类:一类是"无知之错",另一类是"无能之错"。"无知之错"是因为我们没有掌握正确知识而犯下的错误,这是可以原谅的;"无能之错"是因为我们虽然掌握了正确的知识,但却没有正确使用而犯下的错误,这是不该被原谅的。作者从与我们每个人息息相关的医疗行业入手,告诉我们应该知道的一些数据,比如:"我们的身体能够以13 000多种不同的方式出问题";"为什么本该在90分钟内完成的心脏急救检查,成功率不到50%";"每年,全球至少有700万人在手术后残疾,而且至少有100万人没有走下手术台"……

"一张小小的清单，让约翰·霍普金斯医院原本经常发生的中心静脉置管感染比例从11%下降到了0；15个月后，更避免了43起感染和8起死亡事故"；"8家试点医院，医疗水平参差不齐，但持续改善的清单，让4 000名病人术后严重并发症的发病率下降了36%，术后死亡率下降了47%。简洁和有效永远是矛盾的联合体，只有持续改善，才能始终确保清单安全、正确和稳定"。

在我看来，葛文德的所谓"清单"恰是投资的规范和体系。投资为何需要规范？那是因为需要按照"清单程序"来进行决策，包括投资规则、投资逻辑、各种数据等。而投资体系呢？那是为了保证投资决策的流畅，包括策略、选股模式、深度研究、风控等环节。至于最高阶的投资远见，则是为了保证决策的最优化。关于投资远见，我现在还在不断提升；而关于一直在探索和学习的投资规范和投资体系，我有些粗浅的想法想要在此表达。

投资最重要的东西是什么？我越来越认为应该是理性的思维方式和经得起时间考验的价值观。

我曾在2009年做过一段交易大数据挖掘专项研究工作，最后的研究成果令我非常震撼。透过对数亿条交易数据的挖掘，我看到的现象就是：中国股市不少人都在投机，而投机的最终结果都是账面原有的财富在未来某个时点被毁于一旦。于是，被震撼后的我就在那时下定决心：必须更坚定地走向价值投资这扇窄门！

为何如此坚定？那是因为，透过数据我发现，无论曾经创造过多么辉煌的投资收益，只要投资没有规矩，在不久的将来都可能遭遇大风险。正如有些被清仓被爆仓的产品，之前都有曾经令人叹为观止的上升曲线。而基于我多年投资的正回馈效应，我发现确实只有通过价值投资才能持续地获取复利收益。

大家都知道，人很多时候会不自觉地进入"可卡因头脑"的状态中。"可卡因头脑"是理性思维的天敌，会随时随地干扰理性思维。在牛市中，它会让你抵挡不住（赚大钱的）诱惑；而在熊市中，它又会让你不由自主地高估潜在的危险。总之，"可卡因头脑"会令人产生强烈的投机取巧冲动。而正确的投资，最主要的就是尽可能地避免各种错误。而要想规避各种错误，必须要有一份"投资清单"，必须要知道哪些错误不能犯。

查理·芒格（Charlie Thomas Munger）在南加州大学演讲时说过，没有什么方法比检查清单更加有效：

"人们还需要养成核对检查清单的习惯，核对检查清单能避免很多错误，不仅仅对飞行员来说是如此。你们不应该光是掌握广泛的基础知识，还应该把它们在头脑中列成一张清单，再加以使用。没有其他方法能取得相同的效果。"

芒格以身作则，他的投资决策检查清单上有40多项，十分详尽。巴菲特也说过："对于大多数投资者而言，重要的不是他到底知道什么，而是他是否真正明白自己到底不知道什么。只要能够尽量避免犯重大的错误，投资人只需要做很少几件正确的事情就足以成功了。"

不过，就算有了投资规范（决策清单），也需要有投资体系。这里我举一个有意思的案例，因为这个案例的主人公恰恰就是芒格。有家公司叫科特家具租赁公司，过去十年的收入和利润都增长迅猛，芒格当时认为，科特公司抓住了美国经济转型期的重要机遇：由于商业环境变得越来越动荡，所以很多企业更愿意租用办公家具而不是购买办公家具。加上科特公司财务状态很稳定，管理团队很优秀，所以芒格就下手买了。然而这笔购买却是个巨大的错误，因为芒格忽略了一个事实，那就是科特公司前三年的收入飞速增长，全都归功于20世纪90年代末网络公司的兴起，而当美国的网络泡沫最终破灭后，科特公司的收入只可能是急剧下滑。芒格后来承认了错误，说他犯了"宏观经济错误"。我每次读《穷查理宝典》时，都会对芒格的这句话常读常新："你需要在你的一生中把所有思考模型深深刻入你的脑海，运用它们，然后自己找到答案。"

有朋友问我："你说价值投资是与生俱来的质朴的东西，是不是因为价值投资更简单？"对于价值投资的理念，要发自内心地接受，有些人确实只需要5分钟（比如我），但是要掌握价值投资的分析方法和体系，需要1万小时以上的专注学习（比如我，已经学了4万小时左右，依然还在学习的路上）。通过这些年的观察，我发现很多人不愿意实践价值投资的主要原因恰恰是：相比其他投资方法，运用价值投资需要更长的工作时间和更多的工作量，同时还对严格自律的执行力要求更高。另外，价值投资对于企业的估值和盈利成长是同等关注的。如果你觉得价值投资实行起来非常容易，那么建议你读下《哥伦比亚商学院价值投资讲义》和《应用价值投资》之类的书，读完你就会发现：原来，价值投资的专业是有壁垒的，要发现诸如万豪国际和万豪服务之间的分拆价值也绝不是容易和轻松的。

如何区分是否为价值投资？我个人认为，最简单有效的指标就是回撤率。但凡基金净值曲线暴涨后有巨大回撤的，都不大可能是价值投资者操作的；更重要的是，真正的价值投资者是绝不可能爆仓的！这是因为，价值投资者千挑万选构建投资组合时会对各公司的估值进行谨慎的匡算，这能最大限度地避免各种高位的"地雷"。比如，我在近20年的从业时间里经历过市场的四轮牛熊，管理过的资产曲线始终顽强地向右上方攀升，从未在牛顶遭受过"灭顶之灾"。相反，每次还能在熊底享受惊喜，这完全得益于价值投资严格的投资规范和投资体系的保驾护航。虽然在投资初期，价值投资带给投资者的财富增长非常缓慢，但是随着时间的递增，复利的收益威力会逐渐呈现。尤其是当我们掌握了专业的估值体系后，无论是在牛市还是在熊市，真正的价值投资者都会夜夜安枕。

归根结底是价值观支撑了我们的选择：到底是要持久温和地上涨，还是要豪赌一把再说？到底是希望长久稳健地活着，还是幻想运气极佳总能在高位飘逸逃顶？究竟选平淡投资还是选快爽投机？

> 生存或毁灭并不是问题，至关重要的问题是：该怎样生存，该怎样毁灭。
> ——亚伯拉罕·约书亚·赫施尔（Abraham Joshua Heschel）

2015年8月7日，于上海

做投资不能有太多幻想

随着美国疫情持续恶化，中美两国的关系似乎也在加速同步恶化。特朗普政府隔三岔五就要出台一份制裁中国的法案，频率之高，堪比美联储印钞。而与之相对应的是，中美两国股市都走出了"两耳不闻窗外事"的独立震荡上行的行情。

如何分析这微妙的现象？作为一个职业投资者，我知道理性的重要性。我在陆宝2017年年会演讲时花了很长的时间从多维度诠释了一个词：理商。这几年，我总是反复强调理商的重要性。理商，首要的一条原则便是对实事求是的极高要求，尤其不能总受情绪波动的影响。

如果我们实事求是地来简单梳理下最近发生的"威胁"，我们很容易发现一个事实，即美国政府绝大多数的"威胁"都仅限于开"嘴炮"，是用来扰乱人心的，真正有实质性的动作非常少。

不得不承认，中美之争存在着结构性矛盾，博弈会是持久战。中国不惧怕持久战，我也并不因此而焦虑。我知道国内很多投资者对国际形势忧心忡忡，不少人都担心会出现冷战甚至热战。最近，我还听说有人在囤黄金以及囤现金之类；甚至有朋友向我求助，说他们常常为此焦虑到睡不好觉。我真心觉得没必要这么担心。

我的观点是：不管冷战还是热战，背后的实质都是博弈，而博弈，需要的是实力和意愿。我相信解放军有能力保卫国家和人民，会让任何侵略者付出不可承受的代价，因此热战发生的概率不大。热战不打就会搞冷战吗？一个巴掌拍不响，中国并不愿意和任何国家为敌，并且将以更开放的政策和姿态融入世界，这让美国想搞冷战也无从下手。

做投资想赚钱，在风险可控的情况下，肯定得优先找机会，尤其是长期的机会——中国优秀的上市公司还是非常多的。如果不是中国，换其他国家出现像2020年疫情暴发、经济暂停、洪水肆虐、美国施压等任何一种事件，估计早就演变成了悲剧。正是中国这几十年来国力的提升，使得这些问题得以化解和压制。一个自强站起来、有凝聚力和向心力、不断提升技术和生产力的大国，是打不垮的。我们要对自己的国家有信心。

某位新浪财经博主曾经说过，做投资要赚钱，不能幻想天下太平还遍地黄金。我从业25年来，这种真正的好机会只遇到过两次。绝大部分时间里，我们投资者面对的都是各种不确定性，这才是我们真正的宿命。

专业投资者就是要有在纷繁复杂的各种具体事件中抓主要矛盾和确定性的能力。要把精力专注于寻找价值，只要能够确定价值底线，就不用太纠结于层出不穷的宏观噪声。是的，绝大多数都是噪声！价值投资者都知道要找好的和便宜的，但是又好又便宜的一定不会随便得到，这种机会一定是在大多数人都十分恐慌的时候才会出现，那个时候敢于出手，才是投资中最重要的事。如果你仔细研究过投资大师们的投资记录，会得出两个明显的结论：第一，决定收益持续性的，是综合的投资能力。第二，决定收益超额程度的，便是不确定性带来的危机。

如果不具备成熟完善的投资能力，就别幻想收益，一切阶段性的收益表现都是运气的产物。只要待在市场里，迟早向着能力的本来面目回归。运气本身没什么不好，可惜是与时间为敌，有一个叫均值回归的魔法在等着好运者们。

较高的综合投资能力表现为：既能准确判断宏观形势，即"上得来"，又能寻找并确定微观价值，即"下得去"。有逻辑作为支撑的理商才能在危机中"敢出手"，有衡量价值的坐标和对商业趋势的理解力才能"拿得稳"。这一切决定了我们能获得多大的投资成果，决定了能让投资者赚到多高的收益，这是最确定的不确定性挑战。对陆宝团队而言，我们充满自信。

能否实现超额收益，取决于会不会碰到很大的不确定性，特别是市场危机，以及在危机时刻的理商和决策水平。优秀的决策水平（投资能力）能确保持续性，但如果市场始终没有出现危机级别的"捞大鱼"的机会，那么对超额收益就需要保持克制。

恐惧者收获恐惧，价值者收获价值。我认为，这大概会是未来相当长一段时间内投资者的宿命。2020年，或许危中有机将贯穿全年。好在陆宝专注于价值投资，我们的优势是善于寻找挖掘有性价比的公司，通过优质公司的经营效益成长获得投资收益，这是我们的投研团队勤勉工作的动力所在。

2020年8月12日

英雄未老

今天上午，2020 年巴菲特股东大会刚刚结束。与往年会场人山人海的情景不同的是，今年的奥马哈会场空无一人。因为疫情，今年的股东大会改为线上直播，连芒格也未到场。稳坐主席台上的，除了我爱的巴神，还有一位"新人"阿贝尔。

我听完了全程 4 个多小时的网络直播，有不少触动，简单写几点吧。

01

伯克希尔一季度财报净亏损约 497 亿美元，其中股票投资亏损约 545 亿美元。这个亏损额度创了巴神的纪录。从 1964 年至今，57 年来巴菲特总共亏了 12 次，比标准普尔指数的下跌少了一次。其中跌幅在 20% 以上（含 20%）的分别发生于 1974 年（-48%）、1990 年（-23%）、1999 年（-20%）和 2008 年（-32%）。今年的亏损，我认为除了苹果是超级第一重仓外（财报日正好是低位），前五大持仓占比近 70% 影响了相当权重的投资结果。

	First Quarter 2020	2019
Net earnings (loss) attributable to Berkshire shareholders	$ (49,746)	$ 21,661
Net earnings (loss) includes:		
Investment and derivative gains (losses) –		
Investments	(54,517)	15,498
Derivatives	(1,100)	608
	(55,617)	16,106
Operating earnings	5,871	5,555
Net earnings (loss) attributable to Berkshire shareholders	$ (49,746)	$ 21,661

伯克希尔一季度财报截图

02

巴菲特曾经说过，金融危机全面爆发的 2008 年 9 月是他职业生涯最忙碌的月份之一。而今年，巴菲特显然一点儿都不忙，除了认错并认赔剁掉四大航空股，并没有其他的动作。截至一季度末，伯克希尔的现金储备高达 1 370 亿美元，也创了历史纪录，但鉴于去年全年伯克希尔就一直持有 1 250 亿美元左右的现金，所以这个新高并不算显著。

03

今年的股东大会提问环节，有不少质疑和带有冒犯性的问题，这是我这么多年来第一次明显感受到的。我想，这不光与亏损有关，更与网络提问的形式有关。每一个难题上来，我都盯着巴神的表情看，颇为心疼。好在巴神还是那个巴神，兵来将挡，水来土掩，这90年可没白活。"有财有势即相识，无财无势陌路人"，这种人情冷暖，巴神早就见惯不怪了吧？

04

我曾在2014年带着陆宝的投研团队亲历奥马哈伯克希尔股东大会现场，当年有近4万名来自世界各地的股东参会，盛况空前。现如今，还有多少人拥有当初的热情与仰慕？

我们都知道，巴菲特其实很少谈及投资的具体思考过程和方法。关于投资的原则和方法，这么多年他翻来覆去说的都是一些老话。关于投资的理论框架的建立，格雷厄姆与费雪早已完成，巴菲特只是忠实地遵循格雷厄姆和费雪的理论，一直在选择与优秀的企业共同合成复利的力量，一起把雪球越滚越大。

即使长期以来都做出了正确的选择，也难以保证不会遭遇短期的不利，这才是正常的事情。巴神一定深谙此道，所以才能做到宠辱不惊、不骄不躁。

05

做人最关键的是要有自知之明，在投资中如此，在投资之外也如此。关于疫情，关于负利率，关于油价，巴菲特给出了自己的观点，有些是清晰的，有些是含糊的。这一切都是我熟悉且一如既往喜欢和认可的。

做投资这么多年，尤其是创办陆宝这七年来，我一直坚守着最后的底线，就是告诉客户、告诉员工：很多事我并不知道。虽然我深知很多人希望我能告诉他们关于未来的美好"钱途"，但我往往会说：我连现在是牛市还是熊市都无法回答你，我们唯一能做的只是优选公司构建投资组合，而无法做出任何关于未来的承诺。

因为屡屡婉拒"画饼"，我们这些年错过了许多客户和商机。所幸市场从来不缺机会。作为一名有信仰的投资者，巴神的老生常谈就是我们最有营养的"鸡汤"。

06

巴神反复强调，投资股票的长期回报比国债高，投资不是赌博，千万不要借钱买股票，现在是买入股票的好时机等。这些话，几乎在每次股东大会上都会说到。我是最近在反复思考时，才觉察到这些话根本不是观点，而是信仰！

在我们的现实世界中，事物总是在"不错"与"不差"之间来回摆动；但在投资世界里，人们的认知常常摇摆于"完美无瑕"和"糟糕透顶"两个极端之间。

正是因为这样，股票市场价格与上市公司价值之间，才会出现各种疯狂的标价，投资人很容易陷入"坏消息——坏情绪——恐慌——股票暴跌；好消息——好情绪——贪婪——价格暴涨"这样无限循环的陷阱中。我们甚至还看到，为了避险，人们会疯狂买入收益率只有1个点的10年期国债，这是有多恐慌？！

因为疫情，因为贸易关系，因为脱钩预期……人们担心未来的经济形势。但我们只顾着担心遥远的未来了，却忘了关心当下！在我看来，与其纠结于市场是否继续崩盘，还不如问问自己：当前的这家公司定价合理吗？是高估还是低估？

巴菲特之所以被称为巴神，是因为他永远都在评估公司内在价值与股票价格的路上啊。无论过去、现在还是未来，我都会紧随他的脚步，做一名坚定的价值投资者。

07

关于接班人阿贝尔,可以说他非常合我的眼缘。

今年 90 岁的巴神,语速正常,逻辑清晰,满面红光,脸上一块老年斑都没有;而今年 58 岁的阿贝尔,看起来比实际年龄至少年轻 10 岁,这位 1992 年就加入伯克希尔的年轻人,已经跟了巴菲特 28 年!两位满脸写着纯粹的男士坐在台上,精神状态都非常饱满和有活力。

如何选择接班人,可能是令全世界老板们最头痛的问题之一:忠诚、智慧、定力、能力、体力,缺一不可。然而,在我看来,考察这些关键要素所需要的并不只是伯乐的眼光,还包括时间!只有时间才能给出接近真相的正确答案。在中国的上市公司里,股权之争也好,家族继承也好,职业经理人也好,短短 30 年上演了无数令人唏嘘的故事。

但凡想要传承的企业,接班人的事情都需要早日规划、提前准备。我们很难有巴菲特的运气,62 岁才迎来接班人,然后还能考察 28 年。这是小概率的事件。

08

悲观者往往正确,乐观者往往成功,而真正的赢家应该是始终乐观的悲观主义者。巴菲特的一生,精彩且幸运,生于美国经济顺周期,又得芒格的悲观精髓,终其一生专注于买公司,像灯塔一般为追随者指明方向。

巴菲特的一生,千般辛苦,万般自在。英雄未老,真好!

2020 年 5 月 3 日,于上海

通盘无妙手

炒股有害健康？

前段时间看到一段视频，是北京阜外医院的杨进刚副主任医师讲心脏性猝死频发的相关常识，非常有意思，我听得津津有味。原本以为是科普知识，没想到杨医生突然提到了炒股。他是这么说的："如果你去炒股，那么在这个股市里边，不管是涨还是跌，你的冠心病死亡风险都在增加。为什么？因为不管你高兴也好，失望也好，都造成你情绪的波动。"听到这里，我的心咯噔了一下，感觉眼前立马飘出了一行弹幕："你是要钱还是要命？"

一直记得2005年左右我经历的一个小故事。那时，我的脾胃不太好，热心好友把我介绍给上海滩著名的老中医秦老先生，请他为我调理身体。犹记得秦老望闻问切一番后，非常和蔼地询问我："小姑娘，侬是做撒工作额啊？"[①]"秦老，我是证券公司的。""证券公司就是炒股票的？""嗯。""哦，格工作是蛮切列的。"[②]大概秦老以为我是说普通话的，听不懂上海话，所以，当我后来无意中听到他用上海话低声对他的学生讲："炒股票老作孽的，每天殚精竭虑想赚钞票，久坐伤肾，久思伤脾，久视伤血劳于心……"我只能默默走开。

把杨医生和秦老的话简单汇总，算是对炒股下了个定论：炒股有

---

① 普通话意为："小姑娘，你是做什么工作的啊？"
② 普通话意为："哦，这个工作是挺辛苦的。"

害健康。

明知山有虎,偏向虎山行。我为什么会坚持?首先,我没有自虐倾向,为何依然在这行坚持了25年之久且毫无隐退之意?贪嗔痴?非也。正如知名投资人李录所讲,"炒股"的人分为两类:一类是投机者,他们主要是跟其他市场参与方博弈,在股价的波动中,用各种手段和方法实现低买高卖;另一类是投资者,价值投资的出发点是分享上市公司长期的业绩增长,所以长期来看能够实现各参与方的共赢。投机是零和概念,投资是正向概念。正是基于这样的认知——价值投资≠炒股,我这么多年才能心安理得地专注于本职工作。有人说"人间不值得",这话我同意一部分。人活着需要自赋意义才能有滋有味。我清晰地知道自己余生的事业就是借助陆宝这个小平台持续不断地学习和反思,希望用最纯净的方法获得智慧和财富。如若天遂人愿,未来能有好的结果,向大众展示一条长期复利稳健增长的净值曲线,那时才能达到实践出真知的效果,证明价值投资是资产保值增值的正道。不仅如此,我还有一个梦想(也可以说是野心):我希望未来的中国有越来越多的人接纳价值投资理念,而不是像如今许多人耗费了大量的时间、精力和金钱,沉迷于炒股和炒基金……也许我太自不量力,我也明白言轻莫劝人的道理。众生皆苦,如果有更多的朋友重视身心健康,拥有美满人生,该有多好!

最近这段时间,由于市场的波动,有个别朋友有点担心。上周有朋友给我转发了著名卖方经济学家高博士的年度演讲《知止不殆》,朋友总结高博士的观点后推导出了比较悲观的结论:中国经济减速未止,经济增速不太可能高于5%,如果处理得差,就将面临保4%;宏观上对新经济、新周期不要期待太多,今年是最困难的一年,但仍然是未来十年最好的一年。朋友甚至开玩笑说,就因为高博士的影响力非常大,市场都被吓跌了。

我认真拜读了高博士的原文，发现朋友的解读其实有偏见，因为高博士其实明确提到了"经济下行不意味着极大拖累股票市场，因为经济增速下滑是一个明显的共识，股市已经充分容纳了这一下行压力预期。随着经济转型和开放带来的效率的改善，以及更公平的竞争环境，对投资的影响将逐步自下而上反应和发酵出来。这将对股价产生结构性的驱动力，但这一驱动力还有待资本市场充分吸收"。

只要尊重客观事实，我们就会很容易发现，中国经济从2010年以后GDP增长率就逐季度走低，中间基本上没有反弹。但是，9年来，股市出现过多次较好机会。这能否说明这样一个问题：GDP走势和股市投资本身相关性并不大？注意，我并没有说宏观大背景和股市投资本身相关性不大。

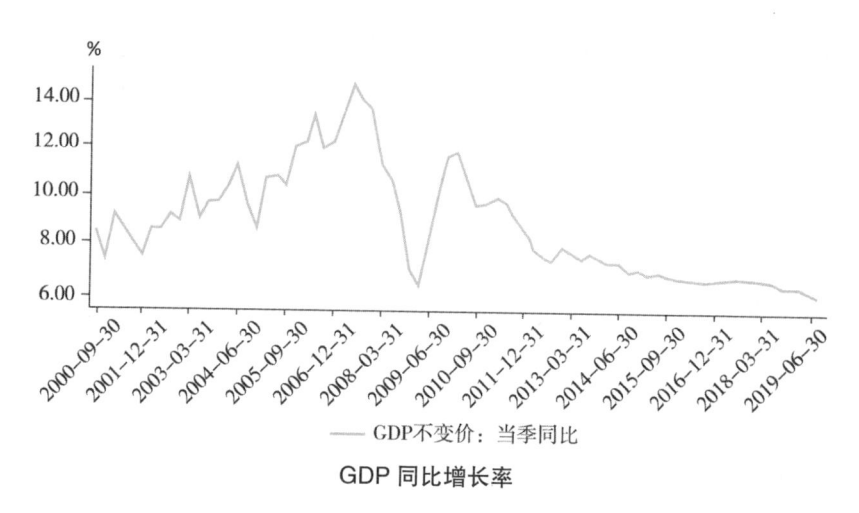

GDP 同比增长率

我再次回想起2001—2005年长达四年半的熊市，那个时候GDP反而是持续上涨的，可是A股却持续下跌；更有趣的是，至少从2003年开始，我当时负责公司的投顾产品"点股成金"，采用了基本的价值投资方法选股，跟踪的收益率超过了25%，在漫长的熊市创造了各种牛股神话。这不禁让我想到安德烈·科斯托拉尼在《大投机家》一书中曾特别提到，他对德国股市的印象，就是：经济不好的时候，股市涨；一旦经济变好，股市就歇菜。

放眼全球，当今很多国家的GDP增速都没有中国高，但是股市都有过持续性的牛市，很大程度上是因为：股票本身的价值并不是GDP增速决定的，而是由商业模式、竞争优势、资本回报率、利润增速、估值等这些更为核心的要素所决定的。

现在就让我们来看看这些核心要素当下大概处于什么状况。

首先，A股市场的估值中位数目前处于过去20年的历史底部区域。便宜是硬道理。其次，从工业企业利润增速来看，也位于历史底部区域。再次，从净资产回报率（ROE）来看，2015年后上市公司整体发展比较平稳，2019年最新的TTM[①]、ROE比2018年还略高。为什么GDP增速下降，而上市公司整体还能维持稳健的ROE呢？我在这里举个例子。一位在绍兴的朋友最近跟我说，绍兴的印染企业目前是有史以来过得最好的时候。为啥GDP增速都要破6了，微观企业还能过得好？很简单，这是因为大量印染企业在过去几年的市场竞争中（环保也是一个竞争因素）倒闭了，而活下来的企业获得了更大的市场份额和更高的利润率。这个案例与我们陆宝的统计数据观察到的趋势是一致的。

这也就意味着，综合考虑以上这些因素，现在加仓，所对应的正是几年一遇的投资股市的低风险时刻。当然，短期有微幅波动非常正常。

---

① 指市盈率 TTM（Trailing Twelve Months），又名滚动市盈率，是价格除以最近四个季度每股盈利计算出的动态市盈率。

全部 A 股的 TTM 中位数变化

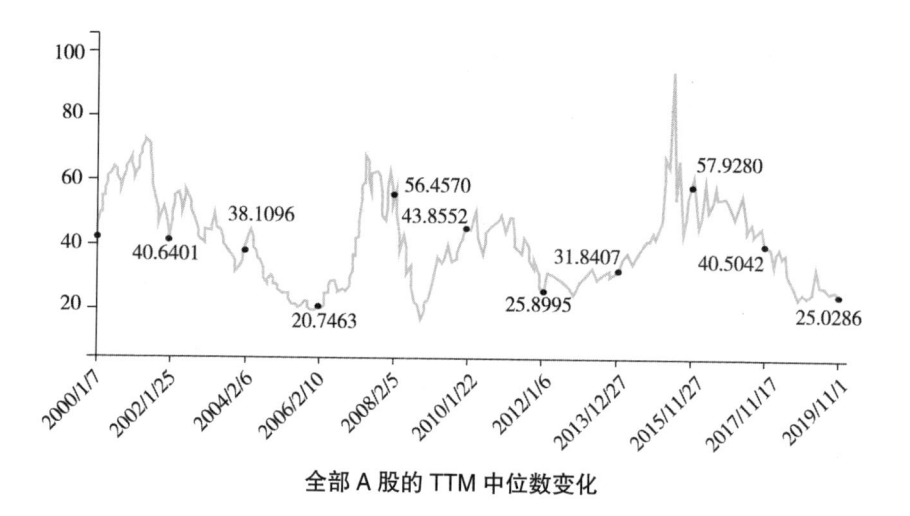

工业企业利润累计同比增速

做投资从来就不容易，每一轮周期相似但是并不一样。比如上一轮周期，因为供给侧改革而受益的行业，很多出现较大幅度的上涨；但是，下一轮周期未必就存在这样的机会，因为供给侧受益后新产能大量投放，导致企业净利润率又重新回归下降通道，而没有经过供给侧改革的行业因为市场的自然出清，很多行业的净利润率反而是见底回升的，这些行业更具备机会。

陆宝股票池里已浮现出一些拥有较高成长、较低估值的公司，提示我们重视下一轮投资机会，这是我们在市场有明显分歧时依然乐观的基础；也正因如此，我们言行一致，已经加大了仓位。比如××股票，估值处于上市以来的底部，公司具有很高的行业地位和很强的竞争力，今年业绩高增长，超过 80%，预计未来 3 年业绩复合增长率也超过 25%。从任何角度来看，这家公司的投资胜率远超所谓的上一轮大盘核心资产。类似这样的公司，我们希望越多越好。陆宝的研究员们会反复对比产业链各个环节，探究其不同的商业属性和竞争优势，不仅去调研，还和最优秀的卖方保持沟通。

当然，我们的能力和定力都还有长足的提升空间。我唯一能保证的是，我们在很认真地做投研。

2019 年 12 月 3 日

通盘无妙手

我女儿4岁时，我教她下国际象棋，小家伙当时还挺感兴趣，于是在一位长辈的推荐下，我把女儿送到了年轻的杨教练那里正式学棋。女儿6岁时，她竟然侥幸在一次全市比赛中拿了个冠军。我很好奇，觉得这小姑娘也就是周末玩玩，运气怎么能这么好？当时，杨教练和颜悦色地对我说："这么小的小朋友，都是特别想赢棋的。所以，我带学生，只教他们怎么才能不会很快输棋就行了。"这话让我顿感震撼，也很庆幸我女儿能遇到这么好的老师。懂棋的人大概都知道，下棋的最高境界之一正是：通盘无妙手！

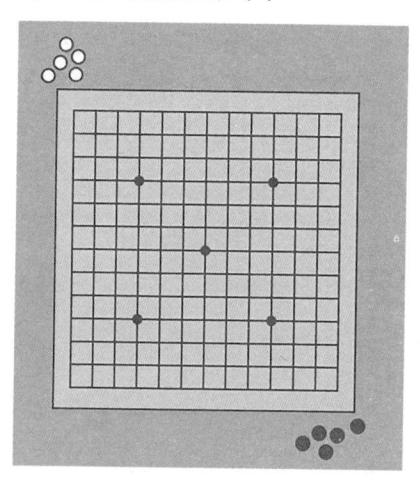

只可惜，两年前，当具有深度学习功能的AlphaGo出现后，职

业棋手的痛苦随之而来。对于像 AlphaGo 这种拥有两个大脑（第一个大脑：落子选择器 Move Picker 和第二个大脑：棋局评估器 Position Evaluator）、既有策略网络又有价值网络的超级棋手来说，无论人类棋手的计算力多么强大，都只可能在局部筹划，根本不可能打赢"没下什么妙手，但对整个大局观有极敏锐和笃定的判断"的 AlphaGo。所以，当天才棋手柯洁被 AlphaGo 完败而痛哭的新闻刷屏时，我们唯有轻声叹息。好在阿尔法围棋团队已宣布 AlphaGo 将不再参加围棋比赛。

前段时间，韩寒有篇文章极火，题目叫作《想虐潘晓婷的那个晚上，我一直在开球》，他用戏谑的文字表达了自己曾经对"那种力量"的一无所知。

这是一篇既让我会心一笑也让我深感苦涩和无奈的好文章。

读过迈克尔·莫布森的《实力、运气与成功》这本书，我们就会知道，潘晓婷所代表的台球与韩寒所代表的赛车运动，以及国际象棋和围棋，这些项目都是主要靠专业实力取胜的项目，运气在成功中所占的成分极小，所以业余选手与职业选手的较量结果通常只可能是业余选手因不自量力而自取其辱。

然而，股票投资在运气与实力的横轴区间里，中短期却是更偏向于靠运气。在 2017 年伯克希尔公司股东大会上，巴菲特曾说："我们发现投资方面的回报，短期内的数据其实根本没有意义。"这话是什么意思？无非有两点：一点是投资者的投资分析过程很糟糕。比如，听到一个消息、突发一个灵感、看中某种 K 线形态、某个好友推荐等，而基于此行为的投资却可能获得了很不错的投资回报。另一点是投资者貌似展示了自己的价值投资远见，完全重仓一只股票，取得了不菲的收益。这些投资的成功看起来都完全归功于投资者自身独到的投资眼光，而大家通常会有意忽略一个事实，那就是运气的确存在。

那种动辄重估中国、重估资产，要么就是改变人类、改变世界，然后坚定地发表一些公司将长期保持向上走势的观点（我甚至听说过有人认为某企业价值非常大，可以再存活一千年），我个人认为这并不专业，甚至不符合常识。

从短期来看，投资成功了并不代表真的有专业水平和投研实力。我在这个市场已经待了23年了，每年都有业绩神话，年年都有新晋冠军，只可惜，常胜者甚至一直安稳存活下来的寥寥无几。这也是我读完韩寒的这篇文章后深感苦涩和无奈的原因。像陆宝这样的专业投资机构，虽然我们这些年把所有的时间和精力都用在了构筑内在投研竞争优势上，但外在的表现依然是时时刻刻处于和各路"神仙"一起赛跑的状态。陆宝的投资风格注定跑不过当年的Top10（截至2017年12月底，全国有私募证券类基金管理公司8 500多家，3万多只产品，媒体只来得及刷千分之一甚至万分之一的存在感），更没幻想过某年撞大运拿个冠军之类的头衔。之前20多年的职业生涯，我既没有体验过韩寒的酷，也没感受过潘晓婷的飒。未来的投资之路，我想陆宝大概率会保持过往风格，既不酷也不飒。我唯一的信仰是：只要活得久，价值投资的复利威力终将大放异彩。这不仅符合常识，更是投资所需理商之坚实原则：通盘无妙手，方能成为最终赢家。

总体来说，今年开年以来的行情有些冷淡。唯一值得一提的是春节前两周，股票市场出现过一波快速的下跌，以上证综指为例，短短10个交易日，指数从3 563点（1月29日）下跌到了3 129点（2月9日），区间跌幅高达12.18%，深成指的区间跌幅更大，为13.39%。而我们点金产品同期跌幅约为2%，相较于同类基金产品10%以上的回撤，我们的产品再次凸显了一贯的稳健特色。

前两周我出差去调研，在和一位机构客户交流时，他对我说道："我们投资陆宝产品三年了，虽然你们没有跑赢指数，但我们对产品的业绩非常满意,也越来越认可陆宝,今年还会加大投资额度……"我说:"且慢,请打住!我的点金只有2015年疯牛那会儿跑输了指数,其他时候都跑赢的呀,您的'感觉'恐怕有误。"我立即给他展示了我所管理的产品过去三年以来与指数的对比图。看了此图,客户才发现了自己的认知偏差,对陆宝更有信心了。

上周有家外地的私募机构来陆宝拜访,和我交流时谈到当地一家私募2017年的业绩非常牛,说他们只拿了几只金融股,就赚了将近一倍,且仍然长期看好,很羡慕对方的价值投资能力。我不置可否。对方不甘心,非要请我以××为例发表观点。我说,我保持中立,同时反问了对方几个问题:就以××为例,这个差距未来是会进一步靠近还是走远?如果是靠近,靠哪些驱动因素推动?哪些可以通过数据验证?还是说只要拼价值远见就行?还有,××业务模式的本质应该是什么?如果认同××业务就是一个分级杠杆债券基金,那么合理估值该是多少?历史估值又是怎样的?我说,价值投资教会我一件事,就是投资一家伟大的公司不可能是仅靠逻辑一步步推演出来的,虽然有很多人会相信,但我从来不相信推演能力是一种投资实力,如果是的话,那价值投资就是无稽之谈。对于一家资产管理公司来说,投研流程的严谨和专业,以及全方位、多维度的深度思考才是实力的体现,并且应该成为其真正的核心竞争力。

足球场上有句名言:"如果一个守门员出色地完成了自己的工作,那他整场比赛都不会做出什么神奇的扑救。"

2018年3月17日,于上海

最贵的，是自己

时间过得真快，我们的私募基金已经正式运作四年了。在成立以来的四年时间里，任何一个开放日申购本基金的客户，全部获得了正收益！客户们都能赚钱是我们最开心的事，公司及我会继续第 N 次追加申购产品。我从陆宝成立伊始就承诺过：我会始终和你们在一起！

产品净值曲线一直向上延伸，能做到这点并不容易，尤其是在今年。截至5月30日，代表市场表征的26个市场指数皆为负收益，指数的中位数跌幅为8.04%；沪深两市3 539家上市公司的股票市场表现中位数跌幅为11.53%；行业板块表现上，今年前5个月，除了休闲服务、食品饮料、医药生物等少数几个板块有上涨外，申万一级28个行业的中位数跌幅达到了13.05%。

市场一片惨淡，你也许想知道我们的产品是如何做到抗跌的。

在回答这个问题前，让我们一起来重温一年前（2017年6月11日）我写的第13期点金季报《点金只是一粒种子》的原文内容：

"截至2017年6月9日，产品净值刚刚创下今年以来的新高，相对于上一季（3月27日）开放日的净值，略微上升了1.43%。而同期上证综指下跌了3.32%，深圳成指下跌了3.82%。今年以来，点金涨幅为5.24%，而全部A股的中位数跌幅竟为14.65%，跌幅超过20%的个股达到了997家，占比高达33.8%，在这种指数跌少个股普跌且跌幅大的市场背景下，无数投资人被迫'关灯吃面'。我们陆宝点金虽然一如既往保持了极低回撤和稳健收益……"

似曾相识的市场环境，似曾相识的业绩表现，"控制回撤，获取稳健收益"，我坚信这简单的几个字才是资产管理最本质的专业能力体现。只可惜，很少有人能深刻理解它们背后的含义。相反，这简单的字眼总是轻率地成为某些机构印在宣传册上的营销口号；甚至，对于相当一部分的客户来说，他们或许也很少真正思考过"控制回撤，获取稳健收益"到底对资本积累有多么重要。

然而，懂的人总是有的。上周，一位与我们陆宝合作的机构专户负责人，就过往两年多与我们合作的产品，写了一份绩效分析报告。该文作者写道："可以发现，与我们的直观结论一致，陆宝的股票组合在全区间都创造了明显的超额收益，其中 2016 年的表现尤为突出，全年超额收益率超过 60%，2017 年、2018 年也均有 25% 以上的表现，远超同期的贴水水平，作为选股对冲组合的现货部位是可以产生超额收益的。若我们以 1.5 的股票仓位超额收益信息比率（超额收益／跟踪误差）作为性价比的评价门槛（该标准显著高于陆宝产品自身的夏普比率，有增强的实际意义），则陆宝的股票组合在全区间是可以通过检验的。"

这段话比较专业，相对而言略显晦涩，然而这却正是我之前要回答的问题的答案所在。陆宝产品之所以抗跌，主要在于我们有选股能力优势。在研究圈，中信建投周天王说人生发财靠康波，陆宝王老师则进一步说这也许是个误会……在投资圈观察了 20 多年，我看到很多人发财无非就是靠 β（通俗讲，就是牛市都风光赚钱，熊市都凄惨亏钱，拉长期限后发现根本没有超额收益，对长期持有特别是高位申购产品的客户来说没有特殊作用），尽管事实如此，很多"生意人"

依然越做越大，无限风光。不过，这世界总有些人注定会成为少数派，他们会选择一条更窄的路，这条路上的修行者常常被称为"价值投资者"，而真正的价值投资者一定是靠 α 赚钱的！三年五年不算，真正的修行者必须是长期穿越 β 且还能获得 α！（通俗讲，就是不管牛市熊市，在尽量不亏钱的基础上稳健赚钱，短期没有什么感觉，拉长期限后才发现其实相当爽！）

作为一名土生土长的成都人，我为了这种"相当爽！"已经在本行业潜伏了 23 年之久。让我的朋友们觉得奇怪的是，在我的顽固坚持下，公司已经很久没有募集过新产品了，我一直拒绝成为盲目扩大管理规模的生意人，更愿意把时间和精力投入到投研上。如何才能持久穿越 β 获取 α，是我思考的重点，也是我始终勤奋工作的唯一动力。

上个月，我接待了一家机构客户。在交流中，对方说道："陆宝一直比较悲观和保守……"我笑着打断了他，说这个误会必须澄清一下：如果我们对中国经济持长期悲观和保守的态度，我们为何还要开公司做私募基金？明显逻辑不自洽且自相矛盾的事，我绝对不会干。

接下来，我把部分分析观点在此分享给你。对于中国经济长期增长的态势，陆宝从不怀疑。事实上，从 2016 年年底货币政策转向以来，中国经济的表现持续超出预期，充分显示了中国经济韧性很足。

陆宝比较担心的是高杠杆带来的不安全性。自从 2008 年次贷危机出现后，美联储降息并采取量化宽松（QE）政策。而自从 2017 年开始比较陡峭地加息，这种加息随时会导致"金融危机"出现，只有度过了这个"金融危机"，盈利才更有意义，也就是说，那个时候赚取 α 才更令人安心。过去 20 年，中国货币乘数在当下到了最高点，反映出金融周期到了一个其自身难以承受的高点。高层反复提出降杠杆，防范金融危机，因为如果货币乘数下降，也许实体经济不受影响，但是最敏感的股市会深受影响，也许会影响到整个金融体系。

从全部 A 股（非金融）企业的一季报现金流可以看出，从 2016 年开始，A 股经营性现金流与现金和现金等价物净增加额大幅度为负数，这也反映出这两三年上市公司净利润的增长存在一定的水分。上市公司的财务相对整体公司来看更为健康。而从工业企业数据来看，2018 年 3 月财务成本增速超过主营业务收入增速，同时企业整体的现金（以 M1 为近似）增速从 2017 年开始迅速下降，我们预计 2018 年的增速可能将低于 GDP 增速。

虽然我们随时担心和防范系统性风险，但无论这种风险释放与否，陆宝的组合都创造了显著的 α，这种 α 首先来自严格的选股。比如，某股票，按照市盈率看估值就显得非常便宜，成长增速也尚可，但是细细研究报表和业务模式，就会发现这种增长是无现金的增长，应收账款增速大到难以承受，陆宝会放弃这个机会，而这个机会过去两年被反复炒作，直到现在才开始出现问题。还比如，某股票，估值合理，受到市场的追捧，大家认为这家公司模式好、业绩稳定。但是仔细分析其业务，就会发现稳定的部分贡献的利润过低，而不可控的"关联交易"占主要部分。陆宝放弃投资这只股票，并认为该公司业绩在未来一年内就会被证伪。

陆宝的苛刻研究使自身错过了过去一年的诸多"机会"，甚至被某些"价值投资"者嘲笑，说我们赚得不够多……然而客观事实是我们的所有产品仍然有显著的 α，这得益于我们对安全边际的严格遵守。比如，我们对深入研究过的 500 多只股票（这本身已经是全市场的优选）都建立了估值模型，估值合理的占 28%，但是，考虑到安全边际，需要对合理估值进行上调，而这样一来，可放心投资的股票凤毛麟角。

目前，在系统性风险还未释放的情况下，陆宝组合的首要任务就是控制风险，降低收益目标，追求实际可获得的收益——这意味着这个收益不会因系统性风险到来而被吞噬，而且，更重要的是，我们需要一整套系统来及时跟踪验证和及时修正。自去年以来，我们就一直在潜心研究这套系统，目前已基本成熟。

这种风险的释放，需要看到：无论是陆宝的绝对收益模型还是相对收益模型，都在一个非常低的位置。目前，这两个模型都在朝着预计的目标前进，机会或许就在不远的未来！

经历了种种创业的艰辛，我最深的感受是：有时候，我们想证明给一万个人看我们行，到后来，我发现只要有一个人明白，就够了！对我来说，一直持有我们的产品的客户，就是那个明白的人！谢谢你们！！

这几年，我一直在坚持练习瑜伽，感受到了瑜伽带给我的许多积极变化。体式的练习不仅提高了我的身体的柔韧性，也起到了放松大脑、镇静神经和抚慰腺体的作用；通过练习，我不断学习如何维护生理和心理的平衡，不断提升对每一块肌肉、关节和器官的觉知力；随着练习的持续，我的自信与意志力也有所增强。我想，我是幸运的，终于走向了内在自由的光明之路。

世间万物，最贵的，是自己。爱你所爱，行你所行，听从你心，无问西东。

2018 年 6 月 3 日，于上海

市场也有精气神

李总是由老客户林总带到陆宝来的。简单交流后,李总指着我们堆放在各处的各种书,有点儿疑惑地问林总:"你确定陆宝是私募基金公司吗?我怎么看到刘老师办公桌上有好多关于瑜伽和中医的书?还有王老师,怎么还一边针灸、一边办公?"林总和我听了都哈哈大笑。我随手拿起桌上的一本《经典中医启蒙》推荐给李总。我说:"书中雅克爷爷(仁表先生)有句座右铭是:要静心、学习、服务他人。这个也是我对陆宝人的要求。读医书是为了满足好奇心以及进行自我学习。我平时喜欢观察周边的人,发现了一个很有意思的现象:当一群年龄相仿、体检也都没啥大毛病的人在一起时,每个人的状态其实相差甚远,无论眼神、肤色,还是走姿、站姿或坐姿,差别很大。读了中医的书,我才理解,原来这个差别,正是源自精、气、神这三样无形的东西,所以我现在特别有兴趣去了解关于生命力的知识。这些年,无论是练习瑜伽还是探索中医文化,我最大的体会就是开启了对生活、工作、人际交往的感受,学会了体会式观察和理解,培养了自己的感知能力;这种能力的提升帮助我保持头脑理性、神志清醒、心目打开。作为一个年过四十才感受到生命力的人,我希望周边更多的人去了解这些已经被现代社会边缘化的知识,也鼓励我们陆宝人都能带着生命力去学习、去工作,这样不仅能事半功倍,更因身心平衡才能心平气和地做好研究和投资啊。"

林总在旁说："金融行业有太多人的身心健康被欲望、被市场、被压力摧残了，都未老先衰了。我认识刘老师十多年了，她现在的状态反而比以前好很多。人稳当，产品也稳定，刘老师的产品今年回撤2%左右，基本没跌呢，刘老师快给我们讲讲……"

　　林总说的没错，今年以来的回撤幅度是2%左右。林总问我："上次来陆宝时，听说你们还会继续追加申购产品？市场这么惨，你们后来申购了吗？""当然，我从来都是言出必行的人，6月申购的产品现在回调了1.8%呢。""太厉害啦！"

　　因为跌得比较少而被赞扬，这种情况非同道中人恐怕很难理解。截至9月7日，上证综指报收2 702点，年初至今跌幅为18.29%；深圳成指报收8 322点，年初至今跌了24.62%；代表新经济的中小板和创业板则分别跌了24.36%和18.68%。今年以来，所有指数普跌，26个重要市场指数的中位数跌幅为21.31%，中证1000甚至跌了28.43%，就连香港恒生指数也跌了9.85%。在全部3 541只A股里，扣除掉今年上市的新股，目前共有3 458只，今年以来的中位数跌幅高达27.41%。

　　相比以上令人忧愁的跌幅数据，我们今年2%左右的回撤幅度想必还是可以接受的。作为以获取绝对正收益为原则的阳光私募基金，要控制好净值回撤，在今年这样的市场背景下真心不容易，我想这也是之前林总夸我厉害的主要原因吧。控制回撤，获取稳健收益，才是资产管理最本质的专业能力体现。如果说今年上半年陆宝产品的抗跌在于我们的选股能力优势，那么最近这个季度的抗跌，绩效因子更多源自我们的风控体系。

　　陆宝投资成立以来，我们陆续放下各种杂念，静心修行，打造了有陆宝个性的投研体系和风控体系，不断提升管理能力和专业能力。产品成立运行4年来，获得了排名前3%的夏普比率（表示承担很低的风险),以及全市场同类基金前10%的业绩排名,算是用事实证明了我们一直以来所坚信的:磨刀不误砍柴工,慢就是快!

李总听我介绍完产品以及展示的陆宝投研体系后,接着问我:"市场还会跌吗?"

其实,没有任何人知道正确答案。包括那些天天喊"已经见底""正在见底""将要见底"的人,他们也都不知道未来究竟会怎样。我们能做的,只有客观分析,且是做局部的、片面的、简单的分析。

我做了一个统计,截至9月7日,今年全部A股上涨股票的比例仅为9%,这算是非常熊的市场了。可以比照2011年的熊市,当时全部A股上涨股票的比例为8.3%,但是今年还有四个月才结束。2008年才是最惨的年份,当年全部A股上涨股票比例仅为1.9%。从这点来看,现在的情形还不算最坏。另外,从行业的表现来看,以申万28个行业指数为例,年初至今没有一个行业指数上涨,行业中位数跌幅高达25.33%,比指数的中位数跌幅还大;最惨的是申万综合,跌幅高达36.30%,这意味着未来需要上涨58%才能回到原位,这难度挺大。

可是,很多投资者会说,这与基本面情况不符,上市公司半年报表现很好呀。是的,投资的三要素里,业绩相当重要,陆宝投研团队也已经完成了基于中报后的股票池整合。我们做了一个统计,今年第二季度上市公司(除银行)收入增速13.59%,净利润增速20.38%,看起来确实整体增速平稳。但是,如果按照产业链仔细拆解下来,则会发现其实结构性矛盾非常突出。

(1)金融产业链里,保险持续景气,银行表现稳定,但是券商因为市场不好景气度下滑。

(2)代表产业升级方向的一些领域,遇到了逆流,TMT产业链、机械机电设备、医药生物产业景气度均下滑。这些公司在 A 股市场数量众多。

（3）传统行业非常景气，比如能源化工产业链和钢铁建材产业链。但是，钢铁行业景气，则下游制造业成本压力很大。

（4）从下游需求来说，汽车景气度下滑，而地产景气度稳定，食品饮料景气度稳定，纺织服装和商贸零售继续好转，但是家电和日用品景气度开始下滑。交通运输行业景气度也在下滑。

尽管有持续景气的产业，比如钢铁行业，但是"皮之不存，毛将焉附"？下游制造业的不景气逐渐也会传导到中上游，我们认为这也是虽然钢铁等行业景气，但是行业指数出现下跌的原因。

考虑到目前的下跌幅度已经和 2011 年（当年上证跌幅 21.68%）处于一个级别，那么现在的问题是：这次调整到底是一次周期性下跌还是一次系统性的大跌？或许我们可以从几个角度来着手分析，尽管这里存在一些矛盾的变量，且这些矛盾从 2015 年以来持续出现并存在着，给我们的研究和投资都带来一定的挑战。

首先，从宏观数据的角度来看，PPI 可以作为经济见底的参照。但是，目前高点出现，低点并未出现，这么看，经济的调整并未结束。

其次，今年的一连串内外政策（光伏、风电、教育、医药……）及心理因素对市场的影响非常大。特别是 2008 年金融危机十年后重现的心理作用，导致市场非常脆弱。我有个不成熟的大胆比喻：如果把中国股市当作一个人来分析，也看精气神的话，那么今年股票市场的表现可以看成"气"虚了，这个"气"指的是上焦的清气；而政策及心理的波动，则可以想象成"神"虚了，对应的是中焦的中气；当一个人的正气一层层变虚的时候，邪气就会乘虚而入。今年，最"虚"的是某些新兴市场的货币汇率，比如阿根廷比索和土耳其里拉兑美元都迅速贬值，这往往会带来这些国家的金融危机，可以参考的案例还有 1997 年亚洲金融危机。而 2008 年是美国出现次贷危机然后波及全球市场和经济，所以，2018 年与 2008 年，源头或许不一样。

综合来看，当下市场风险已经较大程度释放，但宏观风险还没有完全释放。这种情况和 2015 年年底正好相反，那个时候宏观经济见底回暖，但是市场估值风险仍然很高。如果出现背离，股票市场在当下整体很难走出牛市，防范风险的同时专业深入选股至关重要。好在这两项恰恰是陆宝的优势。当风险溢价展现出足够性价比时，我们一定会像 UFC 冠军选手一般，"狠、准、快" 出拳，完成我们等待多年的 "KO"！

林总知道我每天下班后都要练习瑜伽，他看时间不早了，就拉着意犹未尽的李总走了。

李辛曾说：医者所为，不外顺其势、得其机、利其行、握其度、顾其本。我觉得，一名投资经理所为，亦然。

2018 年 9 月 9 日，于上海

真厉害!

陆宝成立后,我给自己安排了两个大任务,一个是每年的年会路演,另一个就是点金季报。

然而,其实我写的季报阅读量低得可怜。在没有引发读者共鸣的情况下,我还能坚持写下去,究竟是自律、自恋,还是自虐呢?

最近,我读了三本书,分别是奥威尔的《1984》、赫胥黎的《重返美丽新世界》和波兹曼的《娱乐至死》,特别喜欢赫胥黎那句:如果你与众不同,你就一定会孤独(If one's different, one's bound to be lonely)。孤独对于投资来说,是非常棒的享受,所以我很骄傲能成为一名自得其乐的独行侠。如果看从陆宝点金成立以来到现在的净值走势图,你们会发现,它也算得上是与众不同和孤独的,从不随波逐流。

最近几年为了准备陆宝的年会路演,我在价值投资、行为金融和投资决策的研究上花费了大量时间和精力,这样做不仅让陆宝的产品获得了非常稳健的业绩,更重要的是让我们建立起了一整套投资哲学、决策机制、流程和体系。希望我们费心费力打造的"行动纲领"能指引陆宝在深邃的资本市场畅游。

和你们一样,我更感兴趣的是未来。之所以喜欢投资,是因为我很早就知道,资本市场远比我们想象的还要聪明,只有聪明的决策者才能在资本市场里畅游,而不是一遇熊市就"裸泳"。我所指的聪明,当然是去年讲的高理商的聪明，绝不是一般意义上的智商。而表里如一、言行一致的阿甘型价值投资者，被考验的从来都是理商而不是智商。

同样地，要论信息优势，没有人敢和上市公司相提并论。但是，最终，资本市场仍然是一半火焰、一半海水。这里真的是天堂也是地狱。未来等待我们的，究竟是天堂还是地狱？是至暗时刻还是温暖的春天？

当下做投资最有价值的一个问题是：市场见底了没？价值投资者首先通过估值来做初步判断。从整个A股市场TTM PE中位数的估值来看，当前市场处于过去18年以来的低估值区域。

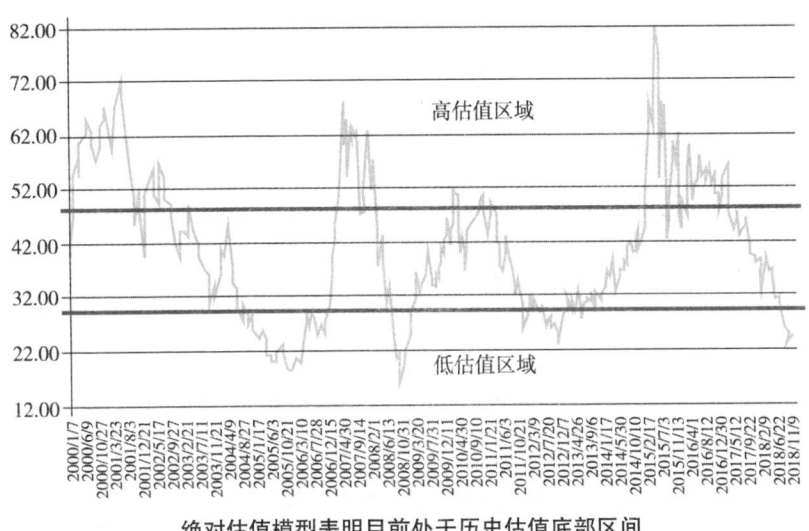

绝对估值模型表明目前处于历史估值底部区间

截止到2018年12月7日，全市场TTM PE中位数估值24.5倍，与2012年的底部区域接近，与2008年底部区域的16倍和2005年的18倍还是有差距。但是，股票已经处于低风险区了。有没有可参照的图来判断，目前是倾向于2012年还是2005年或者2008年的调整级别呢？

据说近期化工行业研究员对医药行业研究员说："来，我给你讲讲咱们周期行业的研究方法和估值体系……"——医药股沦落为化工股。建筑研究员对计算机研究员说："来，我给你讲讲咱们行业堆人头接项目类公司的研究方法和估值体系……"——计算机股沦落为周期股。百货研究员对新零售研究员说："咱都是出来卖货，不谈估值，活下去……"——互联网新零售股沦落为消费股……传媒股沦落为公用事业股，等等。18年未见的政经复杂度提高，杀的不仅是估值，还杀破了众多虚幻的护城河。乐观的投资者认为这次和之前的衰退没有什么区别，只是在于能否提供以更低估值来抄底的机会。中性的投资者则认为，或许时机未到，其依据是市场估值处于历史底部区间，但是宏观背景还不是底部区间，缺乏共振性。

"不以物喜，不以己悲"，如果今年没有出现那么多的"黑天鹅"事件，价值投资者可以做的事非常简单，无论中性还是乐观，在历史估值底部区间买股票等着牛市到来就好。

发现没有？那位叫作资本市场的先生，确实比人们想象的要聪明深邃得多。如果你简单地以为价值投资者的底层思维是市场无效论，那就近乎中了一元思维的毒。事实表明，历史上有持续低估的宏观大背景，也有持续高估的宏观大背景。在以美国主导的国际多边体系下，各国领导人本着合作共赢的精神谈判，有争论也有妥协，但最终能形成一致诉求，规避贸易保护和关税战，完成自由贸易。在这种情况下，市场的估值会抬高。比如，一战后只赢得短暂和平的凡尔赛－华盛顿体系，二战后的雅尔塔－布雷顿体系，以及苏联解体后30年来以美国为主导的全球贸易体系。

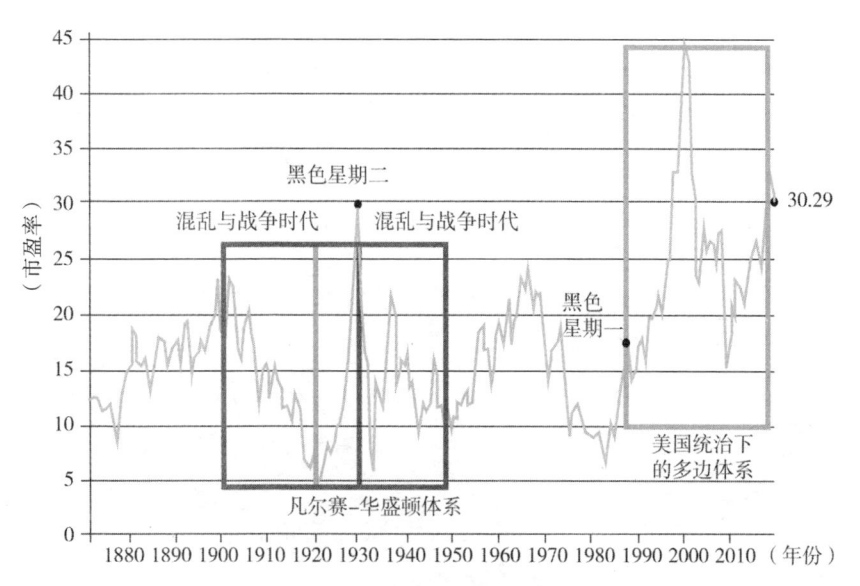

美股150年以来的估值数据

凡尔赛－华盛顿体系的构造者们

二战后国际体系的构造者们

让我们再来看一个更有说服力的案例。温斯顿·丘吉尔于1940年5月10日当选英国首相,然后经历了其至暗时刻:当时的德国几乎占领了整个欧洲;意大利人、匈牙利人和罗马尼亚人已经加入了轴心国集团;法国沦陷,敦刻尔克大撤退;英国孤军血战,伦敦四面楚歌……

神奇的是,至暗时刻的英国战事,并没有带来英国股票市场的恐慌和悲观。丘吉尔被推上首相的位子时正值大英帝国经济一片悲观,然而,英国股市居然就在那时见底了!此后一直上涨。我翻了无数的书,发现当时任何政经专家都没敢对英国前景做出哪怕一丁点乐观的判断,况且那个时候美国还没有参战,苏联没有参战,德国军威最盛,英国在欧洲孤军抗战,战事又一塌糊涂。没想到在炮火连天中,英国的股票市场就再也没有跌过了——我甚至想穿越时空,体验一下当时英国的投资者是如何在敌机的盘旋声和此起彼伏的爆炸声中默默买单推高股市的。真厉害!

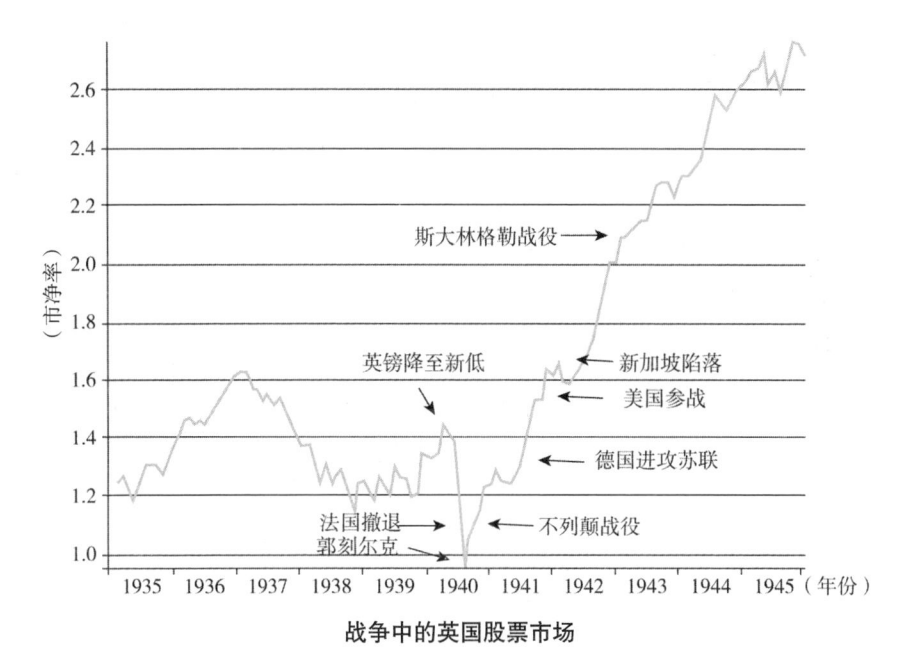

战争中的英国股票市场

市场绝对低估则大抵无所畏惧。值得庆幸的是,在国际政经局势变得越来越复杂的情况下,美国股市还在牛顶位置,而中国股市则在18年来的底部区域。

价值投资既要知微,也要有大局观。2014年年会时,我讲的题目是《新国家、旧经济》,当年用了13个"纠结"来推演未来的路径,现在看来,不少已得到应验。即使如此,我始终带着谦卑之心,接受自己的无知,抱着理性和严谨的态度去思考和评估企业的"护城河",预判当下乐观、中性和悲观的情景各是什么,然后静观其变,争取最终做到通盘无妙手。但愿我们能不负苏轼所言:"此其所挟持者甚大,而其志甚远也。"

今天一个朋友发来一张图，问我这只基金的净值怎么可能跌到0.08元。我说这并不奇怪，最高不也到过1.87吗？如果有杠杆且无风控，对某些人来说，赚87%和亏95%都是正常的。朋友说，这家公司高峰时有三四百只产品甚至更多，每只产品规模还不小。我回了朋友一句话来结束这种无意义的讨论：投资本身并不是是非题，而是选择题。

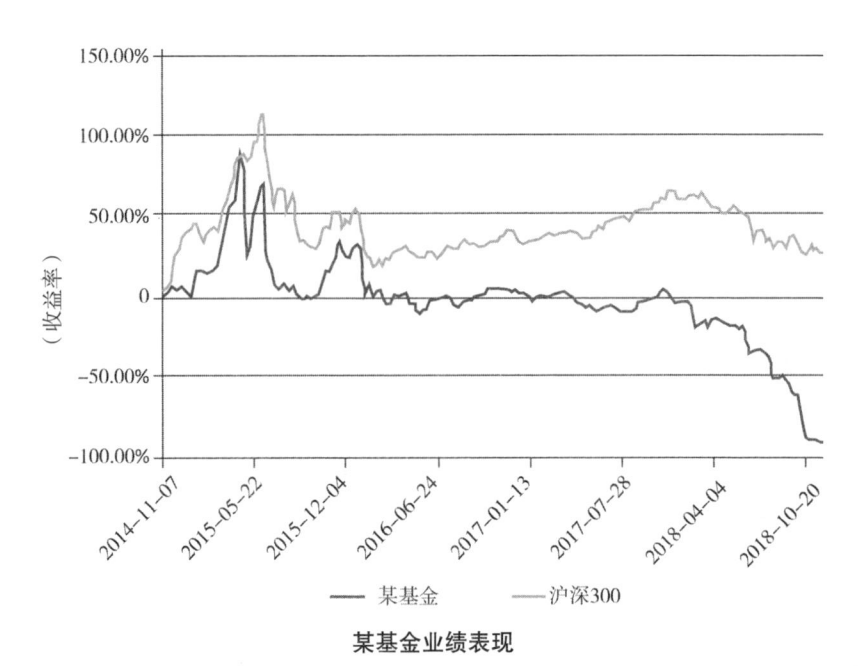

某基金业绩表现

在陆宝去年的年会上，我首次提出了"理商"的概念，但非常遗憾，可能至今还有不少人都无法理解智商和理商的区别、胆量和勇气的区别、赌徒和投资的区别、乐观和悲观的区别……更可怕的是，有些人或许是知道的，却故意装作不明白……

投资有风险，入市需谨慎。

2018年12月10日，于上海

投资需要答对三道数学题

行情一火爆,段子满天飞,流传甚广的这条最有代表性:遵从基本面,天天只吃面;忘记基本面,拥抱大阳线。

这期间,我也经历了一些似曾相识的场景。一天,当我向某位老总展示完点金近乎完美的净值走势图后,他笑而不语,用手机打开了另一个净值图给我看,说:"刘总您看这张,人家今年已经赚了百分之三十多了!""哦,好厉害,我学习一下!"接过老总递来的手机一看,确实如此,眼见为实,我顿时有些自卑起来。再仔细一看,净值图的时间只是今年,于是我双手归还手机的时候随口问:"这个产品成立多久了?""16年。"我默默打开面前的电脑查了几个数据,然后看到了另一些数据:这个产品净值今年确实涨了30%多,然而它是从2018年的0.65左右开始涨的,现在累计净值还不到0.9元……我没再多说,静静地听着这位老总激情四射又谈起了科创板,说什么一场由伟大力量主导的、史无前例地联合了国资、外资、游资、机构、散户等一切力量彻底激活和反转股市的伟大斗争正在轰轰烈烈展开,科创板必将成为金融领域的"深圳特区",成为凝聚人心、为民众带来财富和幸福感的伟大工程……可惜这时的我已经很不争气地走神了,于是起身告辞离开。

我是个性格内向的成都人,像我这种性格的人,是决然不会惹是生非的,但遇事也从来不怕事。上周和一位前来拜访的客户聊天,总体很愉快，但直觉又让我总感觉哪里不对。到中午进餐时，对方请教我对一家公司股票走势的看法，想知道它为什么没有跟随大盘涨起来。我坦言相告。再之后，我得知他们竟然是加了杠杆且满仓持有这一家公司的股票。这种做法与陆宝的投资组合构建是完全不同的理念和方法。我的过往经验告诉我，价值观的分歧往往会在后续合作中带来麻烦，于是我委婉地表达了这份担心，又解释了陆宝的投资原则。这位负责人立马懂了，也相当直白地说："现在私募、公募一大把，缺的是像我们这种能拿得出很多 money 的机构，难道不应该是有钱就有原则吗？"我笑着说："money 从来都不是稀缺品。"负责人转头指着正在狂涨的行情对我说："这种行情，还谈什么仓位控制？还谈什么投资组合？融资满仓干单票才是正道！"我欲言又止，心里想的是："老总啊，满仓踏空和轻仓踏空的段位差了十万八千里啊……"

过去这五年，无论牛市还是熊市，我所承担的痛苦和压力一言难尽。然而，作为一名投资经理，让我们的客户人人赚钱，始终是我的责任担当。而且，最关键的是，取得这样的业绩，我们仅承担了极小的风险，这是不为人道的专业功底，极其关键和难能可贵！

我最近在写一份 PPT，主题是"投资盈利的本质"，主要涉及盈利所需的概率和赔率，这是投资中非常重要的原则，有些内容想先在此和大家分享。让我们从三道简单数学题开始吧。

如果明白图 1 的内容，本文开篇的第一个段子就不会存在。很多投资者喜欢大开大合的刺激操作，认为这样才过瘾。比如拿 100 万的本钱去投资股票，去年亏 30%，觉得挺正常，也不觉得有什么大问题，反正大盘也跌了这么多，是系统性风险；然后今年开年两个月就涨了 30%，觉得太爽了，涨得真够猛的！而这样的事实结果并不如人意，100 万本钱到现在只有 91 万，还亏损 9 万！另外一种做法则是谨慎的投资，去年亏 3%，今年如乌龟爬行般赚 3%，这么做显得特别怂，然而结果似乎并不坏,至少基本没有亏钱,留得青山在,不怕没柴烧。慢就是快啊!但是在现实中,大开大合的选手非常受追捧,因为他们总是会在大涨之时迅猛扩张,在雪坡最高处不顾一切地滚大,反正最后受损之人是会被大雪球覆盖掉的,没人心疼。谨小慎微的选手呢?既然不受大众欢迎,只有哪儿凉快待哪儿,享受岁月的静好和孤独。

大多数人都是感性的,"感觉"需要被非常小心地对待。很多时候,眼见未必为实。背后的逻辑和相关因果才是分析重点。

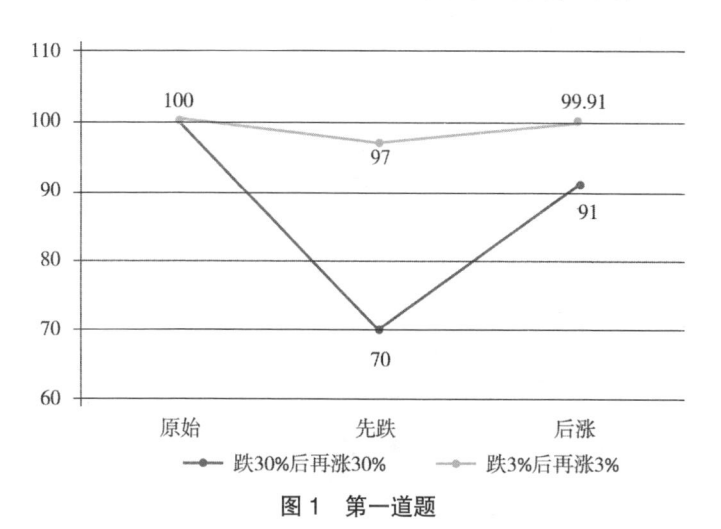

图1 第一道题

图2的题意很简单。当一家公司的股票价格分别为2元、1元和0.5元时,分别买入1万元的股票,然后在股价回升到1元时全部卖出,投资的结果如何呢?答案很简单,当然是赚钱的,且盈利16.7%。这又是一道和感觉不太一致的数学题,原来这么抠抠搜搜的投资,竟然还是赚钱的?可惜,很多人不习惯也不适应稳健投资,他们要么在2元时满仓买入痛苦等待,要么在0.5元时买入沾沾自喜,觉得自己每次都可以复制同样的童话故事,自欺欺人的大结局我们早已见惯不惊。

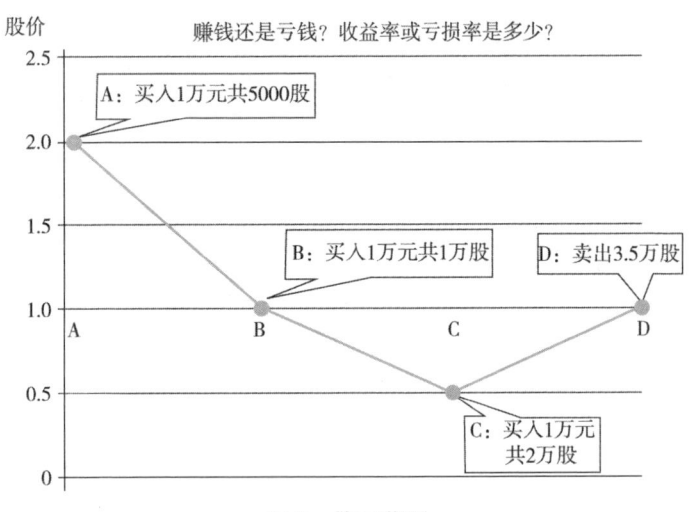

```
股价
2.5
         赚钱还是亏钱？收益率或亏损率是多少？
      A：买入1万元共5000股
2.0 ●
1.5
              B：买入1万元共1万股
1.0                ●                          ● D：卖出3.5万股
   A              B              C              D
0.5                              ●
                        C：买入1万元
                           共2万股
0
```

图 2　第二道题

简单的道理反复说，而投资就是把简单的数学题重复做。陆宝所坚持的价值投资，基本上就只是在重复做这些显得很怂的数学题，我们坚信这么做是对的，所幸陆宝的投资结果也证明了我们的坚持是有回报的。

假如有笔投资，每投入 1 元，有一半的概率变成 1.5，有一半的概率变成 0.6，请问这是否值得投？预期收益率是多少？答案很明显：这当然值得投，预期收益率是 5%。那么，下一个问题来了，假如给你 100 元，还是按这个概率，你会老老实实一次 1 元地投，还是干脆一次 100 元投进去呢？很多人会想，概率很合适呢，而且反正是先赚钱的，那就一次 100 元投进去吧，复利的威力大啊！如果你这么想，那就答错了。真相如下：如果 100 元投一次，假如第一次赚了就是 150 元，下一次赔了是多少？90 元，假如再下一次赚了，反弹到 135 元，再下一次赔了，就只剩 81 元了。持续 100 次，基本上就归零（0.0052 元）了。这可是建立在每次都有一半机会上涨 50%、跌只跌 40% 的情况下的结果。如果概率条件还不如目前的假设，那么距离归零的时间只会更短。所以，投资千万条，控制回撤第一条！就像巴菲特说的，不要亏损，不要亏损，不要亏损。请千万记住：投机虽然可能让你一时赚得盆满钵满，但只有稳健投资才是真正打开正向复利的关键钥匙。

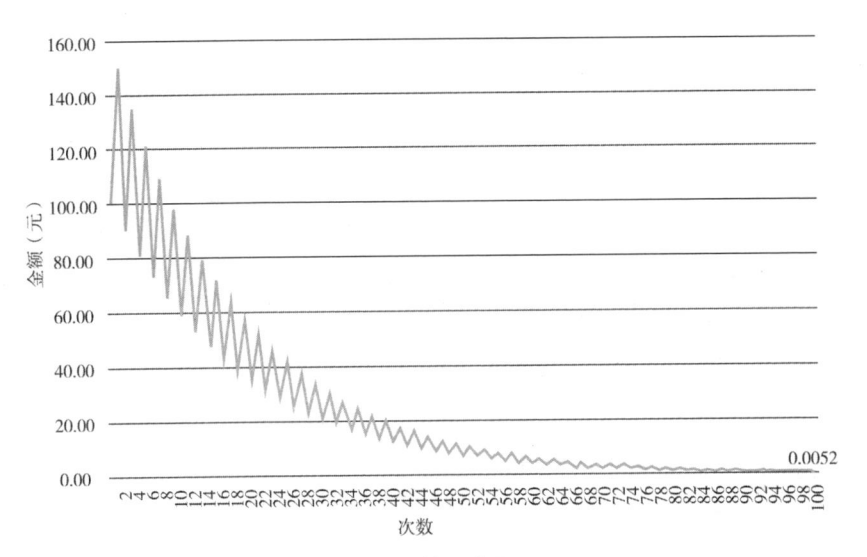

图3 第三道题

也正是基于这点，我非常在意净值回撤。这些年下来基本满意，复合收益率排在同期产品前10%，这个结果正是因为我们的自律。

理性从来都不是市场的主流属性，而仅仅是价值投资的属性。理性来看，根据陆宝的风格和估值模型选出来的优质成长股未来两年将有非常大的机会，今明两年是陆宝的投资大年，这才仅是开始。好戏在后头……

2019年3月10日，于上海

成长是人生最好的交易

《笑傲江湖》中有一段对话,我始终记得。当令狐冲决然表态"我要退出江湖,从此不问江湖之事"时,任我行道:"你怎么退,这个世界有人的地方就有江湖。"经过这些年,我才真正理解了其中的深意。

在很多方面我的认知都不够成熟,比如,当我23岁时就认定这辈子只干证券投资这行,是因为我"认为"这样的工作特别单纯,只需要每天面对电脑就可以完成工作,决策正确还能获得报酬,不用和各色人等打交道,简直太适合我的性格了。再比如,我一直视巴菲特为英雄,但我近来才意识到他的搭档芒格老先生才是真正的人生大赢家。英雄纵然很了不起,孤胆雄心,长板傲人,但总少了点人间烟火气,硬核价值投资者们骨子里必然是自信的,甚至是倔强的;人生赢家不同,他们更像是全面发展的三好生,虽无英雄的超级长板,但也没有明显的短板,所以人生赢家大都比英雄更接地气、更靠谱。更比如,我一直把价值投资当作信仰,而价值投资其实更多的是一种强者和逆向的思维方式,像我这种能够长时间死守安全边际而抱牢大把现金不被市场干扰的人,简直就是投资界的"奇葩"。我打开了财富之门,但也附加了一项负面的影响,那就是在严苛的安全边际内,在计算内在价值、追求复利的漫长道路上,我必须随时保持严谨、自律、耐心、专业、敬业,如履薄冰的我变得很难柔软和彻底放松下来,我苦恼地觉察到常年埋头工作的自己在不知不觉中已然变成了一位特立独行的"奇葩"……

好在朋友在几年前把我引领到了练习瑜伽的光明路上，使我有机缘开启自我觉察之路，我重新审视与反思理想与工作、健康与生活。通过坚持练习瑜伽，我对自己开展了一系列自我改造的补短板工程。身与心，言与行，实在有太多太多的短板要补，我一直是个有较强韧性的人，这项工程对我而言没有时间限制，我做好了要一辈子进行自我修行的准备。伴随着每晚优质的睡眠，我感受到了自己日渐增加的能量，每天都比前一天更好一点点，这种状态令我心满意足。

回顾过往，原来最好的一笔交易，是成长。

做投资要保持平常心，非常难；要知行合一，那是难上加难。

据不完全统计，2019年年初至今的股票市场，有超过70%的投资人都是赚了指数没赚钱。坦率地讲，今年要把钱赚到手，并不容易。因为过去这5个月的市场走势略显癫狂：1月沪深股指创下过去50个月的新低后，随即是春节后转头猛涨一波，可惜好景不长，大佬们振臂高呼赶紧上车的话音刚落，4月下旬市场却反向快速下跌，连报告都还没来得及撕，"前方无阻力"就变成了"前方无主力"。有没有主力我们谁都不知道，我想这种市场表现大概就是格雷厄姆所形容的双相障碍（bipolar）。牛市没有来，熊市又不太像，这种两极节奏让不少投资者难以适从。

作为一名经验丰富且心态成熟的专业投资者，我今年选择了"认怂"。是的，你没有看错，我真的选择了"认怂"。陆宝既没有积极主动参与之前的"牛市第一波"猛涨，也没有在后来的下跌中逃避庆幸。深度思考、降维行动，产品的净值走势一如既往地保持了温和稳健增长。

陆宝一直致力于成为一家长期稳健增值且真正独立的专业投资

机构，我们不会因为选择了与大多数投资者不同的操作节奏而害怕担心。正因为无数的投资者对错过机会的恐惧远大于对高价买入的恐惧，所以陆宝才不介意去承担错过机会的风险。对我们来说，真正的风险不是错过赚钱机会，而是令信任我们的客户亏了钱，让客户亏钱是我们的最大痛苦！陆宝永远牢记：不要亏损！不要亏损！不要亏损！投资千万条，安全第一条！损失赚钱的机会与损失本金比起来，根本不值一提。

我今年受邀有过几次对外交流，与一些嘉宾探讨了"投资盈利的本质"。我们认为，投资盈利的预期收益是赢率和赔率的组合结果，即 $E(R)=P(A)×V(B)$。无论投资还是投机，想要赚钱，必须有一套方法，相对来讲，提升投资赢率比较难，这不仅需要深厚的功底，更需要价值远见，同时，还需要点运气和自身的悟性。另外，赢率是有时间尺度的，交易期限越短，赚钱越难。根据我的经验，猜短线的涨跌，所谓的成功率就是胡扯。而所谓的赔率（盈亏比），只要真的对风险有一定的认知以及懂基本的价值投资，反而是有路径可以提升的。首先，当然要避开重大实质损失，方法很简单：不买贵的，不买差的；建立自己的投资负面清单。其次就是选牛股的能力。这点恰恰是我们陆宝擅长的，我们5年累计回报翻倍，这全靠我们的选股能力，也就是 α。

接下来，让我们简单分析下大家担心的中美贸易战。2018年贸易战开打，当时把很多乐观的投资者打懵了。伴随着股市的下跌，很多人感到非常悲观。今年5月，贸易战继续升温，股市又开始下跌，一些刚刚开始乐观的投资者瞬间变成了世界末日的预言者。但是，理性分析的话，大家没必要如此焦虑。

客观地说，美国早就债台高筑，总债务达71万亿美元，并且每年还在增加。平均每个家庭负债85万美元。如果按照4%的加权平均利率计算，每个家庭要为美国承担3.4万美元的负债利息。而美国家庭收入的中位数是5万美元，扣除税后，收入不够偿付债务利息的。同时，美国贫富差距巨大，80%的人口占有不到10%的财富。想要解决债务和贫富差距问题非常困难，放眼望去，还找不到一个有能力解决的人及有效办法。美国想通过贸易战的征税来解决这些问题，同时打击中国，但是最终效果很难确定。理由之一：特朗普已经给亿万富翁们降了税，政府花销还在增加，贸易战到最后其实是给中下层加税。中国和美国也许是竞争关系，但在经济上更多是互补关系。中国生产的大多数是日用品和部分工业品，质优价廉，美国在短期内较难找到同等条件的替代品。而关税部分就算是由中国厂商全部或部分承担，我们也可以通过出口补贴和适当贬值来消化，而部分由美国进口商承担的关税最后都会转嫁到美国消费者头上。一旦通胀上扬，经济下行，消费者就会发现自己被骗了。理由之二：美国的一个大泡沫是其股票市场。这个我就不详述了，有很多公开数据，大家做做功课就可以了解。理由之三：跟强劲的对手作战时，一般分为战略防御、战略相持和战略进攻三个阶段。截至目前，中国算是处于战略防御阶段。什么时候是战略相持阶段？我们预计是美国经济或者股市出现问题之后。一旦美股大跌或者美国经济变差，贸易战就会变得没有攻击力。任何战争如果没有利益，且对自己损害很大的话，就很难持续。所以，中国现在最好的策略就是：沉住气，通盘无妙手！

"莫听穿林打叶声，何妨吟啸且徐行。竹杖芒鞋轻胜马，谁怕？一蓑烟雨任平生。"祝福所有江湖中人心安每一天。

2019年6月6日，于上海

艰苦训练，轻松比赛

上周我带队去了向往已久的西安泰格王格斗训练中心，参加为期5天的陆宝定制培训。泰格王训练中心是由中国第一个MMA顶级赛事"百万争霸赛"金腰带得主、UFC签约格斗运动员王冠打造的顶级训练中心。走进中心的第一天，我在教练团队的照片墙上看到了被用作本文题目的这八个字：艰苦训练，轻松比赛。于是，我把它们记在了心里。

离开西安回上海的第一天晚上，恰逢泰格王的女选手孟博在新加坡出战ONE冠军赛。我和女儿兴致勃勃地在电脑前观战，本以为这么高级别的赛事，起码要打三局，万万没想到，仅仅86秒，也就是

才一分多钟的时间,比赛就结束了。因为孟博一拳 KO 对手!全场气氛瞬间被拉至高潮!我女儿连连惊呼不可思议:"太快了,太快了,还没看清楚呢,这就赢了吗?!"

赛后记者现场采访孟博,孟博超级轻松,微笑着说:"今天的比赛和我的预期差不多,要么地面 KO,要么站立 KO,今天顺利完成任务。"

看到这儿的一瞬间,我真是感慨万千,脑子里再次浮现出"艰苦训练,轻松比赛"这8个字。之前在泰格王听赵教练讲过孟博如何刻苦训练,此时看她的比赛,更加深刻领会了什么叫"台上一分钟,台下十年功"。

去西安之前,有小伙伴问我:"刘老师您不是一直练瑜伽吗?怎么又对综合格斗感兴趣了?"我猜其实小伙伴更想知道的是:兴趣广泛真的好吗?对于此问题,一位老友这次替我回答了:"刘红啊,既是疯子也是天才,她练瑜伽也好,学格斗也好,只有一个目的,全都是为她做投资服务的。她需要不断挑战自我,所以无论定力还是体力,都缺一不可。"感谢老友的理解,事实确实如此。

今年的陆宝年会上,在我主题为"资本永不眠"的演讲中,有一页PPT特别提到过陆宝善于寻找估值合理及低估的股票。这是因为,目前的A股市场,已经多达4 072家上市公司,过去四五年间大盘蓝筹股备受资金追捧,将近85%的中小市值公司甚少被关注和研究。长达25年的从业经验令我始终把"人多的地方别去"奉为金科玉律。所以,从陆宝成立以来,我们就在中小市值的田园里"艰苦训练"(研究)着,我们的投研团队一遍又一遍地从各个角度去精心挑选出有成长价值的股票,反复加强对中小企业如何变大变强的成长过程和模式的认知。比如,我在今年年会演讲中所列举的陆宝最擅长的普及率增长模式,就是我们对企业增长的四种经典模式的经验总结。

既然企业经营绩效是最重要的成长要素,那么每年的年报和一季报季(主要在春节后到五一前)、半年报季(7、8月份)、三季报季(10月份)发布时必然是陆宝投研团队最忙碌的时候。这和农业讲究天时节气也类似。每到财报季,我们就需要投入大量的时间和精力从各个角度去解读财报、精选公司。我们的工作性质与作物育种非常类似,都是优中选优。做金融看似"高大上",实际上我们是金融民工。

坚持多年艰苦训练（研究），现在进入轻松比赛（投资）的阶段。最近，我们的产品业绩又纷纷创下历史新高。我会一如既往，在追求稳健的基础上积极进攻，耐心等待来年收获，希望与大家共享财富增值。

2020 年 11 月 8 日，于上海

"奇葩"巴菲特

2015年7月19日，我写过一篇小文《"奇葩"巴菲特》。今天重提，是因为明天（8月30日）便是巴菲特的87岁生日了。我想最好用文字记录下此时重读旧文的感受。

上周的《奇葩说》极其精彩，其中关于幸存者谬误之说，实在棒极了！

幸存者谬误是一种常见的逻辑谬误，大意是人们很容易只看到经过某种筛选而产生的结果，而没有意识到筛选的过程，因此忽略了被筛选掉的关键信息。

有位选手在他博文里的举例很妙。他这样写道："我第一次意识到这个误区的存在，是由于记不清来源的一则小故事。有位智者拜访一座神庙，祭司带他观赏了很多颂扬神迹的壁画，主题都是困境中求神保佑最终得救。在扬扬得意地展示完这一切之后，神庙的主人以事实胜于雄辩的气魄问他，是否还会怀疑神灵的伟大。这位智者的回答是：这些当然都很好，可是那些没有得救的人，又在哪里呢？"你看，在这个故事里，一般人想到的是：无数案例证明，祈求神灵可以逢凶化吉。智者想到的则是："祈求神灵可以逢凶化吉"这个观点之所以有那么多正面的论据，只是因为那些不能逢凶化吉的案例我们根本就见不着。前一种思维误区，就是典型的陷入幸存者谬误而不自知。后一种思路，则是清晰地意识到我们所看到的东西，其实都是经过了

"存在"或者说"生存"这道关卡筛选之后的产物。

　　智慧需要有心人持续不断地学习和修炼。一个有智慧的人，懂得进行科学的逻辑推断，拥有独立思考的能力。上述智者仅仅用了一个不求证实、仅要证伪的思路，或者说是零假设，就把祭司给问住了。精于识别他人欠佳的思维方式，也会令自己少犯错。

　　这周，我重读纪念版的《巴菲特传》，边读边思考，发现如果以幸存者谬误为主题，巴菲特绝对是个个性十足的人。

　　大概半年前，我观看了一部长达88分钟的纪录片《成为沃伦·巴菲特》。看完后，我写下了如下感言：

　　"我完全没有料想到，这部关于巴菲特的纪录片让我感慨万千……我读过几乎所有关于他的中文书，读过他写的所有年报，还斗胆写过一篇《'奇葩'巴菲特》的文章，我以为我了解得不算少了，但是这部纪录片仍然给予我们相当多的'内幕'，有关于投资的，有关于情感的，有爱也有怨，更有遗憾……一口气看完，脸上有泪水，内心有感动！"

　　书中有一段文字描写了《说谎者的扑克牌》的作者迈克尔·刘易斯对巴菲特的大肆攻击。刘易斯认为，巴菲特只不过是一个世纪大骗子，无论在投资还是道德上都有很多缺陷。迈克尔·刘易斯借用有效市场理论，认为巴菲特在事业上取得的成功只是运气好罢了。他认为，巴菲特给无知的读者造成了一种假象。其实以他的学识，刘易斯应该明白，对于11岁就炒股的巴菲特来说，好运气怎可能长达76年？这种极小概率的事件几乎不可能发生。

　　除了刘易斯外，1992年的《商业周刊》也猛烈抨击过巴菲特在投资中犯下的一连串错误，比如巴菲特对富国银行以及所罗门的投资失败。更有甚者，有一期《华尔街日报》还发表过另一种观点，认为巴菲特精心构思的年度报告是为了躲避"严峻的问题"，他通过自己的形象使得股票"浮在半空中"，他的成功完全是因为他的交际圈比平常人大而已。更有意思的是，在这篇檄文的最后，记者还针对巴菲特有情妇一事大肆渲染，暗示巴菲特的传奇形象完全是欺世盗名。

看到这里，我想或许有些国内的投资者会感到有些意外：难道这就是传说中的股神巴菲特？是的，我想告知各位的是，除了上述这些，巴菲特还遭遇过来自美国一流经济学家的"约架"。比如，斯坦福大学的著名经济学家威廉·F. 夏普（著名的夏普指标由他提出），就认为巴菲特只是一个"三西格玛事件"，即夏普认为巴菲特的成功只是一个在统计学上概率小到几乎可以被忽略不计的事件。而两个月前刚刚去世的著名美国经济学家、第一位获得诺贝尔经济学奖的美国人、新古典综合学派代表人物、被誉为"经济学界最后一位通才"的保罗·A. 萨缪尔森也曾向巴菲特挑战。萨缪尔森将巴菲特的成功归因于他的情报收集能力。他曾这样评论巴菲特："同样，经验告诉我，像沃伦·巴菲特这样有能力赚大钱的人是少之又少的，因为他们不仅需要知道哪些是本质要素，而且需要知道哪些新信息值得花大钱去买。这样的超级明星可是花钱如流水的，当你开始关注他们时，他们的花费早已是天文数字了。"

有趣的是，当萨缪尔森在参议院发表如上讲话后不久，这位诺贝尔经济学奖获得者竟然开始大量买进伯克希尔·哈撒韦的股票，并拒绝对自己的行为发表评论。与萨缪尔森类似的还有加州大学的著名经济学家阿门·阿尔钦，他一边认为巴菲特的成功完全来自其特殊的有利地位，而不是高人一等的竞争力，一边心安理得地买伯克希尔·哈撒韦的股票。

当然，所有这些"约架"都不如1984年巴菲特与迈克尔·C. 詹森教授（常用的詹森指标由他提出）在哥伦比亚大学面对面地辩论大战精彩。当时，詹森教授表达了对异端股市投资者的蔑视后，表示必须要提倡有效市场理论的"科学性"。詹森教授的话为巴菲特提供了一个求之不得的开场白，之后那个著名的"全国掷币比赛"的段子，我相信大家都耳熟能详，就不用我再重复了吧。

我之所以喜欢巴菲特，不仅因为他是"打脸队"的领头军和代表人物，还因为他愿意偶尔露面，并没有"闷声发大财"，低调得不见人影。我特别喜欢听巴菲特对大学生们的演讲，那才叫金句满满。2014年，我到奥马哈现场参加了伯克希尔的股东大会，看着巴菲特和当时90岁高龄的芒格一唱一和，听着场内4万人不时响起的掌声和笑声，内心非常感动。我始终相信，那些被他感动的人一定会永远记得他，并且在以后很长的时间里被他影响、受他鼓舞。

巴菲特的性格，我认为是看起来外向，实则内向。他的妈妈是个比较神经质的女人，我看过一些报道，据说由于妈妈情绪不稳定，巴菲特从小非常怕妈妈。这样的孩子，内心会比较压抑，所以巴菲特少年时木讷、不善言辞。但巴菲特厉害的地方在于他坦然面对自己的弱项并勇于修正自己，他21岁就去学习卡耐基的课程，培养演讲技能，提高自己的人际交往能力。我还记得2013年，当时中央台的记者采访巴菲特，老巴在采访结束时突然凑到记者的耳边说了一句话，然后开玩笑说，马上就会有很多人问你，是不是我告诉了你到底该买哪只股票。年轻的记者当时都有点儿发蒙了。其实，巴菲特当时说的是"你很用功，你可以走得很远"。从木讷到随时可以轻松搞笑，当然不只是卡耐基课程的功劳。幽默是一种高阶境界，我参加过业内各种研讨会和策略会，最大的感受就是沉闷和枯燥，要么过分严肃，要么心不在焉，要么疲劳过度……

无论好的还是坏的，世人对巴菲特关于价值投资有太多误解。当他一路奋进、一路实践时，各种不理解、各种嘲讽从未停止；当他成为世界首富，并于2006年宣布捐出自己80%的财产（当时合计370亿美元）给慈善事业后，世人才终于真正认可了巴菲特。

从18年前第一次知道巴菲特到如今，我从未停止过对巴菲特和对价值投资的思考。我曾经自己做了张表（美元），记录巴菲特的财富增长曲线。21岁1万，25岁14万，34岁400万，37岁1 000万，40岁2 500万，47岁7 000万……76岁460亿，78岁580亿，84岁637亿（2014年）。结果简直是一张完美的复利图，但是我更相信，这同时也是一条几乎无法超越的曲线！是的，27.75%的年化收益率或许在很多人眼里都不算什么，只是，64年不懈地坚持，谁能有这耐心、有这本事？

2017年7月17日，美国《福布斯》发布了2017年全球亿万富豪榜，沃伦·巴菲特以净资产756亿美元排名全球第二。可能还有些朋友不知道，巴菲特99%的财富是他50岁之后取得的；在50岁前，他只能算一个普通的有钱人。从56岁身价过10亿美元到86岁时超700亿美元，巴菲特的复利价值在后30年间才真正发挥出强悍威力！所以，万事急不得。我遇到不少"80后"的基金经理们，他们总有各种焦虑，如果愿意立足长远放慢脚步，大概焦虑就会减少很多。

啰唆以上这些，我是希望能让对价值投资感兴趣的朋友们了解，价值投资并不是传统主流学派，也谈不上"高大上"。每年的巴菲特股东大会上，巴菲特或芒格都会力劝年轻人别在商学院学金融浪费时间，因为他们认为价值投资是朴素的、原生态的，甚至是骨子里与生俱来的。

我认识的不少人都说自己是搞价值投资的，有人说，这把干对了茅台，终于可以买黄浦江的豪宅了；还有人说，投资总监找谈话了，不换脑子就换人，所以不敢逆势投资必须要做价值投资了，终于下手重仓了最热门的钢铁和煤炭；还有人，每年满仓干一只票，虽然波动大，但看起来好像很符合价值投资的操作，实在被套得不行了，就再募集新钱接着干；还有人说，做价值投资不必太辛苦，每天有效工作三四个小时足够了；更夸张的是有人说自己的产品业绩那么牛，一大半时间都在国外玩耍，会玩的人才是在做价值投资；最搞笑的是，每天打短线赚佣金的人也说自己做的是价值投资，因为产品虽然死活不涨，但好歹回撤小……价值投资这个无辜的标签，何时变成了任取任用的随意贴？

价值投资到底该怎么做？我觉得借用巴菲特的几句话就能说清楚。

其一："我宁愿要一个规模仅为 1 000 万美元而投资回报率高达 15% 的企业，也不愿经营一个规模大到 10 亿美元而投资回报率仅为 5% 的企业。"

上周，老友林总来公司，他说他曾向周边朋友推荐陆宝，但对方一听说年化回报率才 15% 左右，就没什么兴趣了。没想到，这几年下来，幸福感最强的还是他，不仅不操心，还稳稳地赚了不少钱。其他人要么在 2015 年发生"股灾"时被杠杆害了，要么在 2016 年初遭到重创。我说："非常理解。投资是长跑运动，慢慢来吧。"

其二：巴菲特问我："你觉得这件事做成的可能性有多大？"我说："挺大的，50%吧。"巴菲特说："那为什么你不背着一顶打开概率为50%的降落伞从飞机上往下跳呢？"

其三："第一，永远不要亏损。第二，永远不要忘记第一条原则。"

很多人对价值投资并不真正理解，对巴菲特的评论也不够客观全面。我曾听过国内的基金经理评论巴菲特，说他并不是靠炒股发财的，而是靠坐庄——直接收购公司发财的，还说巴菲特做出初步收购决策的时间不超过5分钟。我每次听到类似的评论都觉得很无语。我想说，其实巴菲特早已公开过伯克希尔的收购标准。巴菲特的原意如下：

"我们迫切地想从企业负责人或其代表处听到，他们的企业符合以下全部的标准：（1）大型收购（税前利润至少为7 500万美元，除非该企业很契合我们的现有业务部门之一）。（2）已证实的持续盈利能力（我们对未来预期不感兴趣，也不考虑业绩突然好起来的企业）。（3）企业的股本回报率良好，同时债务很少或没有。（4）管理层称职（我们没有能力填补这方面的人手）。（5）业务模式简单（如果存在大量的技术，我们将无法理解它）。（6）一个明确的报价（我们不会在价格未知的情况下讨论交易，以免浪费我们和卖家的时间）。"

如此清晰的收购标准，加之美国的法律体系和公司制度保障，在5分钟之内做出收购决策的或许只有巴菲特。

真正的价值投资者，逃顶基本不存在问题，但是把握机会的能力或许多少会有些局限。尤其在中国，真正值得倾囊投入的价值投资良机，历史上只出现过3次！而且，股神们早就说过，价值投资在全世界都永远只可能是少数派！这是因为，做价值投资需要规避人性的种种误判心理，一般人很难坚守。我在网上看到过一份有关巴菲特长达

40年（1965—2004年）的投资成绩单，40年里巴菲特只有一年收益率超过了50%，其他大部分年份业绩都比较低。神奇的是，巴菲特在这40年里只有一年是小幅亏损的（2001年，亏损6.5%）！就是这样一份并不让人惊艳的成绩单，成就了靠投资成为世界富豪的巴菲特！投资，当然不仅指二级市场，也包含收购兼并等。巴菲特并没有和世人全面分享过他的理论体系和方法体系。我们能看到的，只是结果。他给予我们的，也许是一种叫作实践体系的宝贝。

另外，我还想和各位分享的是，伯克希尔的6条收购标准，其实充分揭示了价值投资的内涵和底蕴，看似简单而直白，实则严苛而挑剔。前段时间，我帮一个做创投的朋友去调研了几家企业，坦率地说，调研完后我简直不寒而栗，如此差的公司，在我的投资评价级别里只能备注为"不考虑"的公司，竟然还能吸引各路专家趋之若鹜地投钱。朋友当时说："是你太挑剔，这样的公司，能抢到股权已经很不容易了。"时隔两年，其中一家公司大概可以赚一倍，两家公司不行了，还有一家情况尚不明朗。

巴菲特的一切，来得并不容易，甚至可以说是异常艰辛！

不知道有多少人知道巴菲特和芒格在1974年因为蓝带公司被怀疑有暗箱操作而受到了美国证券交易委员会将近两年的调查和折磨。又有多少人能理解1977年巴菲特遭遇《信使快报》起诉，被指企图垄断，又一次站到联邦法庭的被告席上时，他的内心有多么痛苦。接连不断的伤害，导致《布法罗晚报》到1982年税前总损失已高达1 200万美元，连睿智的芒格都已经受不了，抱怨《布法罗晚报》的损失会成为永远都无法填满的无底洞。不屈不挠的巴菲特，依然在一个人战斗（2014年，陆宝团队前往奥马哈"朝圣"后，曾到访布法罗，还收集了一份如今已改名的《布法罗新闻报》，以作纪念）。

补述下这段真实的故事：1977年1月，巴菲特出资3 200万美元

（当时，巴菲特个人资产只有 7 000 万美元左右，所以这笔投资相当大）收购了《布法罗晚报》。晚报在布法罗是第一大报，发行量是其竞争者《信使快报》的两倍，广告收入也比后者多 75%；但《布法罗晚报》不发行周末版，周末的市场属于《信使快报》。巴菲特的收购动机之一在于介入周末版的竞争市场，扩大报纸盈利。不过，巴菲特立即遭到了对手对《布法罗晚报》的反垄断诉讼。法官的判决是：《布法罗晚报》可以发行周末版，但是发行营销要受到政府的管制监控，以防止其垄断。在这样的判决条件下，《布法罗晚报》的生意每年持续亏损，1978 年亏损近 300 万美元，1979 年亏损 460 万美元。当然，对手的日子也不好过，《信使快报》年均亏损近 300 万美元。双方陷入惨烈的阵地战。一次，布法罗的工会头目威胁巴菲特：周末不送报了。巴菲特不按常理出牌，反将了工会头目一军："如果工会周日不送报，报社将彻底关门，所有人都会被解雇。"巴菲特拿超过半数的身家，来了次鱼死网破的决斗。最终，工会在巨大压力下放弃了无理要求。《布法罗晚报》继续惨淡经营，在衰退的经济中和对手又僵持了将近两年。1982 年 9 月，巴菲特迎来逆转：《信使快报》宣布由于无法继续承受亏损，将永久关门。形势急转直上，《布法罗晚报》一家独大的第一年，净赚 1 900 万美元；到 20 世纪 80 年代末每年利润 4 000 万美元，远超过巴菲特最初 3 200 万美元的买价。

巴菲特的内心到底有多强大？当所罗门兄弟公司爆发危机后，明明可以撇清关系的巴菲特依然选择了担当！当面对联邦检察官奥伯迈尔的询问时，巴菲特侃侃而谈，说起了他的长期投资哲学——对待公司就像对待合伙人一样，就像他在职业生涯早期和风云变幻的 20 世纪 80 年代的做法一样，他从不从公司中榨取利润，而是与它们风雨同舟。奥伯迈尔起初坚持认为事实不容否认，足够给所罗门兄弟公司定罪；但他经过细致的调查后，最终宣布不予起诉所罗门兄弟公司。

巴菲特用诚恳的态度守卫了所罗门的荣誉。

没有人不喜欢内心强大的人，然而遗憾的是，我们周遭内心强大的人太少太少。

在巴菲特漫长的投资生涯中，真正辉煌的事迹，我最欣赏的有两个。一是 1969 年他果断着手解散合伙企业，"逃顶"成功后，于 1974 年发出抄底呐喊："现在是发财的时候了！"（1968—1974 年，美国股票价格平均下跌了 70%，其中 1972 年的记录显示，他当时的 1 亿美元投资金额里，只有 1 700 万美元的股票，其他都是债券。）二是 1987 年 10 月美国发生"股灾"，仅著名的黑色星期一当天，道琼斯指数就急挫 22.6%，股神巴菲特是在 10 月 12 日就几乎把所有股票都卖了的（他只留了 3 只永久持有的股票，即使是这样，也损失了 3.42 亿美元）。

我觉得除了上述这两个漂亮仗，应该再加上巴菲特 2000 年的表现。我留意到，巴菲特 1999 年的投资收益率只有 0.5%，当年纳指可是暴涨了 86%。我的猜测是，机智的巴菲特已经提前撤退了。2000 年，纳指泡沫破灭，指数跌了 39%，巴菲特却取得了 6.5% 的正收益。我简单算了下，巴菲特在 1998—2002 年这 5 年的累计投资回报达到 64%，而同期纳指却暴跌 74%！巴菲特这 5 年的年化收益虽然只有 10% 左右，但成功"避雷"的意义远大于赚钱这点儿小事。2000 年的老巴，刚好 70 岁。咱中国人说，七十而从心所欲不逾矩。老巴为我等后辈做了多么好的诠释！

杰出的价值投资者的确是稀有的、罕见的，可是巴菲特绝不是"幸存者谬误"般的存在，这一点，我深信不疑。只不过，巴菲特还真是个"奇葩"，11 岁开始初尝投资，26 岁组建 7 人亲友团从 10.5 万美元开始经营合伙私募；经历过无数次所投企业的罢工，经历过多次被听证、被起诉、被调查；拒绝过无数加薪请求，拒绝过无数捐款邀请，被贴过诸如超级抠门、冷血冷漠、靠关系、异类骗子等等标签……他的所有经历、他的所有遇见、他的所有磨炼，都非常人所有。

巴菲特曾谦卑地说自己干了数不胜数的蠢事，错过的机会更是无数，但是为何他依然取得了如此高的成就？我想，那是因为，在重大的投资决策上，他没有犯过大错，没有造成过无法挽回的损失。回头看，也许巴菲特不该收购《布法罗晚报》，也不该在父亲过世后一时冲动和伯克希尔的老股东较劲……但人生没有回头路。我们能做的，只能是向巴菲特学习，朝前看，往前走，担当责任的同时学会宽容仁慈——对自己，更对他人。

巴菲特或许将是本世纪甚至未来更久远的时代里唯一一位通过价值投资成为世界首富的投资家。能把投资这件事从 11 岁干到 87 岁，不厌倦还乐在其中，多酷！

2015 年 7 月 9 日初稿，2017 年 8 月 29 日再补

打开私募基金的正确姿势

私募就像是一个江湖，不同门派、不同背景、不同资历的人同在资本市场厮杀，以争得自己的一席之地。而对于局外人——广大合格投资者来说，隔行如隔山，要想了解每一个山头大佬实属不易。投资一只私募产品又不同于买一件衣服，穿上身立马就能知道大小美丑。投资产品往往无法及时获得反馈。现在很多专业投资者及机构，在决定申购一只私募产品时，往往会进行大量的尽职调查和数据分析，而广大合格投资者则不具备这样的条件，于是在选购私募产品时会比较随意或任性，有些投资者在懵懂中买入一只私募基金，亏了大钱才追悔莫及。

我今天就给大家讲一讲"打开"私募基金的"正确姿势"。在这之前，咱们先来聊聊买基金容易陷入的认知误区。

（1）净值涨得越快越好？且慢！

这大概是私募这行最有吸引力的卖点了！很多投资者看到高额回报便趋之若鹜，却忘了"盈亏同源"这个朴素的道理。股市有句话形容短期暴利之易和长期高回报之难——一年五倍者如过江之鲫，五年一倍者寥寥无几。下次看到诱人的回报率时，要先多问几个为什么，不然，就很可能沦为"股神"练手的牺牲品。据媒体报道，有个"95后"的新晋股神，管理着超过一亿元的资金，去年前五个月其一期产品以34%的收益率入围全国私募业绩前十，打败了一众业界大佬；而如今，三只产品中却有两只最大回撤超过了50%，净值在0.7左右徘徊。

（2）年化收益率越高越好？且慢！

这听上去似乎很有道理，买产品难道不应该买年化收益率更高的吗？其实不然，如果有两只产品，它们拥有同样的年化收益率，但A产品的年化收益率是在三年牛市背景下取得的，而B产品是在三年熊市背景下取得的，那么虽然年化收益率相同，但B产品明显有更高的含金量。因此，在看产品时，不能单纯只依赖于年化收益率这一个指标，还应该去看它获得这个收益时所对应的市场是怎样的走势，才能更加客观地评判。

（3）旗舰产品净值越高越好？且慢！

可能有些投资者有这样的经历：去参加某私募基金的路演时，看到其产品的历史业绩走势很不错，稳健中又不乏进取的盈利能力，于是心中大喜，认为这就是自己寻觅已久的好产品，当机立断决定申购。虽得知本期产品限额已满，也通过各种关系抢到新发行产品的份额！谁料，一年时间过去，旗舰产品仍然高歌猛进，而自己手里的产品却表现平平。这是又一种套路。这些机构通常用很小规模的产品做出骄人的业绩，以此吸引广大投资者，从而做大规模，接下来就是躺着挣管理费了。因此，投资者不能只看一个私募机构想给你看的那只产品的业绩，而要通过好买网、私募排排网、万得、同花顺等第三方网站去查看其旗下更多产品的业绩情况，综合去看这家机构是否真有其旗舰产品所表现出来的投资能力。

以上这些都是投资者在选择私募基金时容易陷入的误区。那究竟怎样才能正确选择一只合适的私募产品呢？有三个锦囊：一是绝对收益，二是最大回撤，三是夏普比率。

锦囊1：绝对收益

绝对收益，简单理解就是为投资者真实赚取的超过面值的收益。私募基金追求的是绝对收益，真正好的私募基金不仅能在差的年份跑赢大盘指数，还能给投资者带去净值的正增长。我们对比了过往数十年国内外上千只基金的年化收益率，发现如果能长期保持在10%~16%，就算是很出色的基金了。年化收益率太低则比不过通胀率和银行理财产品的稳定收益，对投资者资金价值提升意义不大。年化收益率过高则有可能让投资者承担较大的不可知的风险。

锦囊2：最大回撤

最大回撤是衡量一只私募基金风控能力的重要指标。所谓最大回撤，指的是在选定区间内产品净值从最高点走到最低点时的收益率回撤幅度，用来描述买入产品后可能出现的最糟糕的情况。一只以投资者的利益为重的私募基金，会很好地把控产品的下行风险，不会允许最大回撤过大的情况出现。如下图所示的某基金，在2015年"股灾"期间最大回撤比上证指数还高，直接跌去了净值的一半，想想都替持有这个产品的投资者捏把汗，再要回到原来的高点可是需要翻一番才行呀。

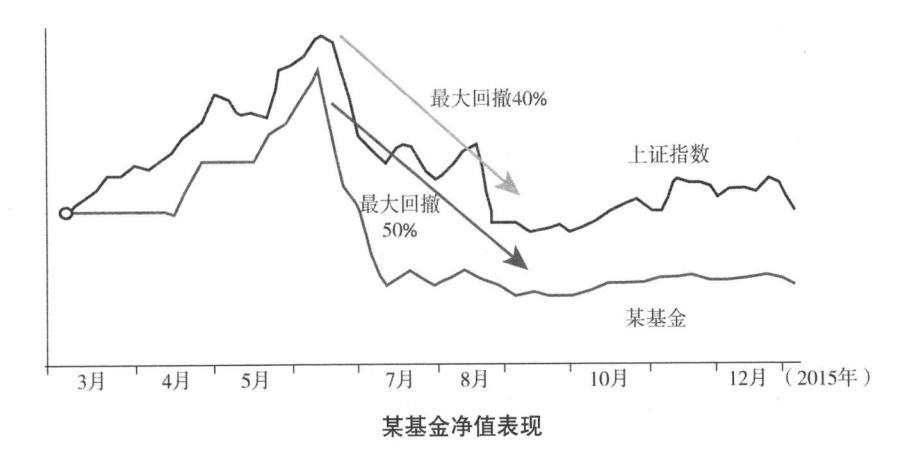

某基金净值表现

锦囊 3：夏普比率

夏普比率是国际上衡量基金绩效表现的最为常用的一个专业指标，综合了收益和风险的系数。用基金净值增长率的平均值减去无风险利率，再除以基金净值增长率的标准差，就可以得到基金的夏普比率。通俗点说，夏普比率高，也就意味着在收益相同的情况下，波动更小，承担的风险更小。比如，在下表所示的两只产品中，显然产品 A 的夏普比率比产品 B 高很多，所以投资者买入产品 A 是更为明智的选择。

	产品 A	产品 B
夏普比率	0.8698 👍	0.0918

市场上的私募机构千千万，私募产品更是千千万，祝愿每一位合格投资者都能挑选到适合自己的私募产品，取得满意的投资收益。

2017 年 10 月 25 日

从巴菲特作业想到的

周末的上午,基本都是我静心读书的时间。但今天上午我没有读书,而是认真拜读了现年91岁的股神巴菲特2021年度致股东的公开信。这位传奇老前辈已经连续56年发布公开信,他的每一封信都是我宝贵的精神食粮。

关于伯克希尔的财报、持有的重仓股操作得失、现金持有比例及回购计划等信息,往往会成为公开信发布后最热门的新闻报道内容,这些信息在我看来不过是表象。年龄越大,我对所有的表象越不感兴趣,而背后不可见的"为什么"更能吸引我去反复品味。

在今年的公开信中,有一张老图,只不过更新了最新的一行数字而已,却让我深有感触。于是有感而发,写此文与君共享并共勉。

通过这张伯克希尔和标普500指数过去56年的收益对比图,我们可以看到以下三个基本事实:

(1)在过去的两年里,巴菲特大幅跑输标普500指数。2019年,伯克希尔收益11%,标普则涨了31.5%;2020年,伯克希尔更是尴尬地只赚了2.4%,而标普500指数涨了18.4%。

(2)在过去56年里,伯克希尔曾经有过11次(年)负收益,另外有19次(年)跑输了标普500指数。

(3)从1965年到2020年,伯克希尔的年化收益率为20.0%,同期标普500指数的年化收益率为10.2%;历年累计收益,伯克希尔高

Berkshire's Performance vs. the S&P 500

Year	Annual Percentage Change in Per-Share Market Value of Berkshire	in S&P 500 with Dividends Included
1965	49.5	10.0
1966	(3.4)	(11.7)
1967	13.3	30.9
1968	77.8	11.0
1969	19.4	(8.4)
1970	(4.6)	3.9
1971	80.5	14.6
1972	8.1	18.9
1973	(2.5)	(14.8)
1974	(48.7)	(26.4)
1975	2.5	37.2
1976	129.3	23.6
1977	46.8	(7.4)
1978	14.5	6.4
1979	102.5	18.2
1980	32.8	32.3
1981	31.8	(5.0)
1982	38.4	21.4
1983	69.0	22.4
1984	(2.7)	6.1
1985	93.7	31.6
1986	14.2	18.6
1987	4.6	5.1
1988	59.3	16.6
1989	84.6	31.7
1990	(23.1)	(3.1)
1991	35.6	30.5
1992	29.8	7.6
1993	38.9	10.1
1994	25.0	1.3
1995	57.4	37.6
1996	6.2	23.0
1997	34.9	33.4
1998	52.2	28.6
1999	(19.9)	21.0
2000	26.6	(9.1)
2001	6.5	(11.9)
2002	(3.8)	(22.1)
2003	15.8	28.7
2004	4.3	10.9
2005	0.8	4.9
2006	24.1	15.8
2007	28.7	5.5
2008	(31.8)	(37.0)
2009	2.7	26.5
2010	21.4	15.1
2011	(4.7)	2.1
2012	16.8	16.0
2013	32.7	32.4
2014	27.0	13.7
2015	(12.5)	1.4
2016	23.4	12.0
2017	21.9	21.8
2018	2.8	(4.4)
2019	11.0	31.5
2020	2.4	18.4
Compounded Annual Gain – 1965-2020	20.0%	10.2%
Overall Gain – 1964-2020	2,810,526%	23,454%

Note: Data are for calendar years with these exceptions: 1965 and 1966, year ended 9/30; 1967, 15 months ended 12/31.

达 28 105 倍，同期标普 500 指数只有 234 倍。

基于以上三个事实，我有六点感想：

（1）如果国内哪家投资机构连续两年跑输指数，且还是大幅跑输，基本上就会被客户和渠道无情抛弃。

（2）平均每五年里面有一年会亏钱，平均每三年里面有一年会跑输大盘指数，在国内估计没有哪家机构敢这么介绍自己的投资业绩。

（3）年化收益率20%到底有多厉害，巴菲特已经证明给世人看了。他之所以能成为股神和首富，更多依赖于时间的力量——足够长的时间！真正创造神话的是时间！

（4）我们的产品在过去七年时间里取得了同样的复合年化收益。其中，2018年微亏3个点，当年大幅跑赢市场；2019年虽然赚了钱，却跑输了市场。也就是说：七年里微亏一次（年），跑输大盘一次（年）。这样的投资业绩客观地说相当不错了，但当我们面对挑剔的客户时依然有过不小的压力。

（5）做投资的初心究竟是为了赚钱还是为了信仰，决定了我们在从业生涯面对逆境时的心态。连巴菲特都会被人嘲笑"你还会不会炒股"，我们更需加倍修炼。投资的本质是概率（即赢率）和赔率（即盈亏比率）的组合。我从业26年，逐步在加强对性价比投资的理解，始终在追求通盘无妙手的境界。真正的价值投资者大概率是孤独逆行者，除了勇气，更需要韧性和超乎常人的耐心。

（6）老天爷是公平的，让价值投资者忍耐寂寞，但对于能走到终点的人会给予巨额财富回馈，即小概率大赔率；让投机者随机暴富一把，及时享受快感，由于暴富者此起彼伏，只能让他们成为一枚枚闪星，即大概率小赔率。投资与投机没有对错之分，只有理念不同。所以，知道我们内心真正想要什么，知道我们究竟能做什么，有这样自知之明的人若还能拥有"因上努力，果上随缘"的天道之心，实乃大幸运。

2021年2月28日

第二篇
读万卷书

通盘无妙手

进一寸有一寸的欢喜

我的周末除了运动外出两小时，其他时间大都宅在家中，自我充电。五一过后已基本把年报扫完，对近期的投资算是心中有数了。晚上工作量稍减，但读书时间大幅增加。最近读的书有：《创业维艰》《从0到1》《普利策传》《压力测试》《TED演讲的秘密》《巴菲特超越价值》《亿万美元的错误》《胡适谈读书》。大概就这些，不多。

我从小就喜欢读书，不仅因为老爸从小在我耳边念叨"万般皆下品，唯有读书高"，还因为我从小就有强烈的好奇心，我喜欢听大人讲故事，喜欢一个人到处瞎逛，我随时随地观察，总有无数的疑问。但是，我性格内向，不善交际，于是，我只有和书作伴。

《胡适谈读书》，其实是本好书，比如老先生告诉我们，多读书才能会读书，多动脑子才会有思想，保持思想上的自由独立，做个不受人惑的人……是的，读书可以开阔人的思想，读书是为了做人。对于爱读书的人，读这本书一定是正回馈。但是，对于不爱读书或者偶尔读书的人，估计不会对这本书感兴趣。

《TED演讲的秘密》，这是我个人的爱好。在2005年以前，我几乎都不敢对着很多人说话，别说演讲了。但是，一次突然的工作任务，领导临时通知我第二天代表公司向来自香港渣打银行的团队介绍内地股票市场，我当时都快崩溃了。但是硬着头皮上的效果竟然很好，领导很满意，我自己也疑惑：我怎么突然变得口若悬河了呢？那天我偷偷兴奋了很久，我追忆起中学时代狂追的《演讲与口才》，追忆起我曾经参加过的辩论，实在没想到，隔了十多年，当年的"童子功"竟然还能在工作中发挥余热，真是开心极了。所以，我一直喜欢看辩论赛，后来还狂追《奇葩说》。TED 这几年在国内刚火，它其实是一个非营利性组织，这个开放式的平台致力于传播那些激动人心的想法，主题范围设定为技术（technology）、娱乐（entertainment）、设计（design），因此得名 TED。它从诞生以来就以一种独有的表现形式吸引着各行各业的演讲爱好者，且精心制作后的 TED 所有演讲视频都会全部免费放到网络上，向世界各地的大众传递闪光且有价值的思想与精神。听 TED 演讲一定会上瘾的，就如我这般，所以，这本书我必须买来读。感谢高科技，这本好书还带给我一个意外的大惊喜，原来书里竟然把 TED 所有经典的演讲都做成二维码了，看到哪一段想重温一下，手机一扫就行，实在太方便啦。我一直不满意自己在演讲中过于严肃，昨天就特意又听了罗斯林、罗宾逊和伊莱亚斯的演讲。哈哈大笑的同时，我发现自己还真是差远了。

《压力测试》，这是美国第 75 任财政部部长盖特纳的大作。盖特纳作为纽约联邦储备银行的行长和奥巴马总统的财政部部长，在任期间帮助美国度过了大萧条以来最严重的金融危机，经历了美国经济从繁荣到萧条到抢救再到复苏的过程。读了盖特纳对金融危机的反思，我最大的感受就是：历史的是非功过，自有后人评说。正如美国前国务卿基辛格所言："美国欠盖特纳一个重大感谢。"盖特纳在位时，受到了非常多的委屈和人身攻击，同时也承担了极大的压力，媒体还讽刺他是个糟糕的沟通者。但是，就是这位糟糕的沟通者，却在卸任之后写下了这本厚厚的著作，而且这本著作还得到了比尔·盖茨、巴菲特、刘易斯等大师的推荐。事实如此，《压力测试》值得一读。

《普利策传》《从 0 到 1》《创业维艰》这三本书，我估计不是书虫或者对创业不感兴趣的朋友都不愿花时间读。我个人更喜欢《从0到1》，这本书的作者是彼得·蒂尔和布莱克·马斯特斯。彼得·蒂尔即 PayPal 的创始人，现在的硅谷创投教父。读了这本书，我才理解为啥大家说彼得·蒂尔是投资界的思想家。我喜欢看独立思考、理性系统的东西，而这本书里都有。更重要的是，读书的同时我也在反思，反思创建陆宝以来走过的路，我发现犯的错还真不少。好在如今懂得不断总结经验教训，踏踏实实走好每一步吧。

《巴菲特超越价值》，本来看书名，我还以为又是山寨货，但是一想不对，湛庐文化出品的呢，于是买回来读。作者是普雷姆·杰恩，看了介绍，原来是美国某商学院的教授。感觉这本书更适合初学者吧，也算面面俱到了。我很认可作者写的第八部分"投资心理学"的内容。巴菲特说过："购买一只股票最愚蠢的理由就是你认为它会上涨。"从根本上讲，市场上影响股价的两个主要因素就是企业的基本面和人类行为。这两个因素各自发挥作用。然而，把这两者结合起来的理论，对在股市上做出智慧的选择将起到更为重要的作用，而不是仅仅依靠基本面做出判断。很多心理学研究表示，人类的决策过程并不是完美的。特别是，人们容易偏离经济理性。了解心理学的目的就在于减少你做决策时的不合理因素。在任何情况下，系统性的思考都会帮助你决定知道或者不知道，然后克服你的心理偏见。最终，每个人都有自己的主观判断，而系统化的方法将会告诉你什么时候需要主观判断。总体而言，对基本面的了解可以帮助你评价公司的长远未来，而对心理学的了解可以让你的决定更加理性。以上这些话，均摘自《巴菲特超越价值》，我感同身受。

最好的放在最后，我的大爱——新书《亿万美元的错误》，作者是斯蒂芬·韦斯。翻开此书，首先是10道测试题。比如第1题就是：被誉为"金融巫师"的柯克·克科里安对美国汽车业曾充满了投资热情，他一次又一次进军汽车业，到头来他的投资成功率从 1 下降到了 0.25。是在投资哪家汽车公司时，他遭受了巨额的损失？（答案是：福特汽车公司。）看这些顶级投资者的失败案例，感觉简直太好啦。作者用 11 个忠告介绍了世界上顶级投资者失败的经历以及他们为此而付出的惨重代价。这些投资者有利昂·库珀曼和理查德·普泽纳等身家亿万的企业家，涵盖了基金、衍生品、股票、债券等多方面的投资，内容翔实，而且作者在每篇忠告里都给我们剖析了每个损失惨重的投资者的投资失败细节和关键点，即"错在哪里"，并且还提出了自己对投资的独到见解，即"投资启示"。读到这些常读常新的忠告，我顿悟了一个道理：为啥我做投资近 20 年来，经历了好几轮牛熊的转换，小错误不断，但至少没有过任何惨重的损失，反而始终能取得稳定的复利回报？原因不就是我胆子小、守纪律吗？

天下没有哪一项投资是稳赚不赔的，所有的投资都有风险。当我们了解到很多错误是世界上最聪明的、最老练的、最敏锐的、最成功的投资者都会犯的错误时，我们需要的永远都只是做最好的自己！是的，"要从他人的错误中学习，因为你自己不可能犯下所有的错误"。这就是我向朋友们推荐《亿万美元的错误》的初衷。

母亲节之夜，谨以此文献给天下的母亲！

祝福大家！

2015 年 5 月 10 日

《在股市大崩溃前抛出的人：巴鲁克自传》之读书笔记

很少有一本书能让我读完后立即又开始第二遍的精读和细读，这本《在股市大崩溃前抛出的人：巴鲁克自传》却有着这样的魔力。

最近这段时间，有一个挥之不去的念头始终盘旋在我的脑海里，这个念头就是我特别希望自己能写就一份"独特"的PPT，专门分析过往20年投资中所经历的各种投资案例与心理研究。不管怎样，我找了大量相关的书籍重新开始学习。

翻出这本旧书时，我恍惚记得，我以前应该读过的，因为机械工业出版社的华章经典我当年可是见一本买一本的。但这次重读，竟让我有种惊为天书的震撼。

先介绍巴鲁克。我们都知道巴菲特对他的导师格雷厄姆一直敬佩有加，但是我们不知道的另一个事实是：格雷厄姆最敬佩的投资者就是巴鲁克。换一个吸引眼球的说法，巴鲁克是股神巴菲特的祖师爷。格雷厄姆从1927年开始和巴鲁克交往。巴鲁克根据格雷厄姆的价值投资理念，利用低估值股票赚了不少钱。在基本面分析上，年轻的格雷厄姆能力超过巴鲁克，他们在1929年对股市行情进行交流讨论时都预言股市会有大跌。最终的结果是，虽然两人的预判都正确，但只有巴鲁克成为在股市大崩溃前能够全身而退的人，而格雷厄姆不仅没能及时撤离，甚至几乎亏到倾家荡产，以至于7年之后，格雷厄姆才把1929年大熊市造成的亏损弥补完毕。不仅如此，格雷厄姆还有另一个隐痛,那就是 1929 年大崩溃前,巴鲁克甚至向格雷厄姆递过一次成为巴鲁克投资合伙人的橄榄枝,可惜被"眼力界"不够的格雷厄姆拒绝了……

巴鲁克出生于 1870 年,19 岁进入华尔街,25 岁成为华尔街证券经纪公司的合伙人,不到 35 岁已是百万富翁。中年后的巴鲁克不仅在股票投资上取得了骄人的业绩和巨额财富,还同时转向政治领域和社会公益领域,成为多位美国总统的经济顾问,被列为 100 位最杰出的犹太人之一,享年 95 岁。

巴鲁克在自传中说:

"有些人在生活早期便已知道自己将来想成为什么样的人,他们的人生变成梦想如何成真的故事。坦率地说,我的一生不是这样。我在个人志向方面经常为相互冲突的渴望所困扰。我生活中发生的那些重大转折都是由突然出现的事件确定的。"

确实如此,作为著名医生和富家小姐的儿子,巴鲁克从小是腼腆的,少年时甚至有偶尔赌博的坏习惯。但是,良好的家教和渴望优秀的内心引导巴鲁克竭力效仿诸如哈里曼、杜克、摩根、洛克菲勒等当时正处于权力和影响力巅峰的金融大人物们,巴鲁克想:"如果他们能做到,我为什么不能?"

我从小就是自传迷,我喜欢读各种各样的人物自传,读悲欢离合,叹时代沧桑。以我有限的阅读心得,我发现,但凡成功的人物,都有这种不甘平庸、不落人后的精神追求。我平时也喜欢观察人的眼睛,读各种眼神,这类人的眼神分两种:炯炯有神或野心勃勃。我的好朋友大都是眼神清澈之人;我平日里最怕的便是眼神迷离或浑浊之人,总是避而远之。

华尔街从来都是天堂与地狱只隔一线,而巴鲁克也是不断从错误和教训中学会做事并取得成功的。巴鲁克在书中写道:"人们为了获得市场上的'内幕消息',什么样异乎寻常的蒙蔽伎俩都会用上。他们会请你吃饭,请你看戏,请你到自己的俱乐部和乡间的家里,所做的一切全是为了从你嘴里套出一些消息。他们常常会给你提些精心设计的而听起来又很随意的问题,让你浑然不觉他们在打探消息;或者常常抓住交谈中出现的最细微处,引你不经意间说出一些事情。熟悉了这些花招之后,我便在自己的交易问题上三缄其口,恪守保持沉默的誓言。"事实上,巴鲁克在华尔街自始至终采用了保持沉默的策略。

保持沉默也是我的投资原则。我也不知道从什么时候开始,记不清最初是因为腼腆还是其他什么原因,我从来都只希望以自己的方式独立投资,我非常不擅长讲具体的投资,这容易带来合规的风险。上次有位熟悉的基金经理连续几周都来问我的操作策略,我就非常为难,我说:"我早已养成不和人说投资操作的习惯。"而且最重要的是,我发现保持沉默其实对投资有莫大的帮助,因为沉默的人才有身心的自由……好在对方也是通情达理之人,沟通后,默许我沉默下去。

巴鲁克认为,股票市场可称作总体反映我们社会文明的晴雨表。可以毫不夸张地说,股票价格会受到世界上发生的任何事的影响,新的发明创造、货币的价值变动、天气的变幻无常、战争的威胁、和平的展望等,无不会产生作用。股票市场产生波动,所记录的不是事件本身,而是人类对这些事件做出的反应,换句话说,最重要的是,股票市场就是人,是人们在努力阅读未来。而且正是因为人类具有这种孜孜以求的特性,股票市场才变成一个戏剧化的竞技场,人们在场上拿他们相互冲突的判读进行较量,让他们的希望和恐惧相互竞争,用他们的优点和弱点彼此对抗,以他们的贪婪之心与抱负理想进行比拼。

巴鲁克当然不是一开始就有这样的觉悟，恰恰相反，他最初在华尔街作为办事员时，对此一无所知，也一无所察。他该犯的错全都犯了——因为雄心勃勃、因为精力充沛。巴鲁克说他在华尔街的整个投资生涯实际上就是一个在人性方面接受教育的漫长过程。而且当他后来涉足公共生活领域时，他发现自己过去在华尔街学到的关于人性的东西，同样适用于其他所有人类事物。无论站在股票报价机旁，还是在白宫发表演说；无论出席国家战时理事会，还是参加和平会议；无论关心赚钱，还是设法控制原子能的使用——巴鲁克发现，人性毕竟还是人性！

有人评价巴鲁克是投资人性大师，细读他的自传，我发现这个评价很精辟。巴鲁克最厉害的地方，是他不仅读懂了人性，更通过利用人性的弱点在股票投资上赚了大把的钞票！巴鲁克还直言，股票市场并不决定我们整体经济的运行状况。股票市场仅仅是体温计，并不是那个发不发热的身体状况（很多人会有意或无意本末倒置）。假如国家正在遭受通胀的不良影响，或者因政府信用削弱而遭遇困难，这些情况产生的效应会自然在股票市场上显现出来，但问题的根源并不在于股票市场本身。如果我们不维护国家安全和国家信用，那么无论任何事物都不可能具有持久价值。而且巴鲁克认为，通过监管保护人们免受投机性损失完全是一种幻想，因为任何法律都不能保护一个人免受自己所犯错误带来的伤害。政府如果真正下决心要保护大众的工作所得，就应该从保护家庭的货币购买力开始做起。如果没有任何人抑制错谬虚幻的乐观情绪，灾难必将降临。这段文字可是90年前巴鲁克大师的肺腑之言！

在《在股市大崩溃前抛出的人：巴鲁克自传》中，有好几个故事让我更加深刻地理解了人性。

大佬吉姆乐观热情，信誓旦旦动员身边那群羡慕他的朋友赌他的金蹄马赢,比赛最终是赢了,但是吉姆有个叫卢维森的朋友却不停抱怨比赛过程太紧张。巴鲁克看不下去,写道:"有些人你千辛万苦地引导他们获得了成功,到头来他们却因为过程艰辛而抱怨不已。"

另外,对于自己女儿所遭遇到的针对犹太人的歧视,巴鲁克解决问题的方案是:"我绝不让这些事情令她们感到愤恨和挫折,反而告诉她们应该把这些歧视当作鞭策,使自己付出努力,获得更多成就。"(我的批注:这就是正能量!)

还有一次,巴鲁克因为做空股票被于他有知遇之恩且合作良好的古根海姆家族的人误会,而且还因此事被更多无中生有的谎言所伤害(幸运的是,后来巴鲁克得到了古根海姆的道歉)。在这种情形下,极度郁闷的巴鲁克仍然选择了接受所有人对他的指责,因为他知道,当任何不幸降临在人们身上时,如果能够责怪他人,那么所有的人往往都会倾向于把过错归咎于别人!这种维护自我尊严的本能是人类本性中最根深蒂固的特点之一。后来,我读心理学方面的书,也学会了辨别所谓的人格失调症患者,这种人总是把问题推到周边人身上,永远不会从自己身上找原因,极其脆弱,一旦不如意,就是各种抱怨,周边人也自然沦为泄愤的对象。我真应该早些看到巴鲁克的这段格言。这样,我就不会为之前所遭遇到的种种破事儿伤心和难过了。好在我想至少我是理性的,因为对于所有的谎言和谬传,我均保持沉默!

巴鲁克把对人性的理解从投资领域延伸到了政治领域后,也非常成功。他告诫我们:"你无法用金钱购买其他国家的友谊,靠这种方式获得的朋友在任何事情上说翻脸就会翻脸。然而,如果真正存在共同的利益基础,国家间会相互原谅各自未做到的事情,也会忽略各自的短处。"

巴鲁克有一个永不摒弃的习惯,就是分析自己为何失败,认清自己都在哪些方面出了差错,绝不会为自己寻找任何借口原谅自己,心里只思虑着要防止再犯同样的错误。巴鲁克认为，每隔一段时间便要进行自我审视，是所有人都需要做到的。无论何时，我们都应该明智地停下脚步自问：我们是否还应像以前那样盲目地急速前行？是否出现了新情况，要求我们改变行动方向或者调整行动进度？我们是否忘记了考虑和处理核心问题，而只是将力量和精力浪费在无谓的令人分心的事情之上？我们从错误中得到了什么样的教训，有助于我们避免再犯与过去相同的错误？我们还应该明白，我们对自身的种种缺点和弱点了解得越多，那么理解他人、理解他们何以有那样的行为，也就随之变得更加容易。

我非常认同巴鲁克的观点，反思文化才是陆宝投资的核心竞争力。以我的实践经验来看，无论是寻错还是纠错的过程，都是非常痛苦的。令人痛苦的并不是错误本身，而是人心对错误的解读完全不可测。尤其是对于脆弱和敏感之人，如果迈不过这个坎，我想未来大概率就会在各自的领域停滞不前甚至被淘汰出局。

那么，人们在股票市场究竟会犯哪些错误呢？巴鲁克总结了两个主要错误，他认为这两个错误几乎是股票市场上所有业余投资者都会犯的错误。第一个错误就是，对自己正在交易的证券了解得不确切，对一家公司的管理层、它的盈利和它的未来增长前景所知甚少。第二个错误就是，超出个人财力进行证券买卖，试图靠极少的资金快速赚到大笔财富。这两个错误巴鲁克都犯过，所以他的个人资产在早期好几次被清零过。但是，巴鲁克毕竟是巴鲁克，反思错误，总结经验后，巴鲁克选择了正确的道路：每个有抱负的年轻人都会经历内心冲突的选择，要么不顾后果盲目冲动，让自己的努力都付诸东流；要么心存谨慎的欲念，为自己的将来逐渐积累财富。巴鲁克选择了后者，走那条小心谨慎的道路。

不言而喻，我也是属于坚定选择小心谨慎这条道路的人。许多价值投资前辈的真实故事似乎总在一遍又一遍告诉我们，只有选择这条路，才可能持续成功。选择另一条路的人，大多只能阶段性地获取成果，这其中几乎没有能在历史中留下篇章的人物出现。

年龄越大，我越清晰地明白：价值观不同的人，永远不可能走到一起。正所谓：道不同，不相为谋。

"我之所以相信理性，并非由于人类过往的历史已展示的智慧，而是因为理性依然是人类进行自我治理的最佳工具。我们必须找到一条自我约束的理性之路，以避免哑然的屈从和盲目的反抗。"

那么，怎么理解自我治理能力呢？巴鲁克指出，自我治理有三重考验：一是对价值观的考验，即考验我们为保证其他事物的安全而应放弃哪些事物；二是对理性能力的考验，即考验我们是否具有通盘考虑问题以求有效解决的智慧；三是对自我约束能力的考验，即考验我们无论付出多大代价也要坚守价值观的能力。

对于这段话，我反复沉思了许久。按照我的理解，第一个考验就是面对各种选择时的取舍。第二个考验是面对问题时有效解决问题的能力，也就是在抓住核心矛盾解决主要问题的能力，是否能在最短时间内找到最佳解决路径（创办陆宝后，我的这个能力得到了大幅提升，只是过程很令人痛苦）。第三个考验最难，因为在人生的各个阶段，我们都一定会面临各种诱惑：金钱、权力、欲望、名誉……所以，真正考验人性的地方恰恰是在此处！就我个人而言，四十已不惑，我自信自己的三观基本经得起这些考验。

"对于那些积蓄不太多的人，只是想让自己的积蓄获得公允收益，又不能全职研究投资，该怎么办呢？对于这类人，我的建议是，想办法找到某个值得信任和托付的投资顾问。这些无利害关系且小心谨慎的投资分析师并不效忠于哪家公司，也不与哪家公司结成联盟，他们的工作只是依据某只证券自身的品质判断其优劣。"

  留住钱、管好钱往往比赚钱本身更需要定力和专业性，所以理财不仅不容易，还挺有难度。对于一个职业的价值投资者来说，坚守自己的价值投资信仰，在尘世中坚守着，就是希望自己能发挥多年经验和专长，为客户提供优质的金融服务，也算用心良苦吧。

  人这一生，说长不长，说短不短。未来，我们一定还会面临更多更难的选择。感谢这本《在股市崩溃前抛出的人：巴鲁克自传》，让我领略到了一位杰出人物的非凡人格。但愿，未来属于我的重大选择，都能向着"巴鲁克选择"靠近……

2016 年 5 月 29 日夜，于家中

《华盛顿邮报》

今年春节假期,我去了一趟香港探亲访友,顺带在香港看了正在放映的、由斯皮尔伯格导演、梅姨(梅丽尔·斯特里普)和汤姆·汉克斯主演的电影《华盛顿邮报》(*The Post*)。观后有感写下了本文,共分为三部分,分别是:(1)电影《华盛顿邮报》;(2)巴菲特与《华盛顿邮报》;(3)媒体的价值观。

电影《华盛顿邮报》

这部电影主要讲的是著名的"五角大楼文件泄密案"。1971年,《纽约时报》拿到五角大楼一份长达7 500页的越战研究报告,这份绝密文件清晰地展现了美国政府参与越战的决定是一个巨大的错误。二战后四任总统杜鲁门、艾森豪威尔、肯尼迪、约翰逊,全都在越南的问题上撒了谎,采取蒙蔽欺骗的行径来获取大众对越战的支持。如果发布这份文件,将会重创美国政府的公信力,同时影响公众对越战的看法,点燃当时已经开始蔓延的反越战思潮,毫无疑问要把自己置身于和政府对着干的危险境地。但是,《纽约时报》没有犹豫,组织精英记者成立专门的报道组,花了三个月的时间细细研读后写出了十篇重磅的长篇系列报道,计划连续十天发布出来。你看到这里可能有点儿蒙了,既然拿到文件的是《纽约时报》,为什么电影讲的却是《华盛顿邮报》呢?这是因为:《纽约时报》的第一篇报道就让国防部炸了锅，心胸狭隘的尼克松暴跳如雷，要求停止刊登余下内容。《纽约时报》不予理会，还发了态度强硬的拒绝声明。没想到尼克松成功申请到了法庭的出版禁令，以损害国家安全为由要求暂停发布这批报道——请注意是暂停，暂停的时间是三天——这是美国历史上法庭第一次禁止报纸刊登特定内容。《纽约时报》可以不听总统和司法部长的话，但不能不听法官的话，于是这组报道只发到第三篇就暂停了下来。正是在这个时刻，《华盛顿邮报》挺身而出，千方百计搞到了那份报告，继续争分夺秒地发出报道，接过了历史传来的一棒，打了漂亮的一仗。电影的主体部分，讲述的正是在《纽约时报》收到法庭禁令后，《华盛顿邮报》从线人那里搞到这批绝密报告，在已知会面对巨大风险的情况下，如何坚持做出报道的艰难决策过程。打这场仗的两个主角，一个就是梅姨演的女老板凯瑟琳·格雷厄姆（Katharine Graham），另一个则是汤姆·汉克斯所扮演的总编——美国新闻史上的传奇人物本·布莱德利（Ben Bradlee，传奇在于他担任主编期间《华盛顿邮报》一共拿到 18 个普利策奖，而在他上任之前该报近百年里只拿过一个报道类的奖项。他在 2014 年以 93 岁高龄去世。）

　　梅姨不愧是老戏骨，在电影中把一位原本出身高贵，只是因为丈夫自杀才不得已接管企业的女老板演得入木三分。电影中有段台词很打动我——当布莱德利的老婆听到老公说格雷厄姆决定发出报道时说："她真勇敢。你丢了这个工作还能找下一个，但她呢？一直被人说不行不行，现在又做了这件完全没好处的事情，还可能失去很多……我觉得她很勇敢！"是的，虽然没有职场经验，不够自信甚至有时表现懦弱，但关键时刻仍然可以很勇敢！（正是凭借在该片中的出色表演，梅姨获得了第 90 届奥斯卡金像奖最佳女主角提名，这已经是她第 21 次被提名奥斯卡了，刷新纪录！太佩服啦，真正的艺术家！）

电影《华盛顿邮报》为我们重现了 40 多年前美国新闻史上媒体为了捍卫真相，不惜冒着自身关门倒闭以及编辑记者被捕入狱的风险而与尼克松集团周旋对抗，最终在法律的保护下取得胜利的经典案例。在那惊心动魄的十几个小时里，记者们在争分夺秒地写稿——他们都做好了进监狱的准备，有两个记者甚至威胁如果不刊登报道就立即辞职。而总编、出版人、董事会和法律团队则在进行激烈的辩论。

此时，所有的压力都指向了格雷厄姆。她非常清楚，《华盛顿邮报》刚刚上市募股，政府禁令，法律追责……一旦报道，无疑会带来巨大的资本风险。在一场教科书级的电话戏中，电影达到高潮，旋转的镜头、梅姨颤抖的声线和闪烁的泪光，令观众紧张到近乎窒息……

不能再剧透了。我只能说，现实世界中真正的好戏，到这里才刚刚开始。五角大楼文件泄密事件之后，就是更为著名的水门事件，有兴趣的朋友可以去看另一部电影《总统班底》。

巴菲特与《华盛顿邮报》

接下来，我想聊聊巴菲特与《华盛顿邮报》的投资故事。

巴菲特与《华盛顿邮报》的结缘，在他 13 岁左右，那时他每天早晨 4 点半就要去报业公司取报纸，送完 500 份报纸才去上学；下午放学后，巴菲特还要送另一份晚报。对于《华盛顿邮报》的江湖地位，巴菲特了如指掌。

先简单介绍下这份美国华盛顿最大、最老的报纸的历史。《华盛顿邮报》于 1877 年由斯蒂尔森·哈钦斯创办。1880 年，该报成为华盛顿特区首份每日出版的报纸。之后几十年里，该报社被几个私营业主不断购买和出售。1905 年，《辛辛那提探询者报》的拥有者约翰·麦克莱恩购买了《华盛顿邮报》的多数股权。不幸的是，他的儿子小麦克莱恩经营不善，1933 年《华盛顿邮报》近乎倒闭而被拍卖。金融家、美联储前任主席尤金·迈耶在破产拍卖会上买下了《华盛顿邮报》。之后，迈耶的女婿菲利普·格雷厄姆和本片的女主原型凯瑟琳·格雷厄姆在《华盛顿邮报》的历史上扮演了重要的角色。1963 年，菲利普·格雷厄姆开枪自杀；他的妻子凯瑟琳·格雷厄姆（电影里梅姨扮演的角色）成为《华盛顿邮报》的董事长（她同时也是第一位成为《财富》500强公司董事长的女性）。1971年，凯瑟琳·格雷厄姆带领《华盛顿邮报》公司上市，每股股价为26美元。1972年，《华盛顿邮报》首发文章，称民主党全国委员会在水门大厦的办公室遭到非法闯入。鲍勃·伍德沃德和卡尔·伯恩斯坦之后的详细报道对时任总统理查德·尼克松1974年的辞职起到关键作用。

时间到了1973年，时年43岁的巴菲特首次开始购买已上市两年的《华盛顿邮报》股票（感觉巴菲特为了这一天已经等了足足30年）。巴菲特在1975年年底给伯克希尔的股东的信中说他最大的一笔股权投资就是用1 060万美元买了《华盛顿邮报》46.71万股的B股，占股10%。我查到的资料显示，1973年年底，巴菲特确实已经累计购买了该公司大约10%的股权。

巴菲特为何选择在这个时候出手购买《华盛顿邮报》的股票呢？他没有更进一步的解释。我天生好奇，于是做了一些复盘的功课。

我查到的资料显示，《华盛顿邮报》在1972年之前的10年里，收入每年都在增长，从8 550万美元到2.18亿美元，年化增长11%；利润虽有波动，但总体呈增长趋势，营业利润从940万美元增长到了2 180万美元，年化增长10%左右。巴菲特的买入成本价约为22.7美元一股（低于IPO时的25.18美元和上市时的26美元一股），但当年买入股票的价格受市场及相关报道的舆论影响，《华盛顿邮报》的股价跌到过最低16美元一股。做价值投资的人都深懂性价比：好公司还需要有好价格，那么巴菲特这笔一买就被套的大交易是否符合价值规律呢？

我继续查，找到了1971年和1972年《华盛顿邮报》的年报及合并的财务报表。1972年的年报信息量非常大，在三大主要业务总收入2.18亿美元中，报纸出版收入为9 980万美元，占比约46%，息税前利润占比则为47%，报纸部门无疑是占了《华盛顿邮报》公司利润近一半的最重要部门。当年日报发行量增长了1%，约6 000份，相比剩下的主要竞争对手《星报》高出许多。《华盛顿邮报》还在年报里引用了第三方的数据，显示60%的成年人在阅读《华盛顿邮报》，并将这些数字和美国其他具有领先市场地位的报刊进行了比较。就运营指标来看，也相当给力：广告数量增长了650万条，增速9%，广告的市场占有率在本地都市报中高达63%。《华盛顿邮报》的第二大主营部门是杂志与书籍出版部门，1972年的收入为9 380万美元，收入占比约43%，利润占比26%。这块业务资产主要就是《新闻杂志》周刊，按当时的广告收入计，它在全国所有杂志中排名第4。1972年，《新闻周刊》创下纪录，收入同比增长了8%，每周发行量从260万增加到了275万。而《华盛顿邮报》的第三大业务是广播电视，当年收入同比实现了17%的增长，营业利润更是从380万美元强劲增长到590万美元，增长了约55%。对于相对稳定的电视频道与无线电台，这个增速无疑是惊艳的。

让我们再来看估值。《华盛顿邮报》1972年的收入是2.18亿美元，息税前利润是2 180万美元，企业价值／息税前利润=5.3倍，EPS调整后是2.08美元，这就意味着当时的PE不到11倍，估值不算超级便宜但已经相当温柔了。巴菲特以这样一个温柔的估值买一个内生复利增长10%的公司的股票，实在没啥可以挑剔的。更何况，《华盛顿邮报》的管理者还如此优秀，对于一个会在年报里依据关键指标进行决策且熟悉行业竞争态势的管理者的价值，巴菲特不可能忽略，一向重视管理层能力的他，显然喜欢且认可理性客观和专注的邮报高管们。

是的，当《华盛顿邮报》面临着来自政治和经济的双重巨大压力，在出版人和主编忙着"打仗"的时候，巴菲特携巨资也打响了属

于他的资金大仗。他的出现,甚至一度引起了格雷厄姆的惊慌。然而,巴菲特是谁?我想真的没有比他更合适的买家了!他一边安抚格雷厄姆,一边不停地向她保证自己一定会长期持有股票且绝对没有更大的野心。无数个周末,巴菲特从奥马哈飞到纽约与格雷厄姆见面。巴菲特协助公司挺过难关,耐心教格雷厄姆读年报,给她讲解对股东友好的思维模式的益处,给她灌输保守配置的价值投资理念,建议公司买下赚钱的教育项目……随着巴菲特与格雷厄姆的友情升级与信任的日益增加,两人相互成就了更完美的自己。1974年,巴菲特成功进入《华盛顿邮报》的董事会并成为董事。五角大楼文件泄密事件和水门事件这两场仗,《华盛顿邮报》打得漂亮,其也自此从一份地方性的报纸跃升为全国性的大报,时至今日仍然和《纽约时报》并驾齐驱。十年之后,到1985年,《华盛顿邮报》的营业利润率从1974年的10%增长到19%。在巴菲特的建议下,格雷厄姆还用剩余现金回购了公司近40%的股份,因此,公司的净利润增长了7倍,每股收益增长了10倍!

最好的感情不仅是陪伴,更是共同成长!1973年,他用1 060万美元投资了《华盛顿邮报》后,作为《华盛顿邮报》公司最大的元老级股东,共持有170万股,持股时间长达40年之久!40年后,巴菲特的这170万股股票的价值已经高达12亿美元,即使不加上分红派息等收益,这笔投资的回报率也已经超过了100倍。

媒体的价值观

2013年8月5日,《华盛顿邮报》公司宣布将旗下包括《华盛顿邮报》在内的报纸业务以2.5亿美元出售给贝索斯,结束格雷汉姆家族四代人对该报业的掌管。

这么多年了,那么多买主想买《华盛顿邮报》,为何最终选择了贝索斯?

我记得,2007年默多克耗资50亿美元收购道琼斯时(道琼斯旗下最重要的资产就是《华尔街日报》),引发了不少的愤怒,有个评论是这样说的:"默多克是个了不起的商人,而《华尔街日报》是份了不起的报纸。但如果默多克收购《华尔街日报》,那么这份报纸可能难保其独立性、准确性和权威性……"

然而,贝索斯买下《华盛顿邮报》,却获好评无数。尤其是,贝索斯并不是以亚马逊公司而是以个人名义买下《华盛顿邮报》,这点尤其难得。贝索斯致《华盛顿邮报》员工的公开信《〈华盛顿邮报〉的变与不变》写得极好!他首先承诺:"我会坚持报纸一向坚持的价值观",然后说,"我会帮大家一起探索和革新……"最后,他还特意写道:"我很高兴能在过去的十几年间里和唐(指《华盛顿邮报》公司董事长兼CEO唐纳德·格雷厄姆)变得如此熟悉,他是我见过的最好的人。"

随着年龄的增长,我越来越懂得一个道理:人与人之间最珍贵的唯有信任!我想,收购一家像《华盛顿邮报》这样受尊敬的报纸,绝不只是财务估值,如果买家口碑较差、更具功利性,就算愿意付出远高于财务估值的价格,格雷厄姆家族后人也会有所担心:买主将来若以报纸公器行私利,恐怕就不能维护新闻价值,得不到社会尊敬,《华盛顿邮报》将不会再是社会价值的守护者。所以,只要坚守正确的价值观，就很难被金钱诱惑。而贝索斯创建亚马逊的种种经历，已经明摆着告诉世人，他从来不畏权威，敢于竞争，最能坚持的就是价值观。我想，正是由于贝索斯具有这种精神，唐纳德才会放心地把《华盛顿邮报》以区区 2.5 亿美元的价格转让给这位值得信任的老朋友吧。

新闻是自由的，但更应该是理性与客观的。有没有证据支撑？逻辑是否能够推出结论？结论是否隐藏了某种价值观假设？……这些基本的媒体价值观，相信每一个有良知的媒体人都会用心坚守。

2018 年 2 月 25 日午，于家中

人生若只如初见

最近陆续有朋友到陆宝来拜访和交流，我挑两位有意思的朋友和大家分享。一位是私募同行 H 总；一位不是同行，而是专注于做上海二手房投资的 S 总。两位都非常优秀，带给我不少启发。

私募同行 H 总是"85 后"，年少有为。H 总说一家好的私募公司必须有三好：好的投资哲学、好的合伙人、好的客户。我不禁深表赞同。我说，也正因为想清楚了这些，好的投资哲学可以保证公司的投研体系规范一致；好的合伙人可以保证公司在发展方向上始终不偏不倚、不盲目扩大规模；"三好"中最重要的是好的客户。何谓好的客户？我的理解是：投资理念与公司一致的客户才是好客户。有些资金千万甚至上亿，但是充满投机心态，渴望短期暴富的客户，要在短时间内协调认知就有一定难度。陆宝在发展磨合中，主动放弃规模扩张，踏实做投研。因为我们深刻认识到了投资者利益至上，不等于投资者需求至上。投资者因为对专业理解肤浅，很多时候偏感性，而专业投资则需要非常理性。对于 H 总聊起的做价值投资所遇到的困惑，我说，其实大家都感同身受，陆宝之所以坦然，不仅是因为我们见得多了，更是因为我们信仰坚定。

做房地产的 S 总也非常有意思。工科背景的他，转投二手房产后，几乎是无师自通，付出了大量的时间和精力琢磨各种门道。深信奥地利学派的 S 总说他每次遇到瓶颈，都会看价值投资方面的书（市面上没有如何投资房产的书，所以看如何投资股票的书），然后总会得到新的启发。过去这 8 年来，S 总在上海房产上的投资取得了非常可观的复合收益率。我们和 S 总交流后，发现他的理念和方法简直堪称价值投资的最佳模板。比如，S 总说他从不买新房，原因是新房的定价完全是由处于优势地位的 B 来定价的，不仅没有预期差，反而还会产生溢价，套牢几年是很常见的，而买二手房有明显的市场折价。再比如，S 总说他每次买进房产时，都是基于长线投资的眼光来分析，从不看重两三年内的短趋势。还有，S 总也从不买进热门盘。任何大众眼中的好楼盘，S 总都避而远之。另外，S 总也从不买所谓的学区房（除非买进后才变成学区房的），认为学区房是严重高估的泡沫资产，没有任何实质意义。最有意思的是，S 总说他在圈内做出名气后，很多人慕名前来咨询，但是每次他出手后，朋友们还是会惊呼："这么烂的盘你都敢买？！"而三五年后眼睁睁地看着 S 总大赚特赚……独立思考，逆向投资，安全边际，投资组合，仓位控制，估值模型演算，避开有风险的，不追涨，低位敢于坚持持仓……所有这些莫不是价值投资的精髓所在呀！

每一次和这些在各领域做出杰出业绩的朋友聊天，我都会不自觉地分析他们的理解框架。这些年来越发觉得，真正美好的恰是价值投资理念。只要发自内心深信它是正确之路，不管哪行哪业，财富自由和财富积累都是必然的结果。

和 S 总愉快聊天后，我还想到了另一个问题，那就是谈话的艺术。据我观察，懂得享受谈话艺术的人，无论在工作中还是在生活中都更容易成为赢家。巴菲特在这方面堪称翘楚，年轻时内向安静的他，经过卡耐基的专业培训，变成了一个人见人爱的暖男，若非有此魅力，后面那许多折磨，估计很难一一化解。以前听巴菲特的演讲，我的注意力都在内容上，后来慢慢发现，他的情商太高了，尤其是他的幽默，完全是超智慧的表现。反观一些金融男，把人聊笑的本事肯定是没有的，但把人气哭的能力却似乎与生俱来……

最后和大家分享一下最近的读书心得。

除刚到手的两本好书——《智识分子：做个复杂的现代人》和莎莉·霍格斯黑德的《迷恋》外，我最近这两个月主要翻了些有关瑜伽的书，才发现我之前对瑜伽的很多理解都是片面和肤浅的。联想到投资，我以前也是先实践后理论，结果走了不少弯路。而像王老师，就是先理论再实践，反而事半功倍，这令我再次深刻认识到理论和实践结合的重要性。

我还读了两本闲书：《最好的告别》和《天才在左疯子在右》。两本书各有特色，在这里介绍给喜欢读闲书的朋友。我读《最好的告别》的原因是网上的推荐文：阿图医生从1998年开始为《纽约客》撰写大量的医疗观察类文章，见解极为深刻。2009年6月，阿图在《纽约客》上发表了一篇文章《成本的难题》（*The Cost Conundrum*），探讨医疗费用问题。文中指出，美国的医疗服务及成本存在巨大的区域差距，而卫生保健支出居高不下的主要原因是医生通过过度医疗提高收入。这篇文章成了医改的催化剂。奥巴马要求白宫官员阅读这篇文章，文中的一些观点已经成为美国国会立法者们经常引用的论据。阿图发表在《纽约客》上的文章不仅触动了奥巴马，同时也得到了投资大师查理·芒格的赞赏。芒格看完阿图的这篇文章后，他立即给阿图寄了一张两万美元的支票。巴菲特在知名财经频道CNBC的Squawk Box节目上回忆起这件事："……那绝对是一篇伟大的文章，我的搭档查理·芒格坐下来，立即写了一张两万美元的支票。他从来没有见过阿图，他们也从未有过任何信件往来，他只是将支票寄给了《纽约客》。他说：'这篇文章对社会非常有用，我要把这份礼物送给葛文德医生。'"

我就是看到这段（芒格背书）才下单买书来读的。作为一名外科医生，阿图选择了常人往往不愿面对的话题——衰老与死亡，梳理了美国社会养老的方方面面和发展历程，以及医学界对末期病人的不当处置。书中不只讲述了死亡和医药的局限，也揭示了如何自主、快乐、拥有尊严地活到生命的终点。作者所推崇的"善终服务""辅助生活""生前预嘱"等一系列理念穿插在整本书中。作为凡人，我们都将面对人生的终点，这是不得不面对的人生问题。我一直有个小爱好，那就是喜欢看墓地和墓志铭，对于福寿园这样的上市公司，也曾予以关注。我也曾经去考察过不少养老院，每次回来，心里都会沉甸甸的。中国正在加速进入老龄化社会，但是，无论物质还是心理，我想我们的社会以及普通大众，其实都还远未真正意识到需要准备什么。在投资方面，寻找老龄化催生的投资机会更是我持续关注的重点，可惜，目前尚没有合适的标的。所以，当我读完这本关于衰老和死亡的书时，我的心情有些沉重，"未知生，焉知死"。生命中的最后一程，但愿世人都有机会优雅地向世界告别。

对于《天才在左疯子在右》这本书，我这么阳光的人本来是不可能有兴趣的，但是，有一次偶然瞄到这句话："它能够让人们真正了解到疯子抑或天才的内心世界。大部分人都乐于成为社会群居动物的一员，所以会对从不同维度看待世界的人心存疑虑，甚至是不假思索的否定。"这段话真的打动了我，作为常人，我突然有兴趣看看非常人的内心世界。这本书的作者高铭耗费了4年的时间，深入医院精神科、公安部等机构，和数百名"非常态人类"直接接触后，以访谈形式完成了这本据说是国内第一部关于精神病人的访谈手记。作者在后记里写的那段话，我想我是读懂了的：世上所有的人和事，最美好的莫过于"人生若只如初见"。

不忘初心，方得始终！祝福朋友们，新年如意！

2016 年 1 月 14 日夜，于家中

《乌合之众》与《比利·林恩的中场战事》

《乌合之众》是法国人勒庞在 19 世纪末创作的一系列社会心理学著作之一，1895 年出版后，曾被翻译成近 20 种语言。我读的这版中文本，是该书面世 120 年后（2015 年）出版的。

勒庞的才华不容置疑，但他是个有争议的人物，包括他的观点。他断定，未来的社会不管根据什么加以组织，都必须考虑到一股新的、至高无上的力量，那就是"群体的力量"："当我们悠久的信仰崩塌消亡之时，当古老的社会柱石一根又一根倾倒之时，群体的势力便成为唯一无可匹敌的力量，而且它的声势还会不断壮大。"

这也许是一本带有勒庞个人偏见的小书，但读完此书，诸多文字却在我的脑海里留下了深刻的印象：

- 是幻觉引起的激情和愚顽，激励着人类走上了文明之路，在这方面人类的理性没有多大用处。
- 在观念简单化效应的作用下，凡是抱着怀疑的精神，相信在政治和社会问题上极不易发现确定性真理的人，尤其是一个习惯于用推理和讨论的方式说明问题的人，在群体中是没有地位的，当面对群情激奋时，他尤其会生出苍白无力的感觉，因为他意识到他要与之作对的，不仅是一种错误的行为，还有多数的力量，还有贯彻这种行为时的偏执态度。

- 所谓的专业精英，不管他智力多么高强，他陈明利害得失的理性努力，面对被空洞的观念冲昏了头脑的群体，反而会产生一种自己十分迂腐的无聊感觉。更为可悲的是，面对群众的荒谬与狂热，明智之士更有可能根本不会做出这样的努力，而是同群体一起陷入其中，事后又惊叹于自己连常识都已忘却的愚蠢。
- 怀疑造成的不明确性，不但不会让群众喜欢，而且有可能使他们生出足以致人死命的愤怒……

《乌合之众》只有短短的三卷，分别是"群体心理"、"群体的意见与信念"和"不同群体的分类及其特点"。我个人认为，中文版的代译序部分写得非常好：

根据勒庞的观察，夸大其词、言之凿凿、出语惊人、信誓旦旦是说服群众的不二法门，绝对不能以说理的方式证明任何事情，因此，但凡能够成就大业的领袖人物，他最重要的品质不是博学多识，而是必须具备强大而持久的意志力，这是一种极为罕见、极为强大的品质，它足以征服一切。……没有任何事情能阻挡住它，无论自然、上帝还是人，都不能……

勒庞不仅对现代化过程中的群众崛起感到惊恐，也对世纪之交的西方文明抱着一种绝望的末世心态。他似乎在群体的崛起中嗅到了某种历史轮回的征兆。一切文明都逃不脱由盛而衰的循环过程，而当一个文明开始败落时，摧毁一个破败的文明一直就是群众最明确的任务，只有在这时，群体的主要使命才清晰可辨，这时"人多势众的原则似乎成了唯一的历史法则"……

读了勒庞的《乌合之众》之后，我又看了李安导演的《比利·林恩的中场战事》。我非常喜欢李安，尤其喜欢他那纯真的眼神，但我能猜到，李安的内心应该是丰富的，因为他看问题的角度非常不简单。《比利·林恩的中场战事》是制片人交给李安拍的，并不是他自己找的。这个剧本的改编来自一部非常有名的反伊拉克战争小说《半场无战事》。没看电影前，我就在揣测：李安应该是反战的，也厌恶政治，他到底会怎么拍这个剧本呢？看完电影回家，我仔细回味，发现李安果然是李安，他完全没有批判这场战争，电影里没有愤怒。对于比利的故事，他也保持了人性的中立。对于男主为什么去参战，他只做了客观陈述，让观众自己去打破美国社会原有的对军人的崇拜（美国派什么样的人去参战？是那些美国最穷的、来自社会底层的人，或者像比利一样犯了事不得不去的年轻人）。而 B 班战士们应邀参加的大秀，对于他们来说，那种精神上的折磨在电影里也表现得细致入微。是的，这些刚从你死我活的战场上归来的年轻人，刚刚有了对残酷真相的认知，却立马又受到社会的赞誉或讽刺，那种分裂对他们的确是"不公平的"。至于最后比利最终选择重返战场，电影的处理也非常人性，不崇高也不伟大，仅仅是四个字：袍泽之情。

这部电影有意思的地方还有原小说中对达拉斯牛仔队老板杰瑞的讽刺。虽说这部电影采用了最先进的 3D、4K、每秒 120 帧的新技术，但我从来不是个技术狂，所以倒没有特别兴奋。我最感兴趣的还是李安竟然可以每拍一部电影，都能发掘出不一样的人性。一个人要做到从不模仿别人，更从不重复自己，那是需要极大智慧的，李安做到了。我曾经以为李安是一位有着很大阅读量的学者，后来看采访才知道，李安对电影题材的切入点，完全只是基于自己的兴趣点。最厉害的是竟然有人帮他专门做书摘，引领他进入感兴趣的那个世界，然后李安再自己研究和思索，所以他每拍完一部电影后，总能彻底放下。放空自己后，他又会重新出发。

是什么力量支撑他几年没戏拍仍耐得住寂寞等待与准备？是什么力量引领他求变与突破？李安的回答是："拍电影很好玩，就像探险。我很喜欢拍电影，可以永远为它付出，达到忘我的程度。"在我看来，就三个字：好奇心！在《比利·林恩的中场战事》中，有一个佛教徒老兵施洛姆（也就是牺牲了的蘑菇）告诉新兵比利："放下一切杂念，专注投入战斗。"我的理解就是：必须且只能活在当下！战士就是执行任务，该执行什么就是什么。有了这段伏笔，也才有了电影中比利后来说的那句："我是一名军人，而不是英雄。"

以我有限的认知，我相信：好奇心才是走向理想（目标终点）的真正动力，专注则是实现目标唯一的手段。然而举目四望，现在周遭究竟还有多少人拥有好奇心，且能够持续专注？我想，陆宝至少算其中一分子。我创建陆宝的信念来自"只做价值投资，看看到底能够取得怎样的复利"，所以过往这20来年，我一直就干着这一件事。我自己也不知道到底从什么时候开始，产生了越来越清晰的使命感，那就是践行价值投资理念，远离所有的"恶行"，未来用"数字"证明：仅凭理性和智慧，依然可以获得足够多的财富，并最终将财富回馈社会。我想，这也许就是我人生的价值和存在的意义。所以，我知足且深感幸运。

不过，我发现：当今缺乏价值观来获得其意义感和存在感的人貌似才是当下"沉默的大多数"。对于有些人来说，挣钱，挣大钱；买车，买豪车；买房，买大房；沉迷于游戏，升级，再升级……如果都把挣到钱当作人生的全部，就非常容易变成精致的利己主义者和精神空虚者，很难真正尊重自己的职业，更不太可能把自己的职业当作一种使命去完成。过度看中这些外在的标签，被物欲裹挟，我们的能量会被加速消耗，离身心自由就会越来越远。

"乌合之众"难免存在，但相信我的读者都是有独立思考能力的朋友。

  谢谢你居然读完了这篇枯燥乏味的小文，那么我再附赠一个有意思的段子。我问大师："为何我一买进妖股，妖股就回调呢？"大师答："因为你——一身正气。"

2016 年 11 月 20 日夜，于家中

《调音师》

终于抽出时间去看了印度电影《调音师》，该片不仅男女主角演技炸裂，而且果然如小伙伴所说，"够悬疑！够惊悚！"开车回家的路上，我满脑子都在回想电影中各种暗藏玄机的细节，当我复盘了几十个反转剧情后，突然觉得后背发凉，这部电影远比我想象的还要暗黑，就随手写一篇小小观后感算是给自己压压惊吧。

关于兔子：到底有没有兔子存在过、出现过？为什么是兔子而不是其他动物？为何导演给的兔子的特写镜头让我们看到其中一只眼睛是瞎的？以及最后的兔子头拐杖，到底想告诉我们什么？我的联想是曾经看过的中世纪的暴力兔漫画，在那个被颠覆的世界里有一只复仇的兔子。所以，这只兔子或许就是阿卡什自己编造出来的；只不过，大脑里想象的东西基本会基于一定的现实。

关于小孩：看电影的时候，我觉得安排这个孩子角色有些无聊；复盘的时候，才意识到导演的用意。同样住在政府提供的廉租房里的阿卡什的这位邻居小孩，显然就是熊孩子本尊。他不仅拿绳子绊倒阿卡什，而且但凡帮忙做点事都伸手要钱，完全没有这种年龄的男孩子应有的天真和淳朴。而且当他最后无意间察觉到男主并不是真盲人的时候，他还偷录视频企图卖钱，小小年纪就利欲熏心。最让人寒心的是，当小孩后来发现阿卡什被毒瞎后，他毫无感情地转身离开了，如此冷漠！孩子是社会的未来，我很担心，这样的未来是否还值得期待？

关于西米、警长、医生、突突车夫妇：西米为了达到目的、心狠手辣、蛇蝎心肠；警长一手遮天，一心向权；医生损人利己，过河拆桥；突突车夫妇贪婪自私，胆小迷信。这是我们看到的恶，然而，为什么会有这些恶？仅仅是人性的贪婪和自私吗？我想也许不是。在印度这样男尊女卑的社会，一定会有西米这样贪图荣华的女孩拿婚姻当赌注走捷径；只有腐败的制度才会让靠老婆上位的杀人犯警长存在；而且，正因为两人内心压抑且贪婪，才会有出轨发生。同样，本该受人尊敬的医生为了自家儿子的教育链而走险，不仅不救死扶伤，反而丧尽天良贩卖人体器官，实在太可怕了。上层人物都变成了披着人皮的狼，那么突突车夫妇的恶也就顺理成章了。

关于苏菲：这个角色让我想到了一个概念——不明真相的群众。是的，她很多时候都是充当这种角色，与阿卡什相识、相恋、分手……苏菲都不知道当时的真相是什么，但是这并不重要。普通人的认知本来就是有限的，然而她为何成为本片唯一有好结局的人物呢？我想只有一点，那就是：善良！从一开始不小心撞到男主的满脸愧疚，到请男主喝咖啡并介绍他到自家餐厅表演挣钱，女主总是心怀善良在做一切事情。哪怕被西米设计伤害，她也只是选择默默哭泣转身离开。影片最后那句"那个女人那么坏，你应该听医生的话拿掉她的眼角膜"，是否代表苏菲也有阴暗的心理？我不知道，我想这是这部电影最棒的地方，开放式的结局意味着千万种可能，这也是人生的魅力。我能揣测到的结局是，苏菲既然已经聪明地发现男主"又在这里骗人"，那么当她面对男主的邀请时回答"我明天要飞回去了，我争取"，其实已经说明了她第二天一定不会出现，因为她当时既没问时间也没问地点，她只是一如既往地选择了善良。所以，善良的苏菲后来又得到了爱，且还是个长得很帅的人。我觉得导演真是大智慧啊！

关于男主阿卡什：我反复在想，这部电影除了向微电影《调音师》致敬外，为啥还叫《调音师》而不是《钢琴师》？我的想法是，阿卡什真的不配叫钢琴师，因为他太聪明。一个真正的音乐家肯定不会假扮盲人去骗取 500 卢比一个月的政府福利廉租房的。他不够坦荡，有外快赚的时候，连热恋女友都不肯告知。他也懦弱，遇到凶杀现场后，他有很多机会可以做其他选择，但是他并没有。电影结尾处，阿卡什恼怒地踢飞了路边的易拉罐，为何？我想除了谎言被戳穿外，恐怕还有最后确认了他与苏菲不可能再续前缘的懊恼。阿卡什的命运无疑是坎坷的，他根本无意作恶，然而，命运的逆转恰恰从他"装瞎"开始，早知如此何必当初。中国人说"勿以恶小而为之，勿以善小而不为"，这是多么正确！然而，这要求我们得多么自律才能真正做到呢？

对于作为一名福尔摩斯迷且看过无数悬疑影片的我来说，这部电影真正让我感到震撼的是影片开头的这句话："what is life？It depends on the liver."这句话被翻译成"什么是生命，这取决于肝脏"。但我认为这语意实在太双关了！liver 可以译为肝脏，也可以译为活着的人。生命取决于肝脏一点也没错；同时，这句话是不是也可以理解成"什么是生命，这取决于活着的人"？《调音师》里阿卡什对苏菲讲述的这个"说来话长"一路反转的故事，不见得完全真实，我们也不可能知道全部的真相。然而，最终却是他定义了那些已经死去的角色的人生故事。确实，从来都是活着的人才能定义生命，历史从来都是由活着的人书写的。

人类号称万物之灵，为什么要活在谎言编织的世界里？我是谁？我从哪里来？我又要到哪里去？善与恶，生与死……

这部电影带给我许多新的思考……

2019 年 4 月 9 日，于家中

《飞行家》观后感

上周出差去调研,在飞机上看了一部美国电影《飞行家》。这其实是我第二次看这部片子,几年前看过,当时并没有特别深的印象。但我特别欣赏莱昂纳多的演技,所以难得空下来就又看了一遍。没想到这次看完心有感触,于是决定写一篇观后感。

《飞行家》是著名导演马丁·斯科塞斯执导的,男主是他最爱的演员莱昂纳多·迪卡普里奥(对,就是那个我们叫他小李子的帅哥)。之前那部入围了第86届奥斯卡金像奖5项提名的电影《华尔街之狼》,也是他们搭档的,相信大家都不陌生吧?两人的组合还有《禁闭岛》《纽约黑帮》《无间行者》等,都是我非常喜欢的电影。每次看这对超级搭档的电影,我都意犹未尽,享受那份独特的华美厚重之感。

《飞行家》讲述了根据霍华德·休斯的生平经历改编而成的故事。霍华德是美国著名飞行家、工程师、企业家、电影导演、慈善家,以及当时世界上最富有的人之一。据说,当初小李子就是了解了霍华德的传奇人生后深受感动,从而强烈要求出演这个角色的。霍华德·休斯1905年出生于得克萨斯州休斯敦,16岁丧母,17岁丧父。其父老霍华德·休斯以买卖租赁得克萨斯州油井及发明深井钻头致富,是著名的休斯工具公司的创办者,他死后留下的巨额遗产由年轻的儿子继承。霍华德·休斯把他继承的财产用于跻身好莱坞,21岁的他就已买入125家剧院的控制权。一开始，他并不被电影界看好，大家认为他只不过是富家的纨绔弟子。但是，当22岁的霍华德发行了他拍摄的《每个人的表演》和《两个阿拉伯骑士》两部电影后，开始令人刮目相看。尤其是《两个阿拉伯骑士》还获得了第1届奥斯卡金像奖最佳导演奖。紧接着，他23岁拍的《非法图利》和26岁拍的《犯罪的都市》也都获得了奥斯卡奖项提名。

　　电影《飞行家》则是从霍华德自编自导的空战史诗片《地狱天使》开始切入的。为了使这部电影达到最佳的摄影效果，霍华德不惜耗费了400万美元的自有资金，无所畏惧，只为拼尽全力达成心中的目标，影片也取得了空前的成功。25岁已经家财万贯，叱咤好莱坞，本人又英俊潇洒，他的名字开始频繁与好莱坞女星联系在一起。作为一位著名的花花公子，《飞行家》主要描写了霍华德与明星凯瑟琳·赫本以及艾娃·加德纳的情感故事。不过，通过电影，我解读到在霍华德的心中，唯一的梦想是成为一名伟大的飞行家！

　　霍华德·休斯14岁开始学习飞行。他创造了很多飞行世界纪录，在掌管休斯飞机公司时还设计并制造了几架飞机。霍华德对飞机的兴趣异常浓厚，常与工程师讨论改善飞机性能，甚至亲自设计出一架飞机——休斯一号。1935年，霍华德亲自试飞五次，平均时速352英里[1]，打破了法国人创下的314英里的世界纪录。1939年，霍华德入主环球航空公司，迅速扭亏为盈，风光数十年，由此成为美国第一位亿万富翁。

　　在电影《飞行家》中，有几个情节令我印象特别深刻。一次是在某架飞机需要首航试飞时，霍华德手下明明有20多个试驾员，大家都劝他不要去冒险，但是他丝毫不为所动，说了一句"为什么我要让别

---

[1] 1英里约为1.6千米。

人玩得开心？"还有一场大戏，是霍华德在试飞 XF-11 时，飞机由于发生故障，坠毁于贝弗利山庄。大难不死的霍华德在这次事故中折断了六根肋骨，听力也几乎全部丧失，更惨遭大面积皮肤烧伤。就算遭遇了这样的空难，仅仅 15 个月后，霍华德竟然又瘸着腿再一次亲自操纵着他一生投入最大心血的大力士飞机飞上了云端！所以，当我听到霍华德解释为何要买下环球航空时，他的台词是这样的："别让他们妨碍我们造飞机。"我真心觉得这理由炫酷极了！

金钱、权力、女人、性……但凡霍华德迷恋其中一样，他都成不了伟大的飞行家，他更不可能在后来的听证会上面对布议员的强权质疑时激昂地说出："我热爱飞行！那是我一生的最爱！我花自己的钱，已经亏损了几百万，以后还会继续亏，我只想研发出好飞机，那是我的兴趣！"电影看到这里，我特别感动，有种莫名的心疼……

人的一生，究竟该为自己的执念和梦想付出多少代价？不同的人一定有不同的理解。但是，霍华德付出了全部。他不仅长期患有严重的洁癖和神经官能强迫症，更因发生空难后健康状况岌岌可危，使用了大量的吗啡来减轻疼痛，从此染上了毒瘾，健康状况越来越差。对于感情，他与赫本的分手虽令人惋惜但也合情合理，这世上有太多曾经的真爱到最后都是因为"我们太像了"而分开的。个性好强而偏执，太理解而疲惫，期望太多而失望……再多的女人也填补不了他内心越来越大的空洞……霍华德的成长经历揭示了他的事业动力源自安全感的匮乏，所以他不停地前进，追求速度和超越。他的那种坚持，在外人看来近乎疯狂。从他对细节的苛求中，我们也可以看出来，他是个绝对的完美主义者。但世间从来没有绝对的完美！这样一个严重的精神病人同时也是天才的航空家，确实不太可能得到女人持久的真爱陪伴，也不可能将企业持续经营好。霍华德的人生，在普通大众眼里，也许根本就是悲剧。

但我依然被霍华德感动，依然为他心疼。因为他的人生的所有光芒，都是由他的偏执、他的狂热、他的无所畏惧等特质构成的。做一个由自己制定规则的人看起来很酷，但是要做一个有能力捍卫自己原则的人非常不容易。

越是成功的人，越要承受更多的痛苦，尤其是精神层面的痛苦。早些年第一次看《飞行家》时，我基本上只是把霍华德看成一名冒险家和疯子。像我这样理性的人，总在追求客观；对于像霍华德这样超级感性的人，我对他们的主观世界其实不太能理解。所以，当年我并没有真正看懂这部大片所蕴含的凝重和巨大的力量，尤其是对人性的冲击。这次看完后，我开始读懂了：原来有些人，比如泛美航空公司的老板，一直等着看冒险者的笑话，不过是想借此释放自己的懦弱；那些教你量力而行、适可而止的人，不排除也许是希望你不要掩盖他自己风头的伪君子。霍华德这样的"疯子"或许更值得大众尊重。电影中，他把自己关起来，两任情人都来相助劝慰，看着着实温暖。在人类社会发展中，有些人精致利己，有些人则选择避世隐居，对于甘愿冒险、甘愿孤独、甘愿玩命承担所有责任的"霍华德们"，对于孜孜不倦推动人类社会进步的勇士们，我们可以多给些掌声鼓励，感谢他们无畏的勇气！

下飞机后，我在车上和一同去调研的同行朋友聊这部电影，大家立马热烈地讨论起来。某位老总说，他当年不当大学教授，出来创业，没想到从此踏上了孤独艰辛的不归路，当了老板，才知道老板原来是最弱势的群体，不仅要担责任、抗压力，还得比所有员工都勤奋，而且必须独自承受不被理解、被人高估的苦楚。另一位老总说，他也快疯了，虽然张口闭口千万订单往来着，但资金链随时可能崩，生怕银行催贷，每天都失眠，但早已无路可逃，只能血拼。听着大家的创业故事，我提了一个问题："你们可都是看起来那么儒雅温和的老总，如果你们也像霍华德一样有严重的精神问题，且经营大起大落，还会有人跟着你们干吗？"大家顿时沉默了。然后，我特别尊重的一个老总轻轻地答："会有的。时间是万能的试金石，疾风识劲草，板荡见忠诚。"我默默地点了点头。这段多余的话其实也是我对电影《飞行家》中霍华德的两位工作搭档致以敬意的表达。两位胖大叔的忠诚和执行力令人赞叹。虽然只是电影，但我想，世间所有的英雄，都不希望一世孤独。

愿普普通通的我们，给周边人多一份温暖、多一份包容，不管他是"英雄"还是"疯子"……

感谢《飞行家》给予我如此多的力量和感动……

2016 年 8 月 7 日夜，于家中

少有人走的路

《少有人走的路：心智成熟的旅程》是一本已经在《纽约时报》的畅销书排行榜上连续上榜了近 20 年的书，不仅创造了空前的销售纪录，且至今长盛不衰。

《少有人走的路》的作者是毕业于哈佛大学的斯科特·派克博士，他自言自己在某种程度上是个怪人，是个豪放不羁的异类。光是这点，我就已经有兴趣读这本书了。我最近其实读了四本书，分别是《失控》《创业无畏》《重来》和《少有人走的路》，都是好书，但是在我心里，前三本和《少有人走的路》相比，我更喜欢后者。

我接触价值投资这十多年来，越来越强烈地赞同查理·芒格所说的智慧箴言，诸如：

• 要学习 100 种模型，学会多元思维方式，把自己训练得更加客观，拥有更多学科的知识，保持足够的耐心和未知欲。

• 要得到你想要的某样东西，最可靠的办法是让你自己配得上它。这是一个十分简单的道理，是黄金法则。

• 获得智慧是一种道德责任，它不仅仅是为了让生活变得更加美好。

• 我认为生活就像比赛，也充满了竞争。我们要让那些最有能力和最愿意成为学习机器的人发挥最大的作用。如果你们想要获得非常高的成就，你们就必须成为那样的人。
....

这些箴言我早已牢记在心，并基本理解。
但是，芒格又说：

- 我总是期待麻烦的到来，准备好麻烦来临时如何对付它，这并没有让我感到不快乐。这根本对我没有任何害处，实际上，这对我有很大的帮助。
- 生活中的每一次不幸，无论多么倒霉，都是一个锻炼的机会。人们不应该在自怜中沉沦，而是应该利用每次打击来提高自我。

....

对于这类箴言，我以前则是似懂非懂，一知半解。直到认真读完《少有人走的路：心智成熟的旅程》，我终于开始有所觉悟了……

在"自律"一章中，作者告诉我们，不少人都在不同程度上缺少灵活的情绪反馈系统。大脑的高级中枢——判断力，必须约束低级中枢——情绪。在这个复杂多变的世界里，要想人生顺遂，我们不但要有生气的能力，还要具备克制脾气的能力。

要让心智成熟，就得在彼此冲突的需要、目标和责任之间保持微妙的平衡，这就要求我们不断进行自我调整。保持平衡的最高原则就是"放弃"。相当多的人都没有选择放弃，他们不想经受放弃所带来的痛苦。一个人要想有所作为，在人生的旅途中不断迈进，有些时候就必须放弃很多东西。

反思自己，我的确没有掌握如何生气的本领。我以前总认为生气是没有教养的表现，所以当有员工在工作中出现一些操作疏忽时，我最多也就说一句："你怎么又错了？"那时的我，不愿放弃的是做一个温和的上司的执念，且沟通能力较弱。又比如，以前每当有渠道的朋友在我面前说某某基金经理业绩有多好，超过了陆宝的产品时，我都会因此而更加勤奋，甚至改变原有的操作计划，结果反而更不好。那时的我，不愿放弃的是"我要赢"的欲望。作为曾经的学霸，争强好胜的性格或许曾给予了我一定的帮助，但是，现在，作为一名资产管理人，这欲望反而成了我前进的障碍。通过不断地反思和学习，我逐渐做出自我调整。感谢作者的警告。未来，在我们的人生中，必须放弃的还有"长生不老""身体永远健康"的空想和"自我以及生命本身"……这些是我们在人生过程中最难以放弃和不得不放弃的。这本书告诉我们，放弃这些的过程就是心智成长的过程。

"在成长与信仰"一章中，作者写道：

• 我们大多数人，只能依据狭窄的人生参照系来待人处事。人们的感受和观点起源于过去的经验，却很少有人意识到经验并不是放之四海而皆准的法则，大多数人对自己的世界观并没有完整而深入的认识。

• 抛弃狭隘的人生观并不容易，似乎不做任何改变更符合我们的惰性，但是，这样就会与心智成熟之路背道而驰。

• 大多数人都倾向于逃避一切痛苦和折磨，因此会对某些消极现象熟视无睹，对残酷的现实可能不闻不问，目的只在于捍卫自己的意识，不让真实的信息侵入其中。每个人都可能采用这种机制，有意限制自己的认知范围和认知能力。但是，不管是出于懒惰还是害怕痛苦，采用这种防卫机制，都会阻碍自己的认知过程，对世界的认知会变得越来越少。

• 要洞悉世界的本质，认清自己和世界的关系，我们就可能经受各种痛苦，而唯有经受痛苦，才能最终走向真理。要使心智获得成熟，必须认清自己的偏见和局限。

- 自我了解最重要的意义之一，就是认清我们的责任和决策的能力，精神世界的这一部分内容就是所谓的"意识"，心灵的力量就是意识的力量。

- 我们必须消化和吸收新的信息，扩充眼界，敢于涉足最新的领域。要想真正地活着，就必须拥有自己的语言，拥有独一无二的怀疑与挑战的意识。

- 所谓心智的成熟，其实就是从小宇宙进入到大宇宙的历程。从本质上说，心智成熟之路，就是永不停歇的学习和进步的过程。

创办陆宝之初，我就希望办一家"小而美"的公司。这两年来，无论主动还是被动，我和同行还是有不少的交流。同行们对我们的投研体系大感兴趣，却很少有人关注陆宝的文化。而我恰恰认为，陆宝的文化才是我们未来的核心竞争力。我们的企业文化是通过自我反思和简单透明来激发智慧。

对于"自我反思"，我们是这样诠释的：

"在初步掌握投资技术后，我们认为制约投资成功的最大壁垒是自负。只有通过内心修炼、自我反省、学习沟通、批评与自我批评才可以提升投资能力。因此，陆宝投资提倡的企业文化是有一说一，开诚布公畅通交流，强调不断自我反省。"

在我们每周一两次的上市公司研讨会（也就是拍砖会）上，大家互拍已成为陆宝常态，虽然被拍的人时常觉得伤自尊了、难过了，但是，正如书中所言，这种痛苦的过程恰恰就是必经的成熟之路。每个人都存有偏见，也很容易不自觉地采取双重标准，无论是对自己熟悉的行业，还是对自己吃过亏的公司，都特别容易产生偏见。但是，开诚布公地讨论，冷静下来思考后，大家都会发现，新的想法已经产生。

创业之初，我们几乎没有管理团队的经验，这两年多实践下来，我们发现，三观若存在巨大差异的人是很难磨合的。陆宝以复利为信仰，推崇慢就是快，不迎合投资者的短期需求，强调用时间来思考。我们注定会是非主流的公司。要在别人贪婪时恐惧、在别人恐惧时贪婪，能做到这两点的高手，往往都具有超强的内心力量，所以我常常感叹，价值投资哪里只是局限于投资呢，明明就是一种人生的修行啊！

M. 斯科特·派克告诉我们："爱，是为了促进自己和他人心智成熟而不断拓展自我界限，实现自我完善的一种意愿。"我想说，这也是我读此书最大的感悟……

2016 年 5 月 2 日，于家中

惊蛰，笔记杂言

今天是二十四节气中的惊蛰，《黄帝内经》曰："春三月，此谓发陈。天地俱生，万物以荣。早卧早起，广步于庭。被发缓形，以使志生。"

过去这一两个月，我主要就干了两件事：读书和读年报。有两本好书，我在此推荐给大家：一本是《这才是心理学：看穿世界的批判性思维》，作者是大神级别的基思·斯坦诺维奇；另一本是《智识分子：做个复杂的现代人》，作者是我很喜欢的万维钢（同人于野）。我读书极快，一个月翻七八本书是常见的，但是很少有书能让我反复读、反复琢磨。在《这才是心理学》之前，只有霍华德·马克斯的《投资最重要的事》让我如此痴迷。

今天不写书评，摘录一点我读这两本书之后的一些胡思乱想（前六条是基于《这才是心理学》，后两条是基于《智识分子》）。

心理学不相信个人的智慧，更相信科学的方法，而科学方法的本质是证伪，即对我们的经验、常识和直觉，产生怀疑、挑战和批评。从原则上而言，心理学家不怕犯错误，但害怕以假乱真……心理学家也不相信那些能回答所有问题的绝对真理，但相信对所有问题应该有一个相对正确的答案。

我的笔记杂言：首先想到的是不少投资者对所谓的盘感、技术分析较为执着，如果大家都相信自己看一眼K线走势、看一下KDJ或者RSI就能感觉到股票该涨还是该跌，那么，这难道不是最容易被证伪的吗？朋友们，请在投资股票前首先把所能承受的风险多加考虑，千万别轻易入市。如果对投资特别感兴趣，最好从公司基本面研究开始入手。只有构建一套规范严谨的投资体系，才有可能在股市不败，而构建一套成熟的体系，最起码需要三万小时的专业投入，且还要理念成熟才不至于走弯道。

可证伪性？如何打败头脑中的小精灵？这是非常重要的一节内容。任何科学理论的表述都应该遵循一个基本原则：可证伪！而可证伪的标准是一项理论如果有用，它所做出的预测必须是明确的。理论必须两面兼顾，告诉我们哪些事情会发生的同时，应该指出哪些事情不会发生。如果不会发生的事情确实发生了，那么我们就需要修正、需要自我否定，慢慢去接近真理。相反，如果一个理论不能把任何可能的观察排除在外，那么它将永远不能被修正，同时我们将被禁锢在当前的思维方式中，失去取得进步的可能。

我的笔记杂言：无论读研报还是我们投研讨论时，我特别警惕的就是拿观点证明观点的做法。缺乏逻辑，缺少论证，甚至夹带情绪的观点特别令人失望。所以，一定要持续学习，做理性成熟之人。

科学家们的虚荣心实际上在科学进程中起着作用，科学家对自己的想法抱有的批判性态度并没有在很大程度上导致科学的成功，更真实的情况是，每个科学家都积极地想要证明某些科学家所持有的观点是错误的。科学知识的力量并不是来自科学家的德行，而是源自他们不断交叉验证彼此的知识和结论的这一社会过程。

我的笔记杂言：太对了！文人相轻、同行相轻也是这个道理啊。陆宝每周的上市公司拍砖研讨会，研究员都必须具备坚强的心理素质才能扛下来，好几个研究员被拍时都流下过委屈和气愤的泪水。但是，每一次被否定之后，却是更上一层楼。

复杂的相关数据里确实存在着有限的因果关系，相关的证据有助于证明假设的聚合效度。宁可站在怀疑的角度，也不要被那些错误地暗示了因果关系的相关内容所蒙蔽。选择性偏差导致虚假相关是相当容易的。公众如果缺乏科学方法论和统计思维技能，想纠正那些误导性的数据是非常困难的。科学思维最重要的特点就是所基于的理念是比较、控制和操纵。要想获得对一个现象更为深入的了解，科学家就要比较世界上存在的各种情况。没有这种比较，我们所观察到的都是一些孤立的事件，并且对这些孤立的观察结果也解释不清。科学的不断发展需要尽量减少对一个问题的不同解释。比较性信息实在太重要了。很多人犯错，就是由于错误的信念——在未经验证的情况下即确信某件事是正确的。我们需要区分直觉和可检验的知识，也要区分预感和经过验证的证据。

我的笔记杂言：作为一个数据派，我对数据的喜爱几乎与生俱来。而且我由于从小有侦探梦，所以对数据的关联和钩稽也是天然喜爱。这个特点带来的好的方面是我找到了适合自己的职业，就是做投资；糟的方面是，我都45岁了，竟然有时还有点愤青，尤其是当个别不良媒体为吸引眼球，不顾常识传播一些不实信息时，我总会担心纯良的读者会被蒙骗，信以为真。最近还有人发了某著名房产公司董秘的内部讲话给我看（真假未验证），这位高管说："香港1997年巅峰时期房价达到纽约的8倍，东京1990年时也达到纽约的4倍。上海房价现在还比纽约低10%，故大可不必担心泡沫破灭。"这种说法不够客观严谨，因为如果重新查验以上数据，就会发现其实是有失偏颇的。推荐大家看看李迅雷老师写的《房价涨跌已成货币现象》《房价今后必然会有滞涨和普跌的过程》，基本意思都表达得很清楚了。我昨天还参加了某券商组织的上海房地产调研，看了浦西的5个在售楼盘，结论是：没有1 000万人民币，现在根本没法买个稍微像样的带装修三室，且都还只是高层公寓的期房。我游历过不少世界一线城市——纽约、伦敦、巴黎、东京……也曾仔细了解过当地的房价，或许有人真不担心房价的泡沫，但我更认可"房子是用来住的"这一朴实原理。

要学会区分对现象的描述和对现象的解释。要注意：不要从相关中推论因果，拒绝接受见证叙述式的证据。跃进模式对于心理学来说是一种糟糕的模式，渐进整合模式则提供了一个更好的框架。聚合性证据原则描述了心理学上研究结果是如何被整合的：没有一个实验是可以一锤定音的，但是每一个实验至少都能帮助我们排除一些可能的解释，并让我们在接近真理的道路上向前迈进。当概念上的变化发生时，它必须遵循关联性原则：新的理论不仅要能解释新的科学数据，还必须能解释已有的数据。

我的笔记杂言：前段时间有朋友给陆宝推荐了一个据说具备创新模式的投行项目，我大概只听了3分钟就已经在内心投了否决票，团队里其他同事还比较认可，我就建议年轻人亲自去实地调研，就以我们平时惯用的价值投资体系作为调研提纲。调研回来后，大家达成一致,主动放弃该项目。有人问我:"为啥你每次都能这么快做判断?"我翻了下我的记录,貌似过去10年来看走眼的确实比较少。我想:大概一来是我确实有些这方面的天赋。二来是我喜欢读大量上市公司的年报,看多了,跟久了,就很习惯去抓是否有聚合性证据。一旦发现有明显可证伪的,我就放弃了,所以较少犯错。截止到这周五,我已经读了206份已公布的2015年数据的上市公司年报。这对于我,完全不是普通意义上的工作,而是兴趣和爱好。比如我对某公司的点评是这样的:"某地生产振动筛的、某些机构偏好的品种,公告信息公布前一天就跌停了,不碰为妙。评级0(注:陆宝评级分为0~5,分数为4和5表示更适合投资,0~2基本上都算是回避的)。"对另一家公司的点评则是这样的:"山东改性塑料粒子企业,家电用,产能有瓶颈,股价走势很牛,但是通过行业和财务分析,完全不明白竞争优势在哪里。事出反常必有妖啊。回避回避。评级1。"还有对一家公司的年报点评:"已经沦为价值毁灭股,2016年Q1预告亏损两千多万,评级0。"

小的样本总是倾向于距离总体平均值比较远。在不同领域中进行证据评估时,需要遵守的一条基本原则就是认识到样本规模对信息可信度的影响,这对理解行为科学的研究结果尤为重要。我们很少觉察到,我们最坚定的信念是建立在多么脆弱的事实基础之上。赌徒谬误(把原本无关的事件看成有联系的)源于一个普遍的倾向:未能认识到偶然性在决定结果时所起的作用。强迫性赌徒对"接受错误以减少错误"有很强的排斥倾向,他们坚信"有效的策略应该是在每一把都有效",这些赌徒抛弃能保证他们少输上千美元的统计策略不用,转而去徒劳地追求建立在每一具体情境独特性基础上的"临床预测"。心理学的预测应该是概率性的,是对总体趋势的概率性预测。表示自己可以在个体层次上进行心理预期，是临床心理学家常犯的错误。

我的笔记杂言：投资本来就是解决概率性问题，我们原本就是生活在一个不确定的世界中。过去这一年多来的股市表现，注定会成为历史。有多少人的阿喀琉斯之踵就源自赌徒谬误？有多少人能真正体会到什么才是值得用心学习的"有效策略"？"天下熙熙皆为利来，天下攘攘皆为利往"，我痛心的是，正是由于有少数赌徒夹杂在资产管理人的队伍中，他们不负责、不专业，失信于委托人，带给投资人的损害终究是难以弥补的。未来行业的发展，除了监管和自律，也需大力帮助投资者提升自我认知与风险适配的能力。

历史上一直都是富人享受安逸，而穷人终日辛苦劳作。但是现在情况起了变化。现在是富人比穷人累得多。富人们工作时间超长，压力很大而且极不稳定。八小时工作制则几乎成了穷人的特权。Livingston认为投资推动经济增长其实是个神话。他考察美国历史经济数据，认为投资带动增长这件事只在1919年以前成立。进入股市和房地产的钱是泡沫和金融危机的根源。

我的笔记杂言：我是成都人，每次回家，我最大的感受就是我走路快、说话快、脑子动得快，而我成都的朋友，除了吃，干什么事的节奏比我慢一拍。她们总说我：那么忙、那么累干啥？最有意思的是，我在成都打出租车，只要和的哥摆龙门阵，的哥都会来一句："在上海工作啊？好造孽哦！"（成都方言，意思是好可怜。）

因为应试教育实在令人深恶痛绝，很多中国家长羡慕美式教育，似乎在那种教育中学生的个性就能得到充分的解放，充满创造力，培养出来的都是乔布斯那样的人物。也有更了解情况的人指出，美国的基础教育水平其实很低，如美国学生的数学能力其实并不强。这两种印象都是盲人摸象。事实是，美国是个有严重阶层区分的国家。同样是小学，普通阶层的学校强调的是遵守规章流程；一般中产阶层的学校强调把事做"对"；专业人士阶层的学校强调创造和独立性；精英阶层的学校强调智识。教育的核心目标是决策和选择，学生学到的是选择和责任。你可以给自己设定优先目标，你自己决定干什么，你对自己所做的事负责。一句话，你自己管自己。大多数情况下，人不太容易超越自己的父母阶层。但是，就是有那么一种人，他们拒绝按照这个剧本走，他们会按照自己的意志选择另一个剧本。所谓英雄，就是超越了阶层出身、超越了周围环境、超越了性格局限，拒绝按照任何设定好的程序行事，不能被大数据预测，能给世界带来惊喜，最不像机器人的人。什么人都值得问问出处，唯有英雄不问出处。

我的笔记杂言：我最近听到一位陆宝的实习生这样评价我们的工作状态，说除了研讨会时大家较劲，平时的工作时间都各人对着电脑，没有各种公文流转，没有各色人等频繁来往，也没有人打营销电话，感觉大家都特别安静，也不知道都在忙什么，这种氛围和她曾经实习过的500强外企完全不同。我们听了都哈哈大笑，这是还不懂我们的节奏啊。陆宝的工作氛围是令人放松的，优秀的投研人员一定是懂得自我管理的人，是发自内心热爱工作并善于学习的人，如果还需要"被管理"，还需要"被学习"，在我看来，根本就不适合做这行。很多人也问过我：为啥这么大年纪了（这话我真不爱听！）还要出来创业？我每次都觉得有千言万语，却不知如何表达最好。读到这段文字，突发灵感，或许我的答案就是：我渴望当英雄，一位坚持做价值投资的女英雄。就是这么简单。人一定要有个梦想，万一实现了呢？

一点浩然气，千里快哉风……

2016 年 3 月 5 日，于家中

《查理·芒格的智慧》

今天是周六，上午 8 点我在微信朋友圈发了几句简短的文字，说此时我已经做完了每周一次的家务清理，开始喝咖啡休息看书，10 点后还要去练两个小时的瑜伽。好朋友们给我点赞，说我果然效率高。我回复留言：我只是珍惜时间。

老天绝对公平，全世界所有人，每人每天都只有 24 个小时，一分不多，一分不少。8 小时工作，8 小时睡眠，那么最后这个 8 小时如何安排和利用，不同的人会有不同的取舍，而正因为这 8 小时的差别，最终成就了不同的人。

11 月的股票市场，几乎每隔一天就会有一个新的战斗理由产生，从而导致市场主题风格轮动。这样的行情，令像我这样的价值投资人倍感无力。产品净值窄幅波动实属无奈。所幸的是，陆宝小伙伴们毫不松懈。最近几乎每天都会有一名小伙伴为大家分析研究一家上市公司，然后大家集体讨论，进行头脑风暴。这样的工作强度和工作效率，我相信很多公司都无法做到，但陆宝人不仅做到了且做得非常棒！

上周，一家机构来陆宝做尽职调查，我给他们展示了我们最近的研究报告内容，机构的老总们都惊呆了，说："陆宝太厉害了，你们这是特种兵的搞法呀……"是的，这些可爱的学霸，为了在会上不被拍砖，为了得到更多的认可，他们在非工作时间的 8 小时里，都付出了相当多的时间和精力——小伙伴们都在拼！我说，陆宝的文化注定是与众不同的，也只有理念一致、价值观一致的人才能在陆宝熬下来。

二级市场反复炒冷饭，就像有个段子说的："同样一批票，曾经叫作苹果概念、智能穿戴，后来叫全息概念，最近叫VR……"在存量博弈的市场，炒冷饭能有啥乐趣？作为一名资深股票狂，每天埋头研究，依然没能挖掘到好公司和好价格，那是非常苦闷的。

11月，我读了包括《琅琊榜》在内的不少杂书，这里推荐其中两本：《查理·芒格的智慧》和《劳阿毛说并购》。劳志明是华泰联合证券的执行董事，专注于A股上市公司并购重组，有15年的工作经验。读阿毛的这本书，让人很轻松，其中道出了投行的许多酸甜苦辣。我感触最深的是阿毛对"壳资源"的理解，真的非常到位！并购方案，确实只可能是一种合规下的利益平衡，但是唯有优秀的资深专业人士，才能不仅平衡业务，更能调和不平衡的各方人士。我边读书还边特意查了2015年被证监会重组委否决的案例。截至8月30日，共开了71次重组委会，否决了13单，否决率7%。其中，借壳上市2单，占比15%。像某华股份就因为部分标的资产未通过环保部环保设施竣工验收及获得工信部稀土行业准入批准，以及交易完成后形成上市公司关联方资金占用而被否决。而某公司的借壳上市被否理由更残酷：标的公司会计基础薄弱，内部控制不健全。加上更普遍的涉及持续盈利能力、公司治理等方面的理由，投行这碗饭也并不好吃。我前几年读过不少投行的案头文件，后来仔细思考，发现尽管都说做投行"高大上"，做二级市场的都是"矮穷挫"，但我知道，投行工作并不适合我，因为做投行需要非常高的情商和组织协调能力，而我并不具备这些能力。这次读阿毛这本书后，我更加释然。早早明白自己的能力圈是多么可贵。

我重点推荐《查理·芒格的智慧》这本书。该书的第一版是英文的，全英文的我看不懂，终于盼来了中文版的，如获至宝。芒格认为：要努力学习，掌握更多股票市场、金融学、经济学知识，但同时要学会不要将这些知识孤立起来，而要把它们看成包含了心理学、工程学、数学、物理学的人类知识宝库的一部分。用这样宽广的视角就会发现，每一学科之间都相互交叉，各自并因此得以加强。一个喜欢思考的人能够从每个学科中总结出独特的思维模式，并会将其联想结合，从而达到融会贯通的程度。而本书的9个章节，分别为第1章"思维格栅模型"、第2章"物理学"、第3章"生物学"、第4章"社会学"、第5章"心理学"、第6章"哲学"、第7章"文学"、第8章"数学"、第9章"决策过程"。从目录就能看出来，作者简直是文理全才！非常棒的阅读之旅！

在此抄下些许金句，与君共享：

- 学习哲学的"现金价值"很真实，一旦你将自己交付于哲学，你会发现你进入了一个叫作批判性思维的课堂。你开始用不同的眼光看待问题，用不同的方式做投资。你看到的事情会更多，你理解的事情也会更多。因为你发现了各种模式，你不再害怕突变。

- 你投资的是一种商业模式。他们说的是你要真正理解，不只是进行数据的收集；这种理解只能来自细致的研究和理智的分析。用心选择投资需要和用心读书同样的思考技能。

- 运用艾德勒的原理，你必须尽自己最大的努力去找到作者的视角和隐藏在其思想之下的假定。

- 你读到的内容里，有多少是事实，有多少只是建议？如果你发现有些事实站不住脚，这是一个好的提醒，说明你所读的大部分内容可能是建议和观点。但是即便事实是正确的，其他大部分评论也很有可能只是个人观点。所以你应该停下来，考虑一下意见背后有什么，报告中是否包含了某种利益。

- 伟大的侦探家不是因为工作更勤奋，不是因为更幸运，不是因为他们比别人跑得更快、功夫更高而抓住疑犯，而是因为他们更擅长思考。通过研究福尔摩斯的方法，我们可以学到的经验是：从客观和非情绪化的观点入手调查；关注最细微的细节；对新的甚至相反的信息保持开放的心态；对你所了解的一切进行逻辑推理。
- 批判性思维能力是投资成功的基础。完善这种能力——发展深入、细致的分析思维，是与深入细致的阅读密切相关的。这两者在双向反馈环中相互加强。好读者是好思想者；好思想者倾向于成为好读者，并在这个过程中变成更好的思想者。

本书的译者在译后记中写道：

查理·芒格的风格属于价值投资派，这一派讲究的是对投资标的的深入研究，这涉及企业基本面和行业基本面。除了要对市场大趋势有所了解，在研究企业和行业时，更是涉及数理化生、工程、管理，另外历史、哲学、社会学、政策科学等对建立正确的思维框架也非常有用。这样看来，价值投资当然不容易做好，不仅要克服贪婪和恐惧等心魔，还要有更深广的知识和见识，能够选出值得投资和有发展前景的投资标的，所以世界上并没有太多真正做得出色的价值投资者。但是我们每个人都应该朝着这个目标努力。我想说，这就是我的心声。

读万卷书，行万里路。以成为出色的价值投资者为目标，活到老，学到老。

2015年11月21日，于家中

我选择　我想要
——《非暴力沟通》

上上周我回了趟成都，参加某券商组织的调研，还抽空去拜访了一家机构并做了一场内部的路演。机构的老总是位务实能干的女性，她听完我的路演后说："你还真不是从天上掉下来的，一定吃过很多苦。你小小的身体里有大大的正能量。"这褒奖之言我自然是受之有愧，却也内心感动。

陆宝每日都有晨会，除了例行的宏观、行业和公司点评分析外，我偶尔会临场发挥讲些感受。上周就即兴提到了这次路演，我告诉小伙伴们，我资质愚钝，从来不是一个好的演讲者，但是，我一直在学习和反思自己的各种短板，因为我知道，通往智慧人生的终极旅途中，除了经济独立、人格成熟外，更需要饱满丰富的精神世界。人生漫长的路途中，真正的乐趣就在于修炼和提升自己。爱自己，相信自己一定会有精彩独特的生命，这比什么都重要！

讲话中，我给小伙伴们推荐了马歇尔·卢森堡博士的著作《非暴力沟通》。我说，回想陆宝创建这一年来，最大的问题就是沟通问题。我说，一个人如果只对生命的痛苦做出反应，那么必然压抑、绝望。只有学会对生命的美丽做出反应，生活才会有热情和活力。

晨会时间短，我重点聊起了书中的第9章"爱自己"。书中要句摘录如下：

- 如何培养对自己的爱呢？转变自我评价的方式是一个重要的方面。既然希望自己所做的任何事情都是有益的，那么，自我评价的方式就要有助于学习，使我们的选择符合生命的需要。

- 如果自我评价使我们羞愧并改变行为，我们也就允许自我憎恨来引导自己的成长和学习。在我们的语言中，有一个词极易引起羞愧和内疚，这个词就是"应该"（类似的词还有"不得不""必须"等）。如果我们认为自己"应该"怎么样，在大多数情况下，我们也就封闭了自我，因为"应该"意味着我们别无选择，这会使我们感到无奈和沮丧。

- 如果我们致力于满足他人及自己健康成长的需要，那么，即使是艰难的工作也不乏乐趣。反之，如果我们的行为是出于义务、职责、恐惧、内疚或羞愧，那么，即使是有意思的事情也会变得枯燥无味。

- 不要做任何没有乐趣的事情！

关于如何做到爱自己，作者给出了两个步骤：

（1）用"选择做"代替"不得不"。首先，把日常生活中你觉得没有意思但又不得不做的事情列一张清单。清单越长，活得不开心的程度自然越高。列好清单后，向自己坦白：做这些事情，是因为你选择了它们，而并不是不得不去做。最后就是填写声明：我选择做____是因为我想要____。

（2）深入理解我们行为的动机。当你思考"我选择做____是因为我想要____"这个问题时，你就会发现自己行为背后的价值取向，即你在生活中看重什么（价值观浮现出来了）。

你也许会发现，你的动机中，可以是为了钱，也可以是为了获得赞同；可以是为了履行职责，还可以是为了逃避惩罚、不想感到羞愧、避免内疚等。

让我们继续细解。首先,"在非暴力沟通中,钱并不被认为是一种'需要',它只是被用来满足某种需要的无数策略中的一种"。我们在日常生活中,是不是已经见过或听过太多拼命赚钱、拼命贪钱、拼命守钱的人?他们的需要,永不能被满足,那是因为,"钱是一种需要"从一开始就是个伪命题。掉进钱眼的人,很难获得真正的幸福。其他值得细细品读的句子还包括:

• 像钱一样,来自他人的赞同也是一种回报。受社会化的影响,我们渴望得到奖励。为了讨人喜欢,我们努力迎合他人。为了避免招人嫌恶,我们不做那些不受人欢迎的事情。于是,为了博得他人的喜爱,我们费尽心思、委曲求全。这其实也非常可悲。实际上,如果我们的行为只是出于对生命的爱,人们自然会心存感激。

• 非暴力沟通最重要的应用也许在于培育对自己的爱。当我们的表现不完美时,我们可以通过体会忧伤和自我宽恕,来看清个人成长的方向。在日常生活中,我们主动根据需要和价值观来选择生活。

通过思考"我选择做____是因为我想要____",很多人会发现原来很多事都是可以重新选择的,很多的委屈、很多的压抑情绪完全可以自我化解掉。按照我的理解,就是与内心真实想法越一致的行为越多,人的心情就会越舒畅。

作者在书中列举了大量的非暴力沟通案例,我对此非常感兴趣,也意识到了各种隐蔽暴力的危害。我鼓励小伙伴们和我一起,更多地反思自己,采取更积极的心态来完善自我,改变沟通方式,提升沟通品质,建设一个更有爱的陆宝。

回到我与开头提到的那位女老总的交流。在路演结束时,我是这样回答女老总的:"过去这些年,我确实吃过很多苦,遇到过无数的坎坷，但我没有把所谓的困难和痛苦真正放在心上。"

过往所有的人和事，都是我自己选择的，我的人生梦想从来没有变过。我始终相信，我会成为一名靠谱的投资经理，纵有各种不完美，但始终心中有爱！

2015年2月8日，于家中

《万万没想到》

这是我从一堆书中一眼就相中的一本书。真正吸引我的是这本书的副标题"用理工科思维理解世界"。我在三十岁以前,对所谓的硬科学没啥兴趣,思维方式相对简单。恰巧在三十岁时,我从证券营业部调入上海国泰君安总部工作,在这个高手云集的大平台上,我像海绵一样不断地吸收新知识,充分感知到了高手们的思维方式与众不同。随着时间的积累,很多时候我会说:"我以前想错了,原来是这样。"渐渐地,我开始喜欢上学习,享受思维的乐趣。

《万万想不到》这本书分为三部分。第一部分是"反常识思维"。赵南元教授总结说是谈人性。其实,就是通过认知科学的实验研究,了解我们自身的认知倾向。这些认知倾向往往造成我们的错误认识。了解我们自身思考过程中的陷阱,可以有意识地避免很多常犯的错误,学会用理性审查直觉。

我自己在读这部分内容时,联想到了许多我喜欢的书,比如《穷查理宝典》中的"人类误判心理学""论基本的、普世的智慧""专业人士需要更多的跨学科技能"等精彩篇章;再比如2002年诺贝尔奖得主卡尼曼的《思考,快与慢》中对系统2、锚定效应、因果关系等的生动讲解。

"反常识思维"中有篇文章《核电站能出什么大事》,还解决了我在现实中的一个困扰。我一直想去做一次PET-CT的检查,但是国内的医生朋友都说："你好好的，又没有什么症状，干吗去自找辐射？"通过阅读，我终于知道，原来核辐射致癌是指在 20% 的基础概率的基础上，增大人死于癌症的概率。

所谓基础概率，是指美国权威机构发布的一个人患癌症的可能性，哪怕生活方式再健康，食物再有机，环境再清洁，远离各种辐射，一个人也有近 20% 的可能性死于癌症。

具体来说，每受到 25 雷姆的辐射，得癌症的概率增加一个百分点。而 100 雷姆以下的辐射不会对人体产生直接的影响，长期看来是得癌症的概率增加了 4 个百分点。所以，无论雷姆还是希沃特，都不是科学衡量辐射剂量的好单位，只有患癌概率的上升幅度才是正确的描述单位。那么，做一次 PET-CT 的辐射量是多少呢？答案是 10 毫希沃特，也就是 1 雷姆。难怪我考察了国外的许多体检套餐，PET-CT 早已是最常规的项目之一。看来，多读书、多增加知识确实能提升认知能力。

本书的第二部分是"成功学的解药"。从篇幅来看，这部分是本书的重头戏。作者万维钢在书中告诉读者，科学界的共识是——先天因素远远比后天因素重要：首先，任何一种能够测量的心理特征，包括智商、兴趣爱好、性格、体育、幽默感等所有这些东西都是天生的。其次，后天环境对智力和性格的影响非常有限，即先天是主要的，后天是次要的。但是，作者仍然写下了《匹夫怎样逆袭》《练习一万小时成天才》《高效"冲浪"的办法》《用强力研读书》等好文章。

本来，我这周并没有写读书笔记的计划。但是，当我读到"记笔记是对一本好书最大的敬意"这句话时，我就决定，这次必须得写。作者在本书中写的读书观点，我极其认同：

"读书可以极大幅度地提升人的思想内力，这种内力是对世界的理解和见识。读书的目的是获得见识以及学习高水平的思维方法。真正的专家，都有自己的一整套知识体系。这套体系就如同长在他们心中的一棵不断生枝长叶的树，每当有新的知识进来，他们都知道该把这个知识放到体系的什么位置上去。有知识体系的科学家，一眼就能看出什么方向重要、什么方向不重要。"

这些告白，实在是高手的告白呀。正如本周84岁的投资大鳄索罗斯宣布退休时所言："世界经济史是一部基于假象和谎言的连续剧。要获得财富，做法就是认清其假象，投入其中，然后在假象被公众认识之前退出游戏。"试想，如果没有一套过硬的体系，如果不懂得辨别方向，怎么可能认清，又怎么可能提前退出呢？

第三部分是"霍金的答案"。这一部分的文章，涉及的具体科学知识不多，但是对于培养科学精神大有裨益。我比较喜欢《摆脱童稚状态》和《科研的格调》这两篇文章。作者在书中告诉我们，科学家强调事实。科学放弃了从一套最基本的哲学出发推导所有结论的尝试，改为在每一个领域内就事论事地搜集事实。只有运气好的时候，科学家才能在大量事实中发现一些有趣的规律，以至于可以向形成科学理论的目标前进一步。相关性思维和因果性思维只是思维方式的转变，科学研究的真正关键在于发现机制。科学是一个不断试错的过程。每一篇论文都是我们从个人感觉到客观事实，从客观事实到因果关系，从因果关系到推广使用的机制。这个过程中每一步都不是完美的，但只有这么做，我们才能摆脱童稚状态。这个总结实在太给力了！而且，我惊讶地发现，原来作者本意就是以文章标题纪念王小波，我开始还以为只是巧合。原来喜欢王小波的人如此多。从这一点来说，我这个读者和作者也算是同道中人呢。

不仅如此，读到《科研的格调》时，我发现我和作者居然还都是《生活大爆炸》的粉丝。我家里连电视机都没有，周末在家陪女儿，我们就常一起看《生活大爆炸》，然后就此产生闲聊话题。我们都喜欢《生活大爆炸》中的谢耳朵——他实在非常极品但又非常可爱。正如作者在本文中所总结的：

"科学本身是客观的，但科学家都是主观的。最好的科学家甚至可能是极度主观的。有爱恨，才是真正的科学家。敢说不，才是真正的科学家。"

转移到投资领域，我的模仿如下：

"投资本身是客观理性的，但是投资家都是主观感性的。最好的投资家甚至可能是极度主观感性的。有爱恨，才是真正的投资家。敢说不，才是真正的投资家！"

我最崇敬的投资家查理·芒格和沃伦·巴菲特都是手不释卷的读书人，芒格说："我这辈子遇到的聪明人（来自各行各业的聪明人）没有不每天阅读的——没有，一个都没有。沃伦读书之多，我读书之多，可能会让你感到吃惊。我的孩子们都笑话我。他们觉得我是一本长了两条腿的书。"看来，我得趁我在变成"两条腿的书"之前，至少保持视力的基本健康。

2015年1月25日，于家中

《正义的成本》

前段时间看到一篇梁小民的文章,说他在最忙的11月这一个月里就读了27本书,实在厉害。正好手头的书翻得差不多了,我就按照梁先生的推荐买了《科学外史》和《正义的成本》等书来读。这周出差,公司里又一堆事,但我好歹读完了《正义的成本》,《科学外史》尚未读完。今晚静下来,想写写我读《正义的成本》所收获的感悟。

先抄录梁小民的书评:

正义的成本:当法律遇上经济学

熊先生既写过许多得到国际公认的学术论文,又写通俗经济学读物,被称为"华人四杰"之一(其他三位为张五常、林行止、黄有光)。他的通俗经济学著作,我读过《灯塔的故事》《大家都站着》《寻找心中那把尺》,并写过书评称赞。熊先生通过生活中各种常见的事,介绍经济学原理,让普通人会像经济学家一样思考。这三本书仍然沿袭了这种风格。但这次又增加了新内容,即介绍法律经济学,从经济学的视角来解释法律,重点强调实现正义有代价,通过正义与效率把法学与经济学联系在一起。虽然在学术上不算新内容,但对一般读者来说仍然是新的。这就拓宽了他介绍的经济学的范围。《正义的成本》正是围绕这一问题展开的。其他两本也有这方面的内容,但仍以经济学为主。爱因斯坦说过，如果你不能让十岁的孩子都懂你讲的东西，那就是你自己还没搞懂。熊先生讲的经济学、法律经济学，每一个人都能看懂，看来他是真懂了。三本之中，我觉得《正义的成本》最好。

我是名副其实的草根投资者，对于各种经济学、金融学的理论，都靠自己瞎琢磨，所以一直不太自信与同行大咖们交流。曾经有人问我："你对投资的理解是什么？"我脱口而出："性价比！"当时，对方看着我流露出一种"您在说什么，我听不懂"眼神，让我深感尬聊的忧愁。

熊秉元先生在《正义的成本》中告诉读者，在比较抽象的层次上，经济分析的基本立场是不预设立场，一切由相对的角度着眼。对于经济学，很多人对它的定义是"研究选择的科学"。"选择"的概念，精确传神地表达了经济分析的重点所在，所以在分析方法上，经济学所采取的基本架构，就是"理性选择"。而在任何选择里，都隐含了比较和对照，即理性选择隐含比较，比较则意味着运用基准点和参考坐标。因此，提升理性选择的质量，当然也就意味着：人们值得有意识地思索，自己选择时所依持的是哪些基准点和参考坐标？为什么是这些基准点和参考坐标，而不是其他？

读完《正义的成本》，我发现原来我口中的"性价比"，其实对应的就是这种"理性选择"，真是高兴。这么多年来，我不断在学习和修正的能力，应该就是对于投资基准点和参考坐标的多层次、多角度的探索吧。

我喜欢这本书的另一个原因是它叫"正义的成本"。在经济学里，成本这个概念的重要性，几乎等同于公平正义在法学里的重要性。而这两个核心词，都是我相当看重的。先说成本。首先，成本的概念是符合物竞天择自然精神的。为了生存繁衍，人们总会设法节约资源、降低成本。而与成本相对的，是"效益"。可是，在现实中，成本的概念总是比较明确，效益的概念却往往很模糊。鉴于成本的概念比较清晰，人们在思考时总是更容易找到着力点。联想到我做投资近20年来，直观体验便是寻找所谓的安全边际，即"价值性"比所谓的"成长性"相对更容易把握，现在总算找到了理论基础。而所谓的正义，按照才气横溢的波斯纳法官之言，就是"对公平正义的追求，不能无视代价"。

书中自有黄金屋。读这本书，我学习了书中波斯纳法官的两大明快工具：假设性思维和财富最大化。在很多法律问题上，诉讼双方的争执所在，是"当初没有说清楚"或"契约的条款里没有载明"。在这种情况下，假设性思维就可以派上用处。法官可以问诉讼双方："如果当初签订条约时，曾经针对这个因素有所考虑，那么，你们会订下何种条款？"虽然对法律学者来说，假设性思维只是一种思考的技巧，但是如果我们普通人也学会这种思维方式，一定有很大的帮助。

而波斯纳的财富最大化论点，对我也非常有启发。波斯纳阐释财富最大化时，分为实证（positive）和规范（normative）两方面。实证方面，一般的风俗习惯，特别是交易行为里所发展出的"行规"，乃至于法庭上所做出的裁决，通常会使大家"均蒙其利"，而不会"均蒙其弊"。这是因为，"均蒙其弊"的做法不可能让社会长期存在。就像我在上海已经生活了14年，据我观察，在上海，凡是出现排队时，一般都有"好事"，有时间的人去排排队总归有惊喜。事实上，人的尊严受到较大尊重的社会，通常就是资源财富较丰饶的社会。也只有当社会富裕达到相当的程度时，一般人才可能享有温饱、安全的生活，所以我一直特别感恩我们能生活在这么好的中国时代。

最后几点感悟：

（1）条件式的是非观念要彻底抛弃，非黑即白的思维模式不成熟，继续做"中性人"，保持在投资中的理性旁观者角色。

（2）不同的价值、不同的游戏规则、不同的手段所体现的公平正义在相对的比较之下才有意义。

（3）思维方式的好坏，要和其他思维方式进行比较之后，才能分出优劣高下；思维方式是人生、投资及其他方方面面的重要影响因素，值得多试多想。但愿今后能娴熟运用思维方式，并享受"无入而不自得"的乐趣。

（4）坚持不懈读好书，日记可以少写一些……

2015 年 1 月 18 日，于家中

读杂书，写闲语

临近年末，我依然不近人情地推掉了许多饭局，宅在家里，只为读些书。近来，我愈发喜欢读的是杂书，今晚乘兴，用新买的Mac Pro写些杂评吧。

《褚时健》

其实，对这位前辈的报道我已经读过许多。这本书是先燕云的著作。我想看看一个忘年交、一个"女儿"眼中的企业家会是什么样子。我很想了解，这位太阳般的汉子，在年近70岁时，接连遭遇女儿自杀、妻子被审查、自己被起诉且被判无期徒刑这样的打击，为何还能如此顽强地活着，且在76岁被假释后还能从头开始打拼，终又成为一代"橙王"。在如此传奇的经历中，褚时健到底经历了怎样的心路历程？这本书中最让我感慨的是这段文字：

"人大概只有在境况出现重大变故的时候，才能看清楚自己周围的人，这是规律。严格说来，人这种社会动物，遵循适者生存的丛林法则，天生有着趋利避害的本能，这无可厚非。但人之为人，会有情感、思想、道德等种种附加。不管什么时候，不要伤害别人，特别是把你当朋友的人，这恐怕并不是一件很难做到的事情。但偏偏人最容易在这样的事情上暴露本性。"

是的，真是感慨万千……人生路漫漫，我提醒自己，唯有患难方见真情……

这本书的封底有韩寒的一句点评："我欣赏所有跌倒后能爬起来的人，尤其是那些被人从身后推倒而非自己跌倒的人。"我认为，若是自己跌倒的人，或许反而容易崩溃，而恰恰是被人从身后推倒的人，才有可能为了心中的理想，为了人生的追求为自己负责任。就像褚时健自己说的："人要对自己负责任，只要自己不想趴下，别人是无法让你趴下的。任何境况下，我都要有所作为。只要活着，就要干事，只要有事可做，生命就有意义。"

我想，我应该也是这类人，我的人生观只有四个字——宠辱不惊。读这本书，又带给了我更多的正能量。

《要件审判九步法》

这是已逝的上海法官邹碧华的著作。我是个相信口碑的人，之前看到很多律师在追悼他，就买来一读。果然，开卷有益。

公平正义是人类永恒的精神追求，而司法工作也理应以此作为价值追求。我这个法律界的外行没想到还能读得下去这本书，甚至看到了很多和投资类似的思路。我豁然明白，原来真是大道至简呢。尤其是第四章"要件式审判方法的价值分析"，邹法官写道：

"审判管理，主要包括审判价值观管理、审判绩效管理和审判方法管理三个方面的基本内容。审判价值观管理是审判管理的基础和核心。审判价值观不是可有可无的摆设，它必须贯穿于审判管理工作的始终，并通过审判绩效得以体现。审判绩效是审判管理能否实现核心价值观的基本标志。价值观是意识形态领域的概念，而审判绩效则属意识形态的物质外化，二者统一于审判管理工作。审判方法是价值观转化为审判绩效的基本保证。审判方法是否正确，是否符合认知规律和诉讼规律，决定了审判质量和审判效率，决定了当事人能否充分行使自己诉权，更决定了法院与当事人、法院与社会之间的信息交流机制能否顺畅。"

我边读边想，如果把文中所有的"审判"换成"投资"，这段话几乎就可以作为我的投资总结了。即：投资管理，主要包括投资价值观管理、投资绩效管理和投资方法管理三个方面。一直以来，我自己最重视的就是价值观管理。然而，从业20年来，我接触到的各类投资者，几乎都主动忽略这个问题，大都只在意投资绩效和投资方法，在意物质外化的成果，不在乎价值观的构建。也正因为缺失了基础和核心，很多人多年下来最终的投资复利收益率并不怎么样。我会向邹法官学习，作为一个特殊的存在，在我的世界里，我行我素……

《洗脑术》

读这本书，是因为经常败给某老师的雄辩。我作为一名成都人，本来自认为还算口齿伶俐，但遭遇某老师，完全不是对手，于是我想，我需要学会有逻辑地说服他人，补足自己的短板。

首先，我们要知道，什么样的人最容易被洗脑？书中指出：(1) 被洗脑者的信息来源单一，信息量匮乏。(2) 思维不独立，也不理智，缺乏分析能力，没有思维深度。(3) 思维难以冷静下来，容易冲动，被周围环境和情绪感染，然后产生盲从行为，成为被权威机构或洗脑者利用的一员。读完这本书我自信地发现我确实有非常强的独立思考能力，而这，到底是我的优点还是缺点呢？

《任性总裁的成功创业法则》

就像书中介绍的一样，这是一本适时且意味深长的书。它刷新了人们的价值观，尤其是环保意识和消费观念，还引发了我们对商业模式和生活方式的新思考。这本书主要介绍的是美国最大的户外体育用品公司巴塔哥尼亚（Patagonia），这家公司绝对是一家拥有一个另类老板（伊冯·乔伊纳德）的酷公司，同时也是全美最受员工喜欢的公司。这家公司所用的电力均来自太阳能、所生产的服装全部使用天然无害的绿色生态棉，公司在全球率先向自己收"地球税"，美国前总统克林顿和演艺明星均以拥有该公司生产的服装为荣。但该公司不想成为一家大公司，拒绝上市！这家公司只想成为最好的公司，做最好的产品！

我认同本书作者的想法：我们这个世界，在经历了多年贪得无厌的增长之后，在经历了 GDP "大跃进"与资本狂欢之后，由来已久的问题与不满一定会渐渐凸显（或爆发），现在，正是我们重思和变革人类社会的生产、消费和分配方式的时候……和乔伊纳德一样，我也是一个对自然界命运抱有悲观态度的人，但我一直坚持以出世的心做人，以入世的心做事。书中有一段描述登山的案例，说许多名人或有钱人登山，都是花钱请向导，让夏尔巴人背行李，在山峰裂缝处架上梯子，放下 1 800 米长的固定绳索，让一个夏尔巴人在上面拉着，另一个在下面推着，说这些人都试图以这样的方式来攀登珠穆朗玛峰。这些人都太关注登上山顶这个目标了，于是他们向过程妥协。而其实，攀登这些峻险山峰的目的应当是获得个体在灵魂上的某种成长，但如果不重视整个登山过程，是不会达到这个目的的。

我实在太喜欢这段话了！而且感同身受！之前我还听说过一个段子，说老总曾坐直升机飞到某山高峰，然后登顶并拍照留念，为旗下公司产品宣传营销推波助澜。真是太逗了。为何不愿好好享受过程？所谓的目标真的有那么重要吗？

就像投资一样，我一直坚信，践行价值投资的过程享受远远大于所谓的赚钱。结果，即便价值投资的秘密早已经公之于世80年了，但是，无论中外，价值投资从来没有蔚然成为潮流。就像巴菲特在30年前说的："在人性中，似乎有某种化简为繁的倾向。这种情况还会继续下去。在市场价格与价值之间，仍然会有巨大的差异，而那些理解了格雷厄姆和多德的投资者，仍将继续兴旺发达。"

事实表明，股票市场很难让急功近利者如愿以偿。只有愿意慢慢变富的人们才有机会采摘复利的果实。

2014 年 12 月 28 日

观《沉睡魔咒》有感

安吉丽娜·朱莉是我喜欢的女演员之一，她演的很多角色我都打高分。看过关于她的很多资料，知道她在少女期有种种离经叛道的违逆之举。但随着岁月的流逝，她结婚、离婚；她从柬埔寨、埃塞俄比亚等地收养孤儿；她当选为联合国难民署特使；她荣获2013年第86届奥斯卡琼·赫肖尔特人道主义奖。随着更多优秀作品的呈现，随着她2013年坦诚宣布她已接受双乳切除手术，以减低因遗传缺陷基因而患癌的风险，我就这么看着她一路勇敢地走到今天，心生佩服……

我是上周末上午带女儿一起去看刚上映的《沉睡魔咒》。去之前，女儿在网上看了影评，说："妈妈，有人说这部电影是宣扬女权主义的，还说喜欢安吉丽娜·朱莉的人都是'脑残粉'。"我淡定回答："每个人的认知不同自然就会有不同的观点，看完电影你再自己思考，先别受舆论干扰。"

精彩的电影有很多，但是像《沉睡魔咒》这样能让我久久回味的电影不算多。看完电影之后，我一直想写点东西，但总是抽不出时间。今天清晨看到一篇影评，我认为写出了我想表达的大部分要点，以下为转载的内容：

- 说回故事，这次的改编之所以如此成功，其中一个原因就是编剧们又开始玩弄善与恶的概念。在传统意识中，善既是善，生而为善，恶则生而为恶。坏人好像一出现天生就是个大坏蛋，除了搞破坏没别的事可做。而在现实生活中，大家都知道，大部分的恶都是有源头的。而这些源头大部分也都是来自伤害。

• 包括在这个故事里，史蒂芬的转变来自对功名的渴望（多现实啊，还童话呢，咱生活里天天上演），但是他的冷漠也是源于被双亲抛弃，童年生活在孤独贫苦的环境里。而玛琳菲森的转变理所当然是因为史蒂芬的抛弃和再次信任之后的背叛。

• 每个人在受到他人伤害之后的第一反应，通常都是愤怒。试想如果现在你手里有一把刀，突然有个人拿一把刀跑过来捅你一下，你会不会想要用手里的刀捅他一下呢？受到伤害后反击，几乎是人类的基因中自我保护的最天然的反应。更不用说被自己敞开心扉、给予信任与爱的人所伤害了。那样的痛苦是痛在心坎上的，激起的愤怒和复仇的欲望也是最强烈的。

• 之所以说这部影片是一堂重要的伤害教育课，就是因为它让你看到玛琳菲森在受伤之后回去复仇，仇恨释放之后却后悔，最终要通过爱的力量来挽回一切。

• 如何面对伤害真的是非常需要学习的事情。每个人在生活中的不同阶段都会受到来自不同人的伤害。反击，让对方也受到伤害，会是我们的第一反应。可是那之后呢？反击只会换回更多不停歇的冲突和烦恼，关键是，做这一切，尽管可能会有短暂的满足，但是丝毫不会让我们已经受到的伤害减轻，只会把别人和自己的生活统统拽入泥潭。

• 要我说，痛苦的经历就是成长的经历。选择反击，就是变成恶人、折磨自己的开始；选择冷静，独处，自我愈合之后开始思考，这样伤害和痛苦带给我们的意义，才是真正的强大。其实，每一次受到的伤害都不是毫无意义的。一则，我们会变得更加坚强，下一次伤害来袭时，我们已经有所准备。二则，它让我们看清自己和他人的关系以及对自我的认识。就好像你交了一个男朋友，他跟你最好的朋友跑了，是，你得气死，狂骂自己怎么不长眼，不过它不是也同时让你认清这两个人对你的意义为零吗？既然为零，为什么要跟不值得浪费你一丁点儿注意力的人纠缠？何不转身在广阔的天地里迎接你真正的好朋友和会与你相守的对的那个人？

• 如果每一次伤害都会让我们更强大，而不是毁灭自己，那一些这样的伤害也无妨。真正的赢家尽管伤痕累累，却屹立不倒，不是吗？

• 钢铁易断，绿水长流。

我认为，只有深刻理解了这部电影，才会写出以上精彩的评论。这分明是善良与爱的故事，至少我看不出在宣扬女权主义。

周五晚上，我一个老朋友来上海，我赶去机场接她。大家一起聊起很多事。她说来上海是为了继续招聘新员工，因为上次招到的三个名校生，现在发现都不能用：一个说要考博了，一个成天跑回上海见女友，一个还不错的被一家更大的公司用高待遇挖走了。她反复征求我的意见，让我帮忙出主意。我说，我其实也不太懂，得想想。

回家后，我反复想，最后给老朋友的答案是，其实招人重要的是对方的三观要和公司的三观一致。如果可能的话，应该尽量招心智成熟的人。

朋友问："啥叫心智成熟？怎么判断？"

我说，该招什么样的人，专业水平你比我高，我只说两点个人建议：一是回避那些总提各种要求的人；二是回避那些有点妈宝、精神不独立的人。

最后以《沉睡魔咒》的角色为例，简单写三点：

(1) 史蒂芬（新国王）就是一个典型的心智不成熟的人。他没有才华和本领，却对权力充满欲望，过分急于建立属于自己的资源，不惜靠背叛和欺骗玛琳菲森来巴结老国王，以期获得国王的桂冠。这样的人，往往潜意识里朦胧地意识到自己的力量过于渺小，所以，最终才会不择手段。而一个人越是渺小，越是衬出他的欲望无比强烈。

（2）玛琳菲森就是一个善于自我学习，受伤后自我治愈，终于成为心智成熟的人的典型。被割去翅膀的玛琳菲森懂得承认自己能力有限，敢于不去证明自己是"好人"，懂得不断自我完善，这是美德。

（3）玛琳菲森最后能够化仇恨为爱，是因为爱洛公主的天真无邪温暖了她的心。所以，真正难能可贵的品质，其实就是天真无邪！这是值得追求的精神境界！返璞归真，一个人的幸福最后一定不是来自功名利禄，不是来自金钱和地位，只可能来自这个人在多大程度上可以摆脱对外部世界的依赖，内心勇敢，善良有爱！

2014 年 6 月 29 日，于家中

跟着感觉走

《跟着感觉走》是歌手苏芮唱的一首歌,借此做本文题目。董其昌说:"读万卷书,行万里路,胸中脱去尘浊,自然丘壑内营,立成鄄鄂。"这些年,我一边读书,一边做事,越来越深刻地体会到"纸上得来终觉浅,绝知此事要躬行"。

陆宝最近几周的读书讨论会中,最精彩的还是王老师主讲的塔勒布《反脆弱》中的投资思想。"脆弱"是指因为波动和不确定而承受损失。"反脆弱"则是让自己避免这些损失,甚至因此获利。塔勒布在这本书里大谈试错法、战争、经济和医疗等,强推反脆弱法才是我们生活在不确定世界中的导航仪和面对"黑天鹅"事件的终极自保指南。

每次读书讨论会,小伙伴们都会各抒己见。我也是习惯多维思考的人,这次我的发言是先反对。我反对塔勒布将妓女认定是"反脆弱"的而将牙科医生仅列为"强韧"的这一分类,对这本书能否堪称投资经典和哲学经典持保留态度。当然,我也有认可的方面。我认可塔勒布反复强调的:无论在生活中还是在投资上,我们都必须避免做收益很小但是可见、成本很高却是隐形和滞后的决策。我更认可书中提到的哲学家爱比克泰勒关于情绪驯化的原则:将恐惧转化为谨慎,将痛苦转化为信息,将错误转化为启示,将欲望转化为事业。我对小伙伴们讲,谁能越早控制好情绪,谁就能离自由和幸福更近!

我还强烈认同塔勒布提出的现象学比理论更强有力的观点。因为理论仅仅是解释——解释总是在变，而只有经验才能经受时间的检验。很幸运，我作为草根开始投资，对风险收益比的理解来自最原始的感受，我从来就不是照本宣科的书呆子。

昨天上午九点多我就开车出发，去世博展览馆参观第二届上海国际技术进出口交易会，即上交会。没想到雨中的南北高架堵车堵得一塌糊涂，40分钟的车程，我足足熬了两小时才到。之所以要去看，是因为我查到这次有许多我平日又在媒体上看到的技术成果参展，诸如生物医药技术、新能源、智能制造等各类创新技术都会参展，我非常珍惜这类可以眼见为实的机会。因为堵车耽误了时间，所以我必须冲向最感兴趣的项目。关于胶囊内镜机器人，最早我是在坂本光司的《日本最了不起的公司》这本书中了解到的，其中有对RF公司制造的各类微型照相机和X光仪等创新医疗器械的描述，当时我就大感兴趣且印象深刻。这次上交会上是武汉一家叫安翰光电技术公司的来展示他们的胶囊机器人。我一上来就问工作人员："你们的'胶囊'里有电池吗？'胶囊'的长度和直径是多少毫米？成像像素是多少？"工作人员见我这么一个普通大姐问这么专业的问题，就请我坐下聊。聊过之后，我的问题基本都得到了解答：他们的产品是有电池的，这点和以色列的GIVEN IMAGING公司在2001年发明的产品一样。另外，这家公司的产品尺寸仍然较大，相比之下日本RF公司的胶囊内镜不仅无电池且尺寸很小。价格方面，我认为目前3 700元的报价也无优势。不过，我还是很高兴看到中国的企业正迎面追赶国外先进技术，但愿中国的胃肠道检测者能更快更多地享受最新技术。

我在上交会上还看了几家创新环保技术公司的展示，这些太复杂，就不写了。再写点有关特斯拉的吧，这个估计大家都感兴趣。我有个想法，就是马斯克或许是继乔布斯之后第二个改变世界的美国人。这位和我同龄却令我仰视的天才，不仅是全球首位成功发射火箭的私人老板，还提出了真空管道车的疯狂计划。他从 1995 年就开始踏上创业之路，游走在成功和破产边缘。我非常喜欢特斯拉的广告词，极其简洁的六个字："零排放，零妥协。"道尽了一切。上周的某次晨会讨论投资计划时，我也提到特斯拉，我提醒小伙伴们关注事件的发展，充电问题和牌照问题都会成为催化因素。我还有所臆想，如果以特斯拉为代表的新能源汽车能推动历史滚滚向前，类似于某石化想卖出 1 000 亿美元的销售计划能否落实并实现盈利就需要打上问号了。可惜下午 2 点特斯拉就结束体验了，我没有机会坐进驾驶舱感受。但是，我已经预约了特斯拉的上海试驾，等候客服通知吧。

　　读万卷书，行万里路，胸中脱去尘浊，我要跟着感觉走！

2014 年 4 月 27 日

驱动力

7月上旬，我出差途中回成都为我老爸举办了85岁生日家宴。返程遭遇了国航长达8个多小时的航班延误，此时读书最心安。

这次的书是丹尼尔·平克的《驱动力》，他是全球最具影响力的商业思想家之一。丹尼尔之前写过一本名叫《全新思维》的书，大热。所谓全新思维，即作者认为，20世纪后半叶，经济的发展取决于所谓的"左脑能力"，也就是会计师、律师、工程师所具备的逻辑能力、分析能力、线性思维能力以及制作电子表格的能力。但到了21世纪，虽然这些能力依然很重要，但只有这些是远远不够的。现在最重要的是右脑能力，即艺术创作能力、共情能力、发明创造能力以及全局思维能力！这不是在请求商业世界更仁慈、更温和，恰恰相反，这是三个强大的经济因素共同作用的必然结果。《全新思维》出版后，很多读者追问作者：作为商业性公司，应该创造怎样的条件，才能让右脑工作做得更好？于是，作者着手探究，后来就有了这本颠覆传统理论的《驱动力》。

就在此摘录些许文字与大家分享吧。朋友们若有兴趣，请自行阅读原书。

- 他们需要把自己的驱动力系统升级到21世纪的新系统。新系统必需的核心不是胡萝卜加大棒，而是自主、专精和目的。

- 人类的天性决定了他们会寻求对自己命运的掌握权，希望自己引导自己。
- 没有人管理维基百科的员工，但维基百科却是全世界最大的百科全书。
- 奖励有时候很奇怪，它好像对人的行为施了魔法：把有意思的工作变成了苦工；撒谎者想要快速出奇制胜，置长远结果于不顾。
- 2002年，诺贝尔经济学奖颁给了一个不是经济学家的人。他们之所以给了他这个领域的最高荣誉，在很大程度上是因为他揭示了一个道理：我们并不总是理性的个人经济利益的计算者，通常不会讨价还价以使自己的利益最大化。他就是丹尼尔·卡尼曼。他的新观点暗含了很多对驱动力2.0基本假设的怀疑。
- 如果你相信"大众皆平庸"，那么平庸就会成为无法逾越的天花板。你需要倾听内心的声音，你的能量之源来自外在动机还是内在动机？
- 这个时代不需要更好的管理，而需要自我管理的复兴。我们天生就是玩家，而不是小兵；我们天生就是自主的个体，而不是机器人。
- 在办公室里，我们服从太多，投入太少。前者让我们撑过白天，后者却让我们能够撑过晚上。控制带来的是服从，自主带来的则是投入。
- 驱动力3.0在不拒绝利润的同时，强调的是目的最大化：如果一个人感觉不到自己属于更伟大更长久的事物，他就无法过上真正出色的生活。
- 驱动力1.0是指生物性驱动力，人类以及其他的动物饮食以止饿，饮水以解渴，交配以满足性欲；驱动力2.0来自外在动机，指做出特定行为时环境会带来的奖励或惩罚；驱动力3.0来自内在动机，是指我们想要主导自己的人生，学习并创造新事物，通过自己以及我们的世界做得更好的内在需求。

- X 型行为的核心是驱动力 2.0，I 型行为的核心是驱动力 3.0。
- 悲观几乎总是造成心理学家所说的"主观幸福感"低的根源，它在任何行业都是一个危害！
- 在 20 世纪，大多数工作都是推算型的，无论会计、法律、编程还是其他任何行业，其工作都可以简化为一纸清单、一张表格或一串步骤，只要照做就能得到正确答案。但是，这种一成不变的白领工作正在发达国家中消失，因为这些工作正快速向低成本地区转移。千篇一律的重复性机械劳动可以外包或自动化，但涉及艺术、情感及其他内容的非推算型工作则不能如此。驱动力 2.0 系统对推算型工作很适合，但是对依靠右脑的探索型工作具有破坏性。推算型工作需要管理，而有意思的创造型工作依靠的则是自我管理。
- 有些艺术家之所以能在绘画和雕刻道路上苦苦追寻，是因为创作本身的快乐而非外部奖励。最终得到外部奖励的人，恰恰是那些最没有动力追求外部奖励的人。
- 管理不是解决方法，而是问题本身。也许是时候把"管理"这个词连同"冷藏柜""无马马车"等一起扔到语言学的烟灰堆里了。这个时代不需要更好的管理，它需要自我管理的复兴。

"纸上得来终觉浅，绝知此事要躬行"。话虽如此，读书仍是前提和基础。我非常享受读好书的时光，像这本《驱动力》，几乎被我现学现用，我不仅对陆宝的未来坚定了信心和乐观的预期，也再次体会到了"书中自有黄金屋"的真理！

2014 年 7 月 20 日

赖声川与他的上剧场

陆宝曾经有四年的时间是在上海徐家汇的上实大厦办公，直到 2019 年 2 月搬迁到古北 1699 商业中心。在这四年里，我们经历了中国证券市场的许多波折，比如 2015 年上证指数于 5 178 高点去杠杆后的全市场暴跌，也经历了 2016 年的熔断机制风云，当然更有 2018 年史上第二的大熊市。

陆宝管理的资金规模在这四年中实现了从四五亿到十来亿的稳步增长，我们的产品净值不仅很好地控制了回撤且还步步走高。作为一名专业的基金经理，能在这样的市场环境下把产品净值曲线做到稳健上涨，是非常不容易的。我在这几年承受了非常大的压力。然而，我的工作本质就是与风险为伍，承受压力是我的职责所在。

所以，如何调整心态、应对压力对我来说便是极其重要的命题。非常幸运的是，恰在此时，赖声川和他的专属剧场上剧场在上实大厦对面的美罗城 5 楼开业啦。

赖导毕业于美国加利福尼亚大学伯克利分校，曾任中国台北艺术大学戏剧学院院长、美国斯坦福大学客座教授及驻校艺术家。2013 年，他与黄磊等共同发起创立乌镇戏剧节。我最早知道赖导，源于他的舞台剧《暗恋桃花源》，这部从 1986 年就开始首演的舞台剧曾获中国台湾文学大奖和第 29 届中国台湾电影金马奖最佳改编剧本奖。

我大概是在十年前在上海大剧院观看的《暗恋桃花源》，我还记得那一场的男女主演是黄磊和他的太太。这出舞台剧让身心疲惫的我彻底释放了一回，让我笑出了眼泪，也让我难过到哭个不停。看完剧回家的那个晚上，我睡得特别踏实，许多被压抑的负面情绪随着那一晚狂奔的眼泪而被清空，我有了一种难得的体验和一种如释重负的轻松感。从此，我开始关注赖声川导演。

所以，当我 2015 年夏天发现赖导的个人专属剧场就开在公司对面的时候，我真是开心极啦！对赖导而言："上剧场是一个可以自由安排所有演出，属于自己的理想剧场，是我多年努力完成的一个梦。"我看过上剧场很多演出剧目，随着观演的次数增多，我越发确信上剧场岂止是赖导的梦，它分明还是我修复情绪、舒缓压力、审视内心并重新出发的绝佳场所。

《千禧夜，我们说相声》《圆环物语》《宝岛一村》《水中之书》《曾经如是》《最后 14 堂星期二的课》《拉赫玛尼诺夫》……每一部剧都会带给我许多感动，有哭也有笑，许许多多不露痕迹、出神入化的台词都是精彩而深刻的生命对话，这些主题包括：爱情、金钱、家庭、索取、宽恕、背叛、病痛、死亡……犹记得《最后 14 堂星期二的课》中当莫力说出"原谅所有的错误"时，我的泪水喷涌而出；犹记得《遇见自己》中，当第一次见到舞台上戴着墨镜的萧煌奇上场时，我对这位视障歌手由衷地敬佩；犹记得看完《拉赫玛尼诺夫》后，对人生低潮期痛苦的感同身受……每部戏总有一个片段会让我看到自己或是周边人的影子，总有些台词会不经意地扎入我的内心深处。每次看完戏走出剧场，我都久久不能平静，我会反复探问自己：这么多年，我一直不停地在向前奔跑，是否真的是在正确的道路上？我会一遍又一遍地确认我的初心和我的付出，一次又一次地放下浮躁和虚荣，回忆起与我曾经或正在结缘的人们，带着感恩之心回归平静，重新出发。简而言之，赖导的戏相当有能量。

人很容易产生爱屋及乌的倾向。对于赖导为何能持续产生各种灵感和绝佳创意，为何能做到永远好脾气，为何能又编又导又翻译（书）又带学生满世界地跑，为何能婚姻美满、家庭幸福、已经是爷爷辈的人了还能有无数好友一起合作，我是又羡慕又好奇。通过参加上剧场的各种沙龙活动以及读赖导各种形式的文章，我明白了一个道理：天赋和勤奋对于持续获得成功一定是缺一不可的。仅有天赋的人容易半途而废；仅有勤奋的人很难大放异彩。赖导非常幸运，他真的是两者兼有之。而且作为一名常在台下冷静观察的观众，我发现支撑赖导永不停步一直向前的力量完全来自发自心底的对戏剧创作的热爱！这些付出和任何外在的世俗追求都毫不相干，一切力量都源自内在追求。

我观察过许多诉诸内在追求的人，他们或多或少都有自己的信仰。藏传佛教则是赖导夫妇的信仰。我读过赖导翻译的一本书，名叫《僧侣与哲学家》，这本书非常有意思。书中讲述的是法国著名的哲学家及政治评论家、法兰西学院院士让－弗朗索瓦·何维勒碰到了他人生中极为特殊的难题：他的儿子马修在诺贝尔生物医学奖得主老师的教导下以极其优异的成绩拿到了博士学位，并已经开始走向生物学界革命性的突破，但就在一念之间，马修突然决定放下一切，放弃他显赫的家世（除了大咖父母，舅舅是世界著名的探险家）到遥远的东方披上袈裟剃发为僧。而这本书，就是父亲和儿子之间的长长对话。对于马修来说，他并不是遭遇了什么不如意或者人生困境，而是他看到了另外一种生活的可能性——一种充满生命意义的生活方式。而他的父亲，这位写过《没有马克思或耶稣》这部经典之作的才华横溢的作家，对于儿子的选择给予极大的尊重。这对父子在书中开怀畅谈，讨论当年马修离家的原因和心情，讨论他们各自心目中定义的生命意义、东西方哲学的异同、人类的未来……我太喜欢这类极富感性的理性对谈，尤其是这样的对谈还发生在两位极其优秀的知识分子之间、一对父子之间。

  细细品味完这本书后，我对赖导和他的上剧场有了一个新的认识。正如这本书中所言："真正的爱不应该走极端，不应该被局限于一两位特定的众生，也不应该被偏见所污染。而且真正的爱是完全没有执着的，也不期待任何回报。"原来，我喜欢的赖导和上剧场，是见自己、见天地、见众生的道场……

  感恩这场遇见，我会一路寻光，写好人生的每一篇章。

2021 年 4 月 13 日，于飞机上

三个女人的三本书

最近读了几本好书,相当喜欢,趁周日下雨宅在家,写篇读书笔记分享给大家。

今天挑了三本书,分别是《把自己当回事儿》《姥姥语录》《我心归处是敦煌》;作者都是女性,分别是杨天真、倪萍、樊锦诗(口述)和顾春芳(撰写),正好是老中青三代人。

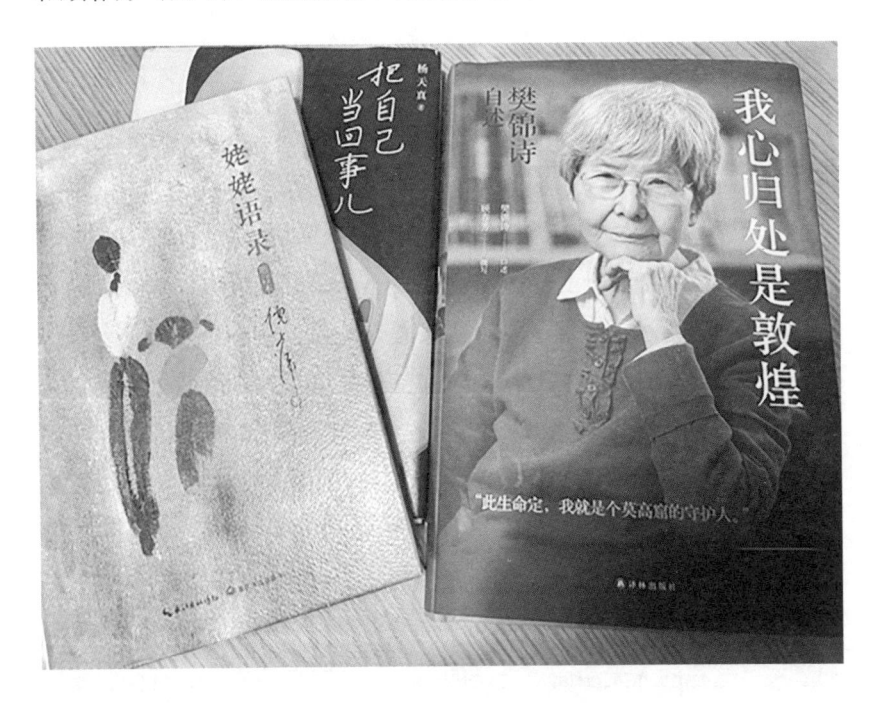

先从年轻的杨天真写的《把自己当回事儿》开始吧。

我对娱乐圈从来不感兴趣，我不刷微博，没有抖音。但是，我却知道杨天真的名字。对她感兴趣的原因是我在某个节目上听过她的一段发言，当时感觉她逻辑能力挺强，应该属于难得的人间清醒派。后来，我得知她竟然是很多明星的经纪人，在业内屡建奇功。所以，她的书我有兴趣读一读。

在自序里，杨天真直言不讳地告诉我们她为什么要写这本书："与我做过的所有事情一样，这本书的写作，目的性很强，是顺应需求，是整理思考，是触达人群。"好干脆！我喜欢这么飒的人，从不拖泥带水。

杨天真显然是逻辑非常自洽的人，比如她对撒谎的观点就非常清晰："谎言有即时的好处，却有长久的隐患。真诚或许无法及时获利，但从长远看，能创造益处的积累。谎言最大的坏处不是欺骗了别人，而是欺骗了自己。我们都困在一种'利己'的执念里，相信生活中的每一个选择都应该朝着对自己更有利的方向。最后不知道是骗了别人还是骗了自己。"

杨天真以前签约艺人的时候，总会很直接地问艺人最在意什么，且她总会强调希望他们如实相告。如果艺人说想"红"，她就会在后续工作中挑选和安排更侧重有关知名度和影响力的项目。如果艺人说最在意的是作品，她就会把一些对"红"帮助很大却没有太高质量的东西排除掉，因为稳扎稳打、长期投入才能磨砺出好的作品。然而在现实中，杨天真发现有的人口头说最在意作品，却从来不好好研究剧本，挑戏只看对手咖位，或者只看出价。遇到这种"知行不合一"的人，不仅会给团队的执行方案带来困扰，更大的问题是，这种"最在意作品"的谎言不仅浪费了大家的资源和时间，更暴露了一个很重要的事实：这样的人无法面对自己的内心。分辨自己的真实目标需要一些时间，但刻意的掩饰会让合作方非常沮丧。

"人贵有自知之明"也许是人生中最难的课题之一。能够真实地感知到自己到底想要什么，了解自己的人生真实目标是什么，知道为了实现目标需要付出多大努力的人真的太少了。

在书中有一段话是这样写的：

"为什么有那么多人拿着越来越高的薪水，嘴上却一直说着自己变成了当初最讨厌的人的样子。我理解这种低头，却不赞同这样的选择。一个人要多不喜欢自己，才能向自己厌恶的方向狂奔而去？"

上个月我做过几场机构路演，几乎每次在现场都会有朋友向我诉说他们的职业困扰。我会自信地鼓励那些年轻人不要被公司名气和高收入"绑架"，如果我们的内心已经因倦怠而产生了逃避之意，那就多多关注自己的内心感受，这才是对自己最大的尊重。正如杨天真书中所言："真诚很痛，但撒谎会痛很久……"

在给出了很多"术"的层面的点拨后，杨天真给读者们提了一个很好的问题："想要成功的人生，还是开心的人生？"这其实也是曾经困扰我很久的问题。对于早已实现了财富自由的我来说，创办陆宝这几年，我承担了各种压力和痛苦，也无数次想过放弃，但一直咬牙坚持了下来。今年春节回家，我姐姐看着身心疲惫的我很是心疼，对我说："你也不年轻了，非要这么累吗？快退休的人了还这么拼，犯得着吗？别做了，回来耍！"我下意识地摇摇头，脱口而出："只闲着我也不会开心的，姐姐放心吧，我是快戒掉情绪的人。"因此，当我在书中看到杨天真说她现在对这个问题的回答"我想要开心的人生，但是成功使我更开心"时，我知道这其实也是我的答案。

我从小就是个特立独行的人，取得财富或者名利从来都不是我心目中的成功。我人生的燃点是想通过价值投资做出一条持续增长的复利曲线，通过长期积累，帮助客户实现更多的财富价值。这是一场接近无限的比赛，既残酷又精彩。更关键的是，价值投资的实践过程同时也是人性修炼的过程，我享受自我挑战、自我进化的人生过程。

第二本书是倪萍的《姥姥语录》。倪萍曾是央视著名的节目主持人。我家里客厅的电视柜早已被我换成了书柜，所以我除了以前在成都家里陪老爸老妈看春晚外，真没看过倪萍主持的更多节目了。我喜欢她，是因为在汶川大地震中她默默捐款 300 万元。善欲人知，不是真善。她的大气和大爱，令我相当敬佩。读完《姥姥语录》，我感动得流了好几次眼泪。真的太久没读到这么温情、这么朴实的书了，每个章节都温暖人心。

姥姥说："孩子，山上风大，爬上去不容易，你使劲了，你这辈子都不用后悔了。"——短短一行字，令我泪如雨下。

姥姥说："东西不在多少，话有时多一句少一句可得掂量掂量。没有人会为多点东西、少点东西记住一辈子，可有时一句话能把人一辈子撂倒，一句话也能把人一辈子抬起来。"——真是羞愧啊！姥姥这话分明是在提醒教育我呢。

姥姥说："不管啥事你想不通倒过来想就通了，什么人你看不惯换个人儿就看惯了。"——姥姥帮人背锅的故事让我受教了。姥姥说，不必记恨她，她光恨自己就够受的。一个不识字的老太太可以如此豁达，这是多大的人生智慧呀！人生啊，没有一件错事不用付出代价，也没有一件好事是不收获好报的。

姥姥说："天黑了就是遇上挡不住的大难了，你就得认命。认命不是撂下（放弃），是咬着牙挺着，挺到天亮。天亮就是给你希望了，你就赶紧起来往前走，有多大的劲儿往前走多远，老天会帮你。孩子，你记着，好事来了它预先还打个招呼，不好的事咣当一下就砸你头上了,从来不会提前通知你!能人越砸越结实,不能的人一下子就被砸倒了。孩子,记着,自己不倒,啥都能过去;自己倒了,谁也扶不起你。"——姥姥的话,让倪萍哭,也让我哭。享多大的福就得遭多大的罪,罪遭够数了,福又回来了。

姥姥说:"有好事想着别人,别人就老想着你。你有了好事不想着别人,只顾着自己,最后就剩一个人了,一个人就没有来往了。一个人一辈子的好事是有限的,使完了就完了,人多好事就多。"——能把欢喜都用乘法、忧伤都用除法的姥姥,可敬又可爱。向姥姥学习!

《姥姥语录》是一本充满爱的书,令我觉得相见恨晚。最神奇的是,书中不识字的姥姥极其爱书。倪萍给姥姥读过很多书,我发现姥姥喜欢的书、喜欢的作者全都是我喜欢的。张洁的《世界上最疼我的那个人去了》、史铁生的《我与地坛》、贾平凹、莫言……最有趣的是姥姥对陈丹青的评价:"这路人都是刀子嘴豆腐心,说话有的时候像咬人一口,这路人在单位当不了大官,谁愿意整天被人咬?"姥姥的点评甚是精辟,必须动手点赞!除了能听出神韵,姥姥还能看出魂韵。在书中,倪萍写姥姥指着陈丹青的照片说:"念书的人不管长得怎么样,你仔细看都长得好看。书念得越多,人长得越俊。没念过书的人眼神是傻的。"——再次给姥姥鼓掌!

姥姥说:"写书也不是个多大的事,你看人家也没写个啥,就是过日子那点油盐酱醋,烙个油饼炒个菜。"大概正是由于姥姥战术上的藐视,倪萍老师对《姥姥语录》的定位极其低调:此书翻翻也行,不看也罢。全书只有这句我表示反对,并且我要真诚向大家推荐这本充满爱的书:《姥姥语录》。

今天想分享的第三本书是《我心归处是敦煌》,这本书是"敦煌的女儿"樊锦诗先生自述、北大的顾春芳撰写的长篇传记。樊锦诗先生今年83岁高龄，20岁考入北大历史系考古专业，25岁毕业后到敦煌研究院工作，至今已经整整58年，长期从事石窟保护与管理及考古的研究。这本书不仅仅是樊锦诗先生的个人传记，还涉及几代莫高窟人艰苦卓绝的奋斗历史。

今年五一，我们陆宝团建活动是青甘大环线自驾游，敦煌莫高窟是其中的重要景点。百闻不如一见，到了莫高窟，我的震撼远超预期。回来后再读此书，心境完全不一样了。

樊院长是早产儿，她和她的双胞胎姐姐六个半月就出生了，并奇迹般地活了下来。她还得过小儿麻痹，几乎瘫痪，幸好没有落下后遗症；她遭遇过青霉素过敏，死而复生。在荒漠和戈壁，她一待就是58年。我听过樊院长的声音，真可谓刚柔并济，仅仅是通过声音，就能感觉到她身上那股坚定、谦逊、温和的气质。

樊院长显然是会读书的人。她在上海读的小学和中学，按照她的说法，她读书其实不算很用功，但是从没让家长操过心。樊院长特别爱看的小说，竟然和我们这个时代的同学们一样：《福尔摩斯探案》《钢铁是怎样炼成的》《基督山伯爵》《悲惨世界》《包法利夫人》等。书中提到，樊院长说她高考结束后，父亲问起她的学业，她说："我已经高中毕业了。"父亲非常惊讶："你都高中毕业啦？""我已经考大学了。""啊？你都考大学了？那你考的哪所大学？""我填的北京大学，但是还没发榜，不知道能不能考上。"这段文字令我不禁大笑。太真实了，我自己当年也差不多处于同样的境况，甚至我的父母完全不知道我还主动放弃过大学保送的名额。后来，高考前夜，我突发疾病，导致当年高考落榜了。所以，我至今都坚信，爱学习、喜欢读书的孩子大多会保持终身学习的好习惯，内在驱动力远超外在环境和条件。

敦煌研究院前后有三任院长：常书鸿、段文杰和樊锦诗。段院长是有着深厚临摹功底的学术性人才。来到敦煌的青年画家们，总是被老先生们这样告知："先收起艺术家的浪漫和激情"，"先喝惯这里的水，吃惯这里的饭，临摹十年，再谈创作"。"练笔力"是莫高窟夜晚最重要的功课，为了节约纸张，他们第一次用淡墨，第二次用深墨，第三次用浓墨，然后再反过来在背面练习，如此反复锻炼腕力。

壁画的临摹是一件苦差事，因为要完全约束自我的个性，画家必须把心念完全集中于古人的线条、笔触和色彩。临摹的顿悟，总是需要在很长的时间后才产生。艺术观念的冲突总是会在多年以后突然在心中消融。随着实践和研究的深入，每个人都会发自内心认识到临摹绝非简单地照猫画虎，它既是艺术，也是一项不可替代的研究工作。

段文杰先生是怎么研究和探索的呢？经过苦学、苦钻、苦思，他明白了之所以缺少神清气逸的效果，究其原因，是对敦煌壁画的思想内容和艺术特征认识不足。苦学和苦练使他熟练地掌握了敦煌壁画不同时代、不同物象的起稿线、定形线、提神线、装饰线等各种线描的技巧；掌握了不同时代的衬色、涂色和填色，以及凹凸晕染法、红晕法和一笔晕染法等各种赋色晕染的技巧；掌握了表现人物不同的眼神和五官肢体的动态变化的传神技巧，终于达到得心应手、形神兼备的地步。段文杰先生完成的敦煌壁画临本数量最多，质量最高，最接近原件神韵。

书中有一段文字特别能打动我，说 20 世纪 60 年代初，段文杰先生在临摹壁画时，为复原一幅唐代壁画，查阅了百余种有关古代服饰的文献资料，通读了二十四史中的《舆服志》，摘录了两千多张卡片，为以后进行敦煌服饰研究打下了基础。段文杰先生主张：临摹一要客观忠实地再现原作画貌，二要在精细的基础上突出原作总体神韵，三要绘画技巧不能低于原作水平。这至今都是敦煌壁画临摹的指导原则。

我之所以将以上文字作为本书的读书笔记，是因为这与我的工作密不可分。我所从事的投研工作，说到底也是一件苦差事，且是需要投入很多时间的苦差事。只不过证券市场投资和临摹壁画最大的区别在于评价系统的巨大差别。投资的好与坏，短期内有很大的运气成分，所以专业投资者的投资过程体验其实挺差的，因为短期结果存在很大的差异性。有时候投入了很多时间和精力研究推导的结果，市场表现却并不好，这时压力就会特别大。正如格雷厄姆所说：股票市场短期是个投票机，长期才是称重机。所以，很多投资人在面对预期差时，往往就会动作"变形"甚至铤而走险，导致短期市场上劣币驱除良币时有发生。据我多年观察，投资者若没有足够的定力和强大的心力，从事投资工作就会比较痛苦。书中提到，段文杰先生曾直言不讳地指出来到敦煌石窟临摹壁画的大多数画家在敦煌的时间还是太短暂了，太匆忙了，以至于有些临品只画了一个大概，经不起推敲。背离了敦煌壁画的本来面貌，背离了它的神韵，就不是真正意义上的敦煌壁画临摹品。读到这率真之言，我不禁拍手称快，我太能理解这种浮躁之风了……樊院长说，每一个临摹壁画的莫高窟人都有一种心定神闲的气质，在排除一切杂念和我执之后，通过日复一日的练习，最后把古人的方法变为自己的创造。临摹，其实是一场去掉我执和妄念的修行。我想，投资也未尝不是。

在樊院长看来，每一个能够放弃优渥生活来到莫高窟的人，都怀着可贵的信念，也都战胜了那些世俗意义上的诱惑和欲望。她明确地告诉这些年轻人："你们有三条道路可走，一条是黄道，一条是白道，还有一条是黑道。黄道是做官，白道是发财，黑道就是做学问，在黑暗中摸索前进。到了敦煌你就只能走黑道了，没有那两条道路可走。"对于这些选择"黑道"的莫高窟人，我真是由衷地敬佩！

选择决定命运。宕泉河畔的老先生老前辈们生活条件如此艰苦，面临的挑战如此之多，但是他们大多相当高寿，常院长享年90岁，段院长享年95岁。我之前也觉得好神奇，感谢樊锦诗先生特意在《我心归处是敦煌》中回答了这一点。樊院长说，因为敦煌老前辈们心无旁骛，守一不移，一辈子心里只想着一件事。画画就画画，研究就研究，纯粹地去钻研业务，心态自然不一样。吴孟超（享年99岁）和袁隆平（享年91岁）两位共和国院士也是高寿，他们都是守一不移的典范！哦，对了，还有倪萍的姥姥也活到了99岁的高龄呢。樊院长坦然地说自己已经80多岁了，已经做好了告别的准备，这份从容令我动容。我相信，只有那些确信自己已经发现并且得到生命中最有价值之物的人，才会有面对死亡的从容和勇气。对于樊锦诗先生来说，她和丈夫用爱和生命践行了自己的誓言：相识未名湖，相爱珞珈山，相守莫高窟。尽心尽力的一生，心满意足了。

顾春芳教授对樊锦诗先生的评价极其深邃：她一生的成就都源自她的心，她一生最高的成就就是她的心。

这是一本探寻人生大美的书。我相信，每一位读懂樊锦诗先生的人，都会产生一种希望自己变得更美好、更高尚、更纯粹的愿望。

与书结缘，人生有获。

2021年5月23日，于上海

第三篇

悟万条理

致青春

——生于 70 年代，长于 80 年代

那天和陆宝小伙伴们在午餐时闲聊，我蓦然发现，我们公司居然已经有三位"90 后"了。真是光阴如梭啊。

我出生于 20 世纪 70 年代初，我的青春在 80 年代度过。这些年，也许是因为金融行业在中国太年轻的缘故，我基本上一直是在和比自己年轻很多的同事一起工作，和他们相处久了，我慢慢体会到了自己的幸运。因为，我的青春在激情澎湃的 20 世纪 80 年代度过，这令我在很多地方有别于这些"80 后""90 后"。

我的高中班主任吴老师是教政治的，他的大学专业是哲学。他常以此为荣，并且一直对高中阶段不开设哲学课感到遗憾。吴老师每次来给我们上课时，都会讲许多课本之外的内容。他的上课方式令我们非常兴奋，因为比起课本知识，我们更喜欢听吴老师讲故事。比如，他会讲邓小平如何了不起、美国的里根总统和英国的撒切尔夫人如何非等闲之辈，讲犹太人的前世今生、命运多舛，讲在抗日战争中战士们的牺牲如何惨烈……总之，每周的两节政治课总是在愉快中度过。

故事越听越多，思维越拓展越宽，我的心也随之越来越大。我们那个年代，高考的升学率平均 5% 左右，我们学校算重点，但升学率也并不高，也许就因为这样，我们的高考氛围并不是那么紧张。而且当年的高考要分 5 月预考和 7 月正式考两次，我自己就因为在预考中成绩出类拔萃（我记得平均分高达94分），还被学校推荐保送上大学呢。不过，我当时不喜欢被保送的大学，自愿选择了放弃。可能就因为学习上并无太多压力，我才能够一直满怀好奇心，我想要对人、对社会、对世界有更多的了解。于是，学有余力的我那时除了到处借各种闲书（包括手抄本）来读外，还热衷于看国外影视剧和听港台歌。

沾老爸的光，我每周可以跟着他看一次国外电影。非常幸运，20世纪80年代的好莱坞正逢大批艺术家进入巅峰状态，也出现了大批精彩无比、堪称伟大的电影，比如《金色池塘》《现代启示录》《克莱默夫妇》，还有无比刺激的《第一滴血》等。电视剧我则最喜欢日本的《阿信》和《排球女将》，我至今都无比清晰地记得田中裕子扮演的阿信那坚毅的眼神，也记得小鹿纯子那纯真甜美的笑容……

港台歌曲那时也处于最辉煌的时期，涌现了谭咏麟、梅艳芳、张国荣、侯孝贤、罗大佑等一大批艺术大师。身在四川的我，疯狂着迷于粤语金曲，一有空就对着歌词反复听，百听不厌。以至于20世纪90年代初我第一次要去香港时，就因为终于可以听到正宗的粤语了，竟兴奋得通宵没睡着。而且到香港三天后，我几乎就能听懂粤语了，自我感觉非常好。也许是遗传的作用，我的女儿也非常喜欢音乐，虽然她更偏爱欧美音乐，但她也喜欢听粤语歌。有一天，她让我给她推荐好听的粤语歌，我说，不用推荐，你找20世纪80年代的来听就好。她开始不太相信，听到最后，不得不承认，说"粤语新歌确实没法和经典老歌比呀"。

现在大家都喜欢说正能量，我觉得至少当时，我和我的同学们都处于这种状态，我们觉得自己很幸福、很忙。我们要听崔健的新歌，我们要读王朔、读莫言、读池莉、读赵玫……这确实是一个精神追求被放大的年代，也是理想的旗帜随风飘扬的岁月。虽然物质相对今天来说匮乏很多，但正值青春的我们每天都被一些新东西刺激着，也兴奋着、幸福着……

我一直觉得相比现在的"80后"和"90后",我们"70后"始终有点傻乎乎的。为什么会傻乎乎的呢?就因为我们的青春期处于理想主义扩张的80年代,我们没机会体会那么多竞争、那么多市场化的东西,我们压根儿就没想过房子、车子、票子等世俗的问题,更离所谓的攀比、名牌、奢侈品等字眼非常遥远……那会儿我们同学之间非常单纯,大家勾画的职业理想,大都是作家、工程师、画家之类的,完全没有想象过后来出现的公务员、"四大"会计师事务所、投行这些。我当时有个同学,家长是农业银行的领导,大家问他毕业后想干吗,他说就想进农业银行,立马被全班同学鄙视,都觉得他太没理想、太没出息了,这令他极其郁闷。

另外,我还记得,很多年后和老同学聊天,有人说:"真奇怪,那会儿我们思想如此活跃,但我们班怎么没人谈恋爱啊?"大家都笑了,说:"我们太忙了,没空谈恋爱啊!"而我并不这么认为。我想,不会谈恋爱这件事,恰恰就是我们这代人的遗憾。因为,在理想主义的光芒下,我们容易冲动,我们不会计算得失,我们只想着勇敢和责任,却忽略了人生中最重要的爱的教育。据我观察,我们"70后",人到中年之后都不同程度抱有婚姻方面的各种遗憾和矛盾纠结,其背后都和爱有关,我们不懂怎样追求爱、不懂怎样表达爱、不懂怎样维护爱……这堂课,相信以后需要用我们的一生来弥补。

中国的20世纪80年代,也是刚刚打开思想禁锢的年代。摇滚乐这时也传入中国,我莫名地从一开始就喜欢。那时,我一个同学家里有几盘迈克尔·杰克逊的录音磁带,我非常想借来听,但她舍不得,害得我一放假就往她家里跑。我每次必须先听那首 *eat it*,觉得特别带劲儿。我还喜欢一首叫 *We are the world* 的单曲,这首歌是迈克尔·杰克逊与莱昂纳尔·里奇共同谱曲的,是为声援美国向非洲饥民大型募捐活动而创作的，由 40 多位当时顶级的明星共同演唱，歌曲美妙又令人感动。年少的我因为在那时接触到这些流行元素，便开始在心中偷偷埋下环球旅行的梦想。下周，我将要出发到美国休假，粗略算算，我这些年已经前后去过十几个国家旅行。不由感叹：年少有梦，真不错！

所以，我越来越觉得我们"70 后"是幸运的一代人，我们的青春正好处在 80 年代，这又恰逢理想的盛世，于是在我们的人生观、世界观形成之时，我们的眼前全是高峰、全是灯塔，令我们的眼界无比开阔。在这么一大批高山仰止的理想主义大师的照耀下，正值青春的我们开始慢慢地、逐步地找到自己的理想方向。有了方向，我们的人生便从此变得踏实、变得生动……

即使在后来的职业生涯中，我们走错过，也走过弯路，但是，我们的内心始终有那么个模糊的理想方向，指引我们朝正确的方向前进。这是因为我们的心中还留存着这模糊的宝贵的理想！这理想令我们从来就不屑于平庸、不甘于苟且，更不可能沉沦。我们既没有"60 后"的沧桑，也没有"80 后"的现实，我们可是幸运的"70 后"。我们始终坚信，我们的人生应该是与众不同的、艺术性的，更应该是鲜活的、真实的！

谨以此文献给生于 70 年代、长于 80 年代的我和你们！谨以此文致敬我们心中永远的青春……

2013 年 11 月 17 日，于家中

身心健康　大脑灵光

2015年陆宝年会于上周落下帷幕，会后这几天，我又陆续接待了一些老朋友，大家对我这些年的变化都非常关心，有些也很好奇："你还真是个性十足呀，都这么多年了，你是怎么做到一直勇往直前的？你难道真的啥都不怕？"这是一个与我交往了20年的朋友问我的问题，她还问："你是怎么在那么忙且压力那么大的工作环境下让自己舒服的？"

不愧是老学霸兼老朋友，才能对我提出这么到位的问题。答案我自己早已搜寻过，所以，我的即时回答是：理性的思维。

我越来越发现，坚持理性的思维，对一个投资人而言，无疑相当于练内功对习武之人的意义。

最近刚读完一本由英国著名的思维训练大师比尔·卢卡斯写的书——《聪明人是如何思考的》。我并不推荐这本书，因为它是典型的快速阅读类型，有很多博眼球的东西，内容不够深入，但书中有些观点我是认同的。

比如作者对学习的总结：学习的过程就是从无意识的不能胜任到有意识的能胜任的发展过程，也就是从"不知道自己不能做"到"知道自己能做"的过程。学习分三个层次：理想（你想达到的层次）、策略和反思。人们锻炼脑力就是为了从现在所处的"舒适区域"（即一个人所表现的心理状态和习惯性的行为模式，人会在这种状态或模式下感到舒适）过渡到"成长区域"。如果你在面临艰难处境时仍能保持积极的心态，就能更好地解决问题。人生中最常见的两个困境，一个是思维阻碍，另一个是缺乏持续力。达尔文说过，存活下来的物种，不是那些最强壮的，也不是那些最聪明的，而是那些能够对变化做出最积极的反应的。这正所谓"拒绝变化的不是你，而是你的情绪"。所以，通篇读下来，这本书基本可以浓缩成一句话：身心愉悦，才能大脑灵光。

  世间万物，知易行难。现在最困扰我的是，怎样才能让身边人都身心愉悦？或许我天生就是个乐天派，对很多问题的解读，我通常直接跳跃到正面。比如，我从来没有因为个头矮小而自卑过，每当有人说我个头矮小，我都高兴地说："浓缩的才是精华呀。"我更不会因为我没有名牌大学的高学历而自扰，每当别人问，我都如实回答："姐姐我曾经是学霸，主动放弃了保送资格。但高考前夜身体出了意外，所以后来各种受挫。不过，姐姐我现在还在每天学习，所以骨子里仍是个学霸。"但是，我发现，像我这样的人，好像真的不多。

  比如我女儿，身高165cm，却天天唠叨自己怎么那么矮？！我真是觉得又生气又好笑。再比如，我有次和她休假回来，到机场后发现我们两个人的行李都被航空公司弄丢了。女儿特别郁闷，回家的路上一路生闷气，也不和我说话。后来我们上出租车时，我还和司机开玩笑，说行李还没玩够，不肯回来。女儿责怪我："妈妈你怎么还有心情开玩笑？"我说："如果行李找不回来，难道我就要唉声叹气过日子吗？更何况，像我们这种转机的，行李延误是完全可能的，大概率是不会丢的，最多耐心等几天，真没啥可焦虑的呀。从来是福不是祸，是祸躲不过。"

  再比如，那天和我朋友聊起她妹妹的恋爱危机，朋友说了很多，反复讲妹妹如何痛苦，不知该做何选择。我打断她，反问道："她到底想找个什么样的？"朋友说要找个有趣的人。我继续问："是身体有趣还是思想有趣？工作有趣还是生活有趣？"朋友说"最好都要"。我哈哈大笑，这是典型的非理性浪漫主义。过日子不是演戏，哪方面都有趣的男人怎么可能有？男人身体最好的时候，精神世界大多还不丰满；一个人追求事业，必定要耗费大量的时间和精力，生活上必然只能草率马虎。但凡能理性思考，就知道这在逻辑上不成立呀。你妹妹想法太多，这可是不成熟的表现。况且，她是否已经成为一个至少某方面有趣的人了？如果一个姑娘自己无趣，那么最好降低标准，否则就算找到有趣的人，将来也是要出问题的……朋友被我逗笑了，说，你哪里来那么多奇思妙想？难怪大家都喜欢和你聊天……

这些年来，我在工作中遇到许多心态有问题的人，细心观察下来，发现骨子里有各种自卑情绪的人还真多，自卑的理由各式各样：父母感情不和、爹妈去世早、学校非名牌、亲戚间有"牛娃"……不管表象如何，他们的内心深处总有些想法是偏消极的。我曾在书中读到这样一段话：无论是积极的心态还是消极的心态，都源于你的"解释风格"，也就是你对发生在自己身上的事给出的一种持续的、一贯的解释方式。具体地说，就是不同的人喜欢用不同的方式来给事件找理由，而这种方式又是相对稳定的或持续不变的。解释风格有三种，简单总结为3P：持续（permanence）、普适（pervasiveness）、个人（personalization）。持续：如果事情持续不见好转，悲观型解释风格的人就会长吁短叹；乐观型解释风格的人则会想"挫折只是暂时的，明天又是新的一天……"。普适：悲观型解释风格的人会觉得自己的一生充满了失望与障碍，这种心态会影响所有的事情。比如前一秒误了火车，后一秒就会抱怨火车经常晚点，为啥自己总那么倒霉？乐观型解释风格的人则会理性看待这件事，甚至趁着晚点赶紧做些有意义的事。个人：一旦事情发展不顺，悲观型解释风格的人就会开始深深地自责，然后怨天怨地；乐观型解释风格的人则会先着手控制事态的发展，赶紧想各种办法努力扭转局面，根本没有时间自责，而是用积极的思考方式，找出所有可能顺利解决事情的方法。为什么有些人在天赋上相差无几，但是在面对一些情况时，处理的结果却不尽相同？3P无疑对这个问题做出了很好的解释。我现在和人相处，不自觉地会用象限来划分：此人是乐观还是悲观？外向还是内向？比如我自己，应该是"乐观+内向"的，所以我在与人沟通的能力方面，还有很大的提升空间。当然，如果你有兴趣和动力，也完全可以通过自我学习来了解如何改变心态，从而更加积极地看待这个世界。

大家都知道，做投资是一定有压力的，我一直把压力区分为有益的压力和无益的压力两类。无益的压力会对大脑产生恶劣的影响，甚至会破坏人的免疫系统。无益的压力有两个主要来源：人群和处境。说得更直白些，就是来源于比较。诸如更大的资产管理规模、更靠前的业绩排名、公司或个人更有名气、更多奖项……这些无疑都属于我心目中的无益压力。仔细推敲就会发现，这些外在的东西与投资本身根本无关，只是无休止的虚荣和欲望而已。从这方面来讲，我算已看透并可以尽量做到不惑。陆宝自创办以来，引以为豪的便是坚持独立，公司不以通过销售扩大规模为目标，而是专心做投研，一心一意持续提升现有客户的资产价值——当然我们也欢迎新客户的加入。我们不评价同行，更不和任何同行进行比较。自始至终，我只希望做最好的自己。

我一生的梦想只有一个，那就是在价值投资的学习之路上，持续实现股票投资的复利目标。所以，我应该承担的有益的压力只有一种，那就是深度挖掘具有安全边际和内在性价比的公司股票，这不仅是我应该承担的压力，也是我的职责所在。更何况，从全面开发大脑的潜能出发，必须保有适当有益的压力，因为一个人拥有既警醒又放松的大脑才能保证高效思考的能力。很多朋友都好奇，像我这样的大龄女性，怎么能每天工作 10 小时以上且一直保持高效率。我的答案就是，我一直在刻意训练我的大脑。投资分析、读书学习、写日记都是训练。同时，这些年我一直坚持运动。我认识的一位瑜伽教练是位快 60 岁的姐姐，她曾经是一位医生，40 多岁才开始练习瑜伽，现在变成了一位超级棒的瑜伽教练。每次看到她超级棒的身材，听到她超级爽朗的笑声，我都倍受激励。

  我坚信：身心健康，才会大脑灵光。大脑灵光，人生便会有无限可能。

2015 年 10 月 25 日，于家中

性价比的时间管理

我在朋友圈发了一条状态："2014年，尽管如此忙碌，但我读书超过100本！"结果，马上就有朋友问我："你哪儿来的时间？"

类似的问题其他朋友也关心过，今晚我干脆写一篇短文和大家分享"我与时间"吧。

投资是我真正爱做的事，所以我内心一直是自由的，同时也是快乐的。当我20多岁就已经想清楚自己到底喜欢什么之后，我就不曾再有过任何职业选择的纠结。虽然有了明确的目标，但自身性格和各种因素使然，我直到2013年才离开国泰君安和朋友一起创业。别人十年磨一剑，我资质愚钝，磨十七年有何不可？拥有清晰的目标才能正确地行动，所以，时间至关重要。

时间是最公平的，每个人每天都拥有24小时，一分不多、一分不少。自女儿出生以来这二十几年，我很少睡懒觉。最明显的是周末，我因为不睡懒觉，正常7点钟起床，到中午就已经可以读完一本书了。有时，我还会早起去附近的花鸟市场逛逛，淘些性价比高的植物回来养；然后泡杯花茶，舒心地翻书。我也从不熬夜。我一般在晚上11点就入睡了，偶尔看到极精彩的书，推迟到11点半，我就无论如何都会关灯睡下。好的生活规律带给我好的睡眠，我就是那种头一挨着枕头就能马上入睡的人。就算偶尔有烦心事，我都会学《飘》中的郝思嘉，对自己说："管它的，真是大事儿我也没办法解决，反正，明天又是新的一天。"然后就呼呼大睡。好的睡眠又带给我好的精力。我的工作需要消耗大量的脑力，尽管我现在已四十有余，但我依然保持了良好的工作状态。不仅在下午容易犯困的时间我能高效工作，在每天晚上的工作和读书时间，我的大脑也依然活跃。大概由于我处于长时间的自由思考状态，我的记忆力一直非常好。当然，记忆力和遗传关系也挺大，我老爸已经 86 岁了，老人家一直坚持读书看报，尤其是他对数字的敏感，早已超越了过目不忘，而是过 N 久都不忘的境界！

  要学习控制自己的时间。除了合理安排睡眠时间，还要学会安排休闲时间。我虽然在工作中比较严肃，但从来不是一个书呆子。我有自己的休闲时间。我把日常休闲时间用来运动。最开始，我打网球；再后来，我练太极拳；再后来，我慢跑；再后来，我练习瑜伽，并且练习到现在。一般来说，我坚持一周 3~4 次的锻炼，每次持续 1~2 小时。坚持运动除了带给我良好的精神状态外，还让我流汗和排毒，很少持续背负压力。我认为，有些压力来自自我认知的失调，对于超出自身能力的结果抱有过高预期。比如，若我想把陆宝的产品规模迅速做到 100 亿，那我肯定会有很大的压力。再比如，若我妄想产品业绩年年翻番，那也是硬给自己找压力。好在理性的我很少有这些妄念，所以我工作状态一直还不错。我很早就选择价值投资，以复利为信仰，就是因为我看清了，只有这种投资方法才是适合我性格的，适合自己的事情，做起来相对就比较舒服。

  除了坚持运动，我每年还会休假放松。陆宝每年都会安排一次团建拓展旅行。去年我们全体成员去美国奥马哈参加了巴菲特的股东大会，还顺道去黄石国家公园自驾游。我自己的休假一般会安排外出旅行或者回成都看爸妈。旅行的话，我有时带家人，有时与朋友一起，有时自己独自远行。

除了运动和旅行，偶尔看场口碑很好的电影。我几乎没有其他休闲活动。有的人喜欢逛街、浏览购物网站、看韩剧、化妆、医美、关注明星八卦等，诸如此类爱好，我通通没有！原因是我觉得这些爱好性价比不高，也和我的人生观、价值观不符合。比如，我不喜欢逛街，一是因为我根本不需要那么多衣服，二是因为消耗的时间太多，且很容易落入丧失理性的陷阱中。我买衣服都是趁出国休假时安排一天时间到奥特莱斯之类的地方扫货，还会帮周围同事买，这样就不用烦恼另外购买礼物的问题，省时省力省钱还增进感情，性价比很高。对于追剧，我的观点是：虚幻的东西看多了很容易让人产生不现实的想法，进而进行非理性对比，形成对生活的不满情绪，不知不觉间负能量就聚集了。

我还有不少节约时间的习惯。比如，我很少和人电话沟通，大概因为我个性比较直爽，所以电话沟通时我总是有事说事，有问题就解决。打电话时，我基本能在1~3分钟内结束通话。我跟大家说我每月电话费不会超过38元，很多人都觉得不可思议，说像我这样的人，应该有很多电话要打才对。而事实是，我每月38元的电话费都用不完。很多朋友了解我后，有事都会在微信给我留言，比较难说清的问题也直接发邮件给我，我每天下班前都会及时回复，我觉得不打电话完全不耽误正常的交流和沟通。

除了控制和节约时间，我认为还要高效利用时间。像我每天晚上只工作两个小时左右，但这两个小时里，我能把当天重要的投资资讯、公告和研报阅读一遍。比如最近读上市公司的年报，我一晚上能看5~10家公司的。而且第二天的晨会，我很多时候可以不看电脑直接说出很多数据，这与我工作时高度专注是密不可分的。但现实中，我发现很多人都是在一心二用地"混时间"，比如一些女性常常在工作时操着相夫教子的心，很难全身心投入工作。我有时会劝她们，男人真不用管的，因为坏男人根本管不住，好男人完全不用管；至于孩子，言传身教好过一切，儿孙自有儿孙福，他们长大了总归会离开我们的，独立性培养地越早越好，太紧张了孩子们会有压力的。我们四川人有一句话是这样说的："丫头子抱酒坛子，醉也没有醉，睡也没有睡。"这种状态其实很浪费时间。毕竟，人生苦短，时间可是一去不复返的！

我们读书时，老师就告诉我们凡事要专心。工作之后，我发现工作中也很需要专注。现在很多人都特别忙，工作安排几乎要按分钟计算，应酬接二连三，我总担心这样的人很容易焦虑或者抑郁。其实，认真梳理自己的工作和生活，我们可以发现，很多事并不是必须要做的。这世界非做不可的事其实非常少。有清晰目标的人，都有做减法的本事，这是因为他们能把很多与目标不一致的事主动减掉。陆宝创立之初，我只提了一个宗旨，就是一心一意提升客户资产价值。我和所有的小伙伴说："我知道自己的能力有多大，陆宝存在的价值、大家的前途和'钱途'都只有靠口碑，永远只有这一条！"后来很多人和我接触后都说我是个"奇葩"，居然如此不喜欢应酬，居然如此不喜欢在圈子里混，居然如此不愿意陪客户聊天，居然经常穿着运动服和球鞋来上班……我反问："这些有什么关系呢？"我的工作是做好产品业绩，而我的投资体系是运用公开信息和数据分析研究，我不需要到处打探消息，我更不需要四处忽悠渠道急吼吼地做大规模。我从来就不是个想赚快钱的人，我从来都希望自己能做投资到80岁。我在为我的追求而活！

所以，要专注，首先不能当一个不懂得拒绝的好人。那样很容易就把时间浪费了。我以前常因为不知道公司发生的所谓的大动静而被身边同事取笑，我的回答总是："其实，我知道和不知道都一样，没啥关系呀。"要专注，还有更重要的一个前提条件，那就是必须拥有稳定的情绪，换句话说需要成熟的心智。我一直牢记初入职场时老板告诫我们的话:"必须做一个有职业精神的人。一旦脚踏进公司,心里就只能想工作的事,工作时必须全心全意!"现在回想,我一入职场就受到严格的规则约束,这令我终身受益。

  一寸光阴一寸金,寸金难买寸光阴。这世上最平凡又最珍贵的,莫过于时间。时间才是我们真正值得善待的朋友。及时当勉励,岁月不待人。希望大家都珍惜时间!

2015 年 3 月 24 日夜,于家中

修炼最好的自己

这个周末是高考日。为避免堵车等意外造成迟到，高考前一天，我带着女儿在学校附近的酒店住下。

我这些年之所以较少出差，是因为我有认床的坏毛病，无论到哪里，第一个晚上我都会失眠。对于生活习惯良好且一向睡眠不错的我来说，这非常痛苦。这次一到酒店入住，我就跑去健身房，晚上甚至还跟着教练上了一节动感单车，累得不行，结果晚上照样失眠了。失眠的夜里，我命令自己啥也别想。但是，偏偏越想越多，越想越意犹未尽……

我的高考，发生在1989年夏天，当年预考我的成绩非常高，平均分高达94分，但年少轻狂的我自愿放弃了大学保送资格。万万没想到的是，命运和我开了个大玩笑，因为吃了个雪糕，高考前夜我突发疾病送医急救，导致高考失利。心有多痛，只有我自己知道。整整一个暑假，我把自己彻底封闭起来，拒绝和任何人交流，躲到哥哥的家里，把他家的上百本藏书疯狂读完。之后，深刻体会到世事无常的我，带着18岁的伤痛，选择了自费去西南财大读书。我从没去过一次图书馆，从没熬夜复习过，一半时间还去外面打工，但逢考必过，直到全班只有少数几个人通过高等数学考试时，老师才注意到我。这是我人生的第一个低潮期。

第二个低潮期是我在广东工作生活的那几年。那时的工作压力现在回想起来都觉得可怕、不可思议。幸好当时年轻，否则熬不下来。尤其是1998年那一整年，每天忙完白天的工作就已筋疲力尽，傍晚还得写"股评"，必须在深夜11点前发到报刊编辑部以备印刷。到最后，我们部门其他三个男生都坚持不下来了。最后一个月，我几乎一人包揽整个经济版的各个栏目，换不同的笔名写。这样拼命地工作，每月报酬仅几百元。营业部领导提倡艰苦创业，为了节约成本也不另请清洁工打扫卫生，每个员工除本职工作外，各自负责打扫分管片区，每天要帮客户擦桌子洗茶杯，还得轮流打扫厕所。有一年，君安的几员大将来出差，向别人打听："听说你们这里出了个牛人，文章写得好，股票还研究得很不错，真的是扫厕僧？"这话后来传到我耳朵里，真是啼笑皆非。

高强度的工作，加上草率婚姻带给我的压抑生活，令我那几年的体重只有可怜的38公斤。我无数次地想过要改变，但是又反复纠结，下不了决心。直到有一年回成都，我妈翻看我的相册，说："你这么爱笑的人，怎么现在照相都不笑了？你自己看，每张都是苦瓜脸。"一语惊醒梦中人，我想，是时候重新找回自我了。

心理学就是从这时开始进入我的生命。我靠着借来的大量心理学书籍，认识到自己有抑郁症倾向。于是，我开始用科学的手段进行自救。我给自己定下了"绝不能做怨妇，必须是个乐观健康的妈妈"这样的新目标。感谢我乐观坚强的天性，在直面现实、积极调整心态的两三年后，我感觉自己有了很大的变化。我不再那么偏激，不再那么敏感，变得更加客观和理性，开始懂得包容和理解。我慢慢地打开心扉，尝试和别人交流。我更感谢那时的君安论坛，绝对人才济济，尤其是"君安四君子"，才情横溢，令我无比喜爱。君安论坛就像一个打开光明世界的窗口，令我看到了人生道路上的曙光。我开始不断地自我"充电"，学习各类专业知识，开始见缝插针地抽时间读书。得益于此，我成为有准备的人，抓住了难得的机会，在国泰君安的第一次内部考试中，从近百人的应试者中胜出，考入上海总部工作。我的命运从此真正由自己做主。

在上海的这十多年，是我进行自我修炼的进步期。功名利禄从来都不是我考虑的。随着心智的成熟，我的性格开始变得更好起来：自信、乐观、从容，甚至有时还有成都人骨子里散发出的那么点幽默。我的职业道路也越走越宽，做了快20年的股票投资，我越来越理解做价值投资的精髓一定是心态，要用无比的耐心和坚定的乐观去追寻性价比。最早了解巴菲特的投资理念和阅读芒格的《穷查理宝典》时，我总觉得他们讲的有些虚，认为他们对有关投资技巧的东西有所保留。后来才理解，他们所宣讲的恰恰就是决定成败的关键要素。尤其是芒格的很多演讲稿，比如《人类误判心理学》，充分展示了芒格造诣深厚的心理学功底。懂点心理学，这可是做投资的绝对竞争优势之一呀。

做投资最美妙的是可以不断扩充知识结构，所以需要有强烈好奇心的人。很幸福的是，我列属其中。好奇心促使我一直保持着开放的头脑，令我在结束了学校教育之后依然拥有许多乐趣并不断增长智慧。比如最近这段时间在陆宝的投研会上，我们就学习了工程建筑、基因测序、北斗导航、手机零部件等细分行业的知识。每天像海绵一样吸收着各种信息，然后慢慢地编织行业公司的脉络，我非常享受工作的每一天。所以陆宝成立初期就选择了偏安一隅，坚定执行我的"非主流"路线。我把自己学习到的很多心理学知识都一点点融入陆宝。比如，强调及时止损的必要性时，我会首先想到"失去造成的伤害比得到带来的快乐多得多"的心理效用。当某些权威人物的观点充斥市场时，我会提醒小伙伴：权威更易带来错误的影响。前几天，我还在陆宝的投研平台上传了让我受益匪浅的心理学视频课程——《斯坦福：像心理学家一样思考》。通过这样的思考和自学，我想我们都可以借此延缓年龄增长所造成的认知衰退，这是很值得且很快乐的事情。

保持开放的大脑还有一个明显的好处，那就是可以训练自己包括质疑、逆向等在内的独立思考的能力。这样的好处是，培养出了多角度看待问题的习惯，能够随时保持客观和理性，不从众。

《双城记》开篇写道："这是最好的时代，也是最坏的时代。"随着当今经济社会迅猛发展，很多人在穷尽一生博取物质世界的享受，而忽略了对精神世界的追求。在这样的时代里，个体很难改变周围的环境。所以，我们只能立足长远，勇敢面对，不断学习，修炼最好的自己！

2014 年 6 月 7—8 日

价值投资者会更长寿吗？

人的生命很脆弱，一个人从出生到平安长大，已经很幸运。当我们整天忙忙碌碌疲于应付生活，淹没在各种各样的欲望中时，就容易忘记自己还健康地活着是一件多么开心的事情。金融市场是贪嗔痴十倍于尘世的地方，在这里，太多人经历了人生的痛苦、挫折、内疚、愤怒。在这里，股票的涨跌牵动着人们的神经，市场潮起潮落，常常处于不平稳的状态。

有人曾经问芒格："在投资界，价值投资大师普遍长寿，您和巴菲特先生就是价值投资长寿的代表，您今年94岁、巴菲特先生88岁。这是偶然的，还是与做价值投资有关？"

芒格回答说："我们来分析一下。在美国，谁长寿？是教授、法官、价值投资者。谁短寿呢？是记者、酗酒的人、过度吸烟的人。在美国，记者通常吸很多烟、喝很多酒，他们有许多事情要赶时间，总是处于压力之下，所以有的人年纪轻轻就去世了……那么，回到投资，价值投资者是让市场来为我们服务的。如果是那种短视的、赌博一样的交易员，情况是最糟糕的，他们压力最大，每时每刻都在想着赚钱，而且他们大多喜欢吸烟、喝酒，所以说短期交易员'走得最快'"。

《交易冠军》中有许多文字描述了顶级交易员的工作状态："我知道必须努力对抗病魔，因为我根本没有时间生病，有太多事情要做。

我得补画技术图,计算各项技术指标,并且想好星期一要采取的操作策略。"

而价值投资者总在耐心地等待最佳的击球机会,用尽可能少的决策赚大部分的钱。价值投资者不需要时时刻刻做投资决策,因为不断做决策是相当消耗心理能量的事情,而且很有可能在心理较为薄弱的瞬间做出错误的决策。价值投资者只需要不断学习,不断积累,然后敢于在机会到来的时候出击。

我曾在陆宝年会上分享了一张 PPT,罗列了价值投资界很多长寿的老爷子,目前健在的投资大师有查理·芒格(94 岁)、巴菲特(88 岁)、约翰·聂夫(87 岁),已故的投资大师有邓普顿(被福布斯誉为"全球投资之父",享年 105 岁)、费雪(享年 97 岁)、格雷厄姆(享年 82 岁)、罗伊·R. 纽伯格(享年 107 岁)、科斯托拉尼(享年 93 岁)。他们一张张温和的笑脸,无不透露出来内心的淡定和喜悦。

看着这些面带儒雅笑容的价值投资老前辈们,我开始琢磨到底是什么因素让他们个个长寿呢?翻看了相关书籍和报道后,我归纳了三个要点——自律、平和(即情绪上的自律)和纯粹。仔细思考后,我发现这三点恰恰是知易行难。每一点都需要我们付出极大的克制才能做到,甚至需要一生的修行。

价值投资难,知行合一更难,长命百岁难上加难。既然苦才是人生,做才能得到,我等后辈唯有给自己加油:世上无难事,只怕有心人。

2018 年 10 月 30 日

客户见面会之异想

上周读到一篇文章,说到画家齐白石的成功离不开大师徐悲鸿的赏识和提携。徐悲鸿年方三十就已是从法国留学归来的北平艺术学院院长,而当时已60岁出头的齐白石只不过是"画的价钱比三流画家还便宜一半"的民间画匠。那么,徐悲鸿家境贫寒,为何年纪轻轻就有学贯中西的际遇呢?原来这得益于他的恩师——当时维新派领袖康有为的扶助。他们的初识缘于哈同夫妇,徐悲鸿因投画稿应征哈同家所需而有幸成为康有为的弟子。那么,哈同夫妇又是何许人等?顺藤摸瓜,我找来沈寂先生写的《上海大班:哈同外传》翻阅,还在网上搜集了这位民国时期上海滩大富豪(哈同)的资料。尽管这位犹太商人在上海白手起家成为地产巨头的传奇早已成为历史(主要是我孤陋寡闻),但我读过方知,原来无比熟悉的位于静安区延安中路的上海展览中心正是当时大名鼎鼎的爱俪园(哈同的私人花园),而爱俪园堪称中国近代史上的"海上大观园"。

《上海大班:哈同外传》主要描写了这位穷困潦倒的犹太人冒险家,流浪到刚开埠不久的上海滩后,从洋行的守门员做起,一步步飞黄腾达,最终成为地产第一大户的传奇一生。我对哈同的好奇心还源于他专守一生、无比宠爱的妻子罗迦陵竟然是"咸水妹"出身,也就是专门伺候海员的妓女,这实在匪夷所思。更让人惊讶的是,成为哈同妻子后的罗迦陵,一路精准预判时事,成为哈同的贤内助,最终使其成为显赫一时的远东富豪。

上周我接待了一位来自北京的姐姐，这位有趣的姐姐有个口头禅："觉悟"。她说只有具备大格局的人才配得上大平台，我深以为然。我认为任何人的成功都是多种因素推动的，只不过有些人可能一时时来运转，功成名就，但心中若没有大格局，成功注定只会是短暂的。就像哈同夫妇，经历了如此传奇的一生，但由于格局不够大，最后留下的只不过是一桩数额巨大的遗产案而已。在我看来，这是哈同夫妇最大的遗憾。

入了证券这行，最大的感受就是时间过得特别快。创立陆宝投资后，我原本以为可以多些空余时间，但事实却相反。这两周相继帮朋友分析了两个创投项目。其中一个项目融资额报价 N 亿元，还有一个花卉的细分项目报价 N 千万元。我各花了半天时间来研究，最后都放弃了。事后，我仔细回想，这两个项目其实都不需要太严谨的计算，用商业常识就可以判断，为何很多买方的专业人士还要大费周折呢？

前段时间正好有国外一家大型资本管理公司到陆宝来拜访，我接待时说的第一句话就是："欢迎参观！我们是一家非常朴素的私募公司。"没想到，两个小时交流下来，对方在了解了陆宝的团队背景，看到我们的投资体系、投资流程，以及我们自建的云数据库等信息的展示后，给予我们较高的评价，说他们之前已经拜访了不少著名的大私募公司，但陆宝的专业态度和陆宝团队的能力让他们深感意外。因为对方老总之前是做创投出身，所以我们顺带也聊了这两个创投的项目，大家观点倒很一致，那就是：要发掘一个好的投行项目，难度越来越大了。

我目前的状态，离有大格局还有很长的距离，我会带领团队尽全力把陆宝打磨成一家"有品"的投资管理公司，希望陆宝能经得起时代大起大落的浪潮冲击。

我经常会琢磨和寻找陆宝的文化基因，答案一直比较模糊。于是，我总想做点儿什么。周三的晨会上，我提出了一个召开陆宝客户见面会的具体想法，和小伙伴们商讨。

　　原因是我发现了几个有趣的现象。一是有陌生的朋友对我本人感兴趣。虽然我多次郑重申明，我就是一个普通人，但对尚未谋面的人尤其是客户来说，不见面始终有点不放心。所以，为了让大家放心，我觉得我有必要跟客户见个面。二是对陆宝感兴趣的朋友，大家很希望有交流的机会。所以我对见面会的想法就是：大家除了能到陆宝来参观，还能了解我们的投资决策相关、我们的日常工作内容，还有机会听王老师的最新宏观策略专题报告，还可以就自己最感兴趣的上市公司和我们的投研人员面对面地讨论。这样的场景，感觉很不错呢。

　　我希望陆宝人都能以平和的心态面对一切人和事，以开放真实的性情领悟工作和生活。我盼望客户与我们建立彼此信任的友好关系，为此，我愿竭尽所能。

　　未来的旅程，将是陆宝人释放真才实学和真情实感之路。我们，刚启程！我们，在路上！

2014 年 6 月 21 日，于家中

　　后记：2014 年 10 月 18 日，陆宝投资第一届投资者年会在上海顺利举办。之后，每年 10 月，我们都举办了陆宝投资年会。2021 年 10 月 24 日，陆宝投资第八届投资者年会将在上海隆重召开。我们，依然在路上。

想要幸福还是一定要幸福?

那天在车上,一位年轻的同行问我:"红姐,做投资的人是不是很难拥有幸福?"我脱口而出:"当然不是,做投资完全不会也不应该会影响家庭生活啊!""那么,怎么才能一定幸福,而不只是想要幸福?"我一时语塞,竟不知如何回答了。

近来闲杂书看得多,于是带着这个问题,我饶有兴趣地梳理了最重视精神生活、擅于思考且最可能获得幸福的哲学大师们的幸福状态。

先看哲学起源时期的三位大师。

苏格拉底:老婆是个"泼妇",经常当众侮辱他,苏格拉底最后被陪审团宣告有罪并被判死刑,喝毒芹汁而亡。

柏拉图:苏格拉底的学生,推崇同性之爱,一生未婚。

亚里士多德:柏拉图的学生,非常博学的哲学家,但在亚历山大大帝死后只能逃亡,最终在流放地郁郁而终。

再看近代哲学的两位大师。

培根:显著的双重性格,曾因贪污受贿,被国家高级法院判罚并监禁而身败名裂。后为了实验冷冻防腐问题,他大冬天买一只鸡宰杀后将雪填进鸡肚子,因此染上风寒而亡。

笛卡儿:因早产健康状态始终不佳,笛卡儿大多数时间都只能在床上"我思故我在",五十四岁的他在给瑞典女王做家庭讲师时的一个凌晨"灵魂上路"。

接下来看德国古典主义哲学的先驱。

康德：前后出版了著名的三大批判系列书，终生未婚。

黑格尔：建立了世界哲学史上最为庞大的客观唯心体系，极大地丰富了辩证法。黑格尔死于霍乱，他的学说在后代很长时间内一直引起争论。

再看现代主义哲学的大师。

叔本华：对女性有偏见，家族中多位亲属自杀，性情孤僻、抑郁刻薄的悲观主义者。

尼采：长期被眼疾、胃病折磨，且患有11年的精神分裂症。尼采的强力意志理论在他死后被希特勒和墨索里尼等片面吸收并用于战争。

弗洛伊德：我初中的时候读过这位犹太精神分析大师写的《梦的解析》，第一次接触到所谓的性本能理论；我比较喜欢弗洛伊德提出的人格三结构（即本我、自我和超我）理论。我认同每个人都是复杂的混合体，既有魔鬼的本我，也有天使的超我，但在现实中更多表现出来的却是处于良心和欲望之间的自我。但对于弗洛伊德认为性本能才是人类社会前进的推动力的观点，我一直不大懂。还有晚年的弗洛伊德对名利异常热衷，这究竟是源于他年轻时太穷还是犹太人的赚钱本能呢？我也一直不太理解。

再看看分析哲学派的大师。

罗素：出身于显赫世家的罗素获得过诺贝尔文学奖，他不仅是哲学家，还是思想家、数学家和逻辑学家。他认为，哲学的本质就是逻辑。他一生都在追求三样东西：爱、知识和真理、强烈的社会责任感。当核武器威胁人类的和平与安全时，他挺身而出，为此上过法庭，还蹲过大牢。罗素80岁时开始了人生中第四次婚姻。他写的

《西方哲学史》是畅销世界的西方哲学教科书。

维特根斯坦：天才犹太人，和希特勒是奥地利林茨中学的同班同学。家族显赫富有，自己又天赋异禀，他写的《逻辑哲学论》早令他闻名于海外。但我们也知道，维特根斯坦有三个哥哥死于自杀；兄弟五人中，包括维特根斯坦在内有三人是同性恋者，这导致他一生都在压抑郁闷中度过，且多次游走在自杀边缘，所以他才会在书中写道："对于不能说的东西，我们必须保持沉默。"

最后看看后现代主义的大师。

福柯：饱受非议的思想家，也是一名同性恋者，58岁时因患艾滋病去世。主攻社会边缘群体，即疯癫现象。

我为什么要在这漫长的人类哲学发展史中挑选出这13位有代表性的大师呢？那是因为，尽管每一位哲学家的研究领域与其他人都不尽相同，但他们的研究有着一个共同的目的，那就是探寻人类的生存、自由和幸福！

那他们真的幸福吗？一千个读者就有一千个哈姆雷特……但至少在我个人看来，这些专门研究幸福的学者大多其实都不太幸福，可见拥有幸福并不是一件容易的事。或许真如俗话所说，"傻人才有傻福"？

通过上述哲学达人们的简介，我们可以体会到：幸福和名利、金钱、性等都不相关！也就是说，幸福和所有外在的获得都没有关系！既然如此，我们现在就该比较容易理解，幸福只能来自内心的爱，来自对外的奉献！

现在就让我们回到正题——"做投资的人可以拥有幸福吗？"我的答案是肯定的！首先，我们也是有信仰的人，我们的信仰就是价值投资的有效性。其次，我们这么多年满怀激情坚持投资工作，就是为了将来能够把自己多年积累的专业知识运用起来，用心服务有投资需求的大众，将我们创造的绝对收益和正能量转化为对人类有益的东西，让大众不再受贫穷之苦、生存之苦，让人们老有所养、老有所依，让普通大众享受平等的、公平的生存尊严。我们所从事的投资工作，不是肮脏的、吸血的资本游戏，而是靠时间和复利积累财富。

我们陆宝的全体同仁用我们的专业知识和能力去服务他人，心怀利他之心，我们一定会拥有幸福！

2013年11月15日

找个什么样的人结婚？

春节归来后的小伙伴们热议某名校毕业的基金经理的婚恋史。据说该基金经理少年得志，发誓非名校校花级美女不娶。然世事并不遂人愿，几经折腾，都没搞定。就在大家都为他的婚事捏把汗时，该基金经理突然大方宣布了婚讯，人们不禁好奇：新娘是何等人物？小伙伴们"调研"后，大呼意外，原来新娘就是一个普通人，并非名校校花。于是单身的小伙伴们开始各自畅想未来，到底该找个什么样的人结婚呢？

有人问我的想法。我说，我特别赞成"男学霸＋女学渣"的组合（当然，所谓的"学霸"和"学渣"是相对的），这样的婚姻比较靠谱……

这些年来，看过的、听过的婚姻故事实在太多。在我看来，双方恩爱有加的婚姻是较少的。绝大多数的婚姻都是不太完美的。很多人并未选择离婚，大多是为了孩子，但更多是为了所谓的沉没成本，年纪越大，越没有勇气面对真实的自我，自然只能选择忍受和逃避……

糟糕的婚姻没有谁对谁错，只是两个不合适的人错误地结合在一起。那么，什么样的人适合在一起呢？我认为这和选股票其实是一个道理。选股票要以满足者的角度去选择投资标的，同时在投资决策过程中保持意志力。在婚姻关系中，就是先想清楚自己的定位，确认合适自己的目标，继而在婚姻中承担责任，保持沟通，用心维护。

定位是第一步，自我认识清楚非常关键。我一直比较反对太年轻就结婚，因为年轻人对自我的认知往往有失偏颇。我和小伙伴说，最简单的定位就是：你得知道自己究竟是大男人还是小男人、大女人还是小女人，性格外向还是内向，天性乐观还是悲观。大小没有好坏之分，每个人都有权选择自己想过的人生。大男（女）人目标远大，往往追求事业、影响力、权力或金钱；小男（女）人目标更贴近现实，追求享乐和家庭和睦。性格外向乐观的人与内向悲观的人，无论思维方式还是为人处世都会有巨大的差异。

目标是第二步。婚姻不仅是两个人的事，更是两个家庭的事。所以，没有目标的婚姻往往会走进死胡同，造成越来越多的痛苦。很多人不理解这点，说结婚就是过日子呗、生儿育女呗，还能有啥目标？我觉得好的婚姻一定是有目标的，而且双方婚前要充分沟通。这个目标一定是在人生观和价值观一致的前提下才可能统一。简单地说，这个目标就是：两口子未来到底想过什么样的生活？是努力升职多赚钱买学区房的忙碌精英生活，还是平时大家都奋斗、节假日就玩耍的情趣生活，抑或是踏实工作、随遇而安、柴米油盐安排好就满足的安逸生活？

生活目标不一样，选择的伴侣就不一样，鱼与熊掌难以兼得！这是一定要在婚前想清楚的。我有一个朋友事业非常成功，娶了年轻貌美的太太，结果婚后就不断吵架，因为老公太忙，经常出差，年轻的太太就抱怨老公没有时间陪她，老公没有婚前有活力。也有朋友找了当年的学霸同学结婚，两人本想比翼齐飞，事业双成，结果有了小孩后谁都不愿牺牲时间照顾小孩，谁都想继续打拼事业，学霸个性强、理念多，和照顾孙子的老人相处不好，弄得家里成天鸡飞狗跳的，感情自然逐渐转淡。还有朋友婚后哪里都好，但两人在对孩子的教育上分歧较大：一个非得让孩子赢在起跑线上；一个觉得孩子还小，顺其自然就行。两人相互过招还不过瘾，最后两家老人也都掺和进来，高手林立，群雄争霸之势越演越烈，一山容下了二虎，孩子却得了抑郁症……总之，不幸的婚姻各有各的不幸。在我看来，这可都是目标不一致惹的祸呀！

若定位不清，目标也不清，但是就想结婚，那如何是好？我的建议只有一条：尽量找定位一致的伴侣，外（内）向男配外（内）向女，尽量以男强女弱组合为主。中国传统文化的影响是根深蒂固的，男女的性别差异也是显而易见的。女人对男人的爱，应该包含更多的敬爱，所以女人需要更多地奉献；男人对女人的爱，应该包含更多的宠爱，所以男人需要更多地关照。小伙伴们听了我的话直嚷嚷，连说现在女孩子都太强悍了，没人愿意奉献。我呵呵一笑，答：所以，现在优秀的未婚女性多呀。正因为竞争激烈，姑娘们更要抓紧时间，努力寻找属于自己的 Mr. Right。

找个什么样的人结婚？这还真是个问题！

2014 年 2 月 12 日

开学季的唠叨

现居香港的 Carmen 是我的好友，我们相识已有 20 多年，友谊保持至今。她育有一女一儿，大女儿今年也参加高考（"香港中学文凭"考试），而且拿到了华东政法大学的入学通知书。Carmen 征求我的意见：是否应该让女儿来内地读书？我一听，立马说："来！"

缘分真是奇妙，上一辈的友谊兜兜转转，现在居然又在下一代延续，真好！就这样，我瞬间多了个女儿，我家咪仔也因为有了这个姐姐兼闺蜜，甭提多开心了。两个大一的新生，开始各自筹备开学季。我家咪仔开学早，现在已经军训完毕进入上课模式了。Carmen 女儿朱宝的学校开学晚，上周刚到上海。我开车带着 Carmen 去宜家、家乐福购置必需品后，第二天一早她们母女俩就带着大包小包的行李急匆匆地奔赴学校报到了。

当晚回到我家后，我们开始聊天。Carmen 说："现在的孩子太幸福了，个个小孩身边都一堆大人，不只父母，有些爷爷奶奶还跟着去，还有的亲戚也跟着，个个大人抢着干活，恨不能帮小孩子把所有活都干完！洗衣间里，全是家长在给小孩洗军训服，没有一个学生是自己动手洗的，学生全在寝室里玩手机，家长还用各种水果、饮料伺候着。"我说："这实在太糟糕了，也是我最担心的，'80后''90后'的不少孩子，现在除了读书和考试啥都不会了，很多孩子的生活能力简直弱爆了，我实在不认同这些家长如此溺爱自己的小孩。"

Carmen 说："还是咪仔好，独立，所以你那么省心，能专心工作。"我认为这得益于以前的安排，当时刚到上海茫然无助的我给咪仔选择了一所寄宿制小学，学校从小锻炼了这些孩子较为独立的生活能力，也培养了她们与人沟通交往的社交能力。我坚信这些能力的重要性丝毫不亚于所谓的学习能力，越往后走，这些能力将越发挥作用。

像这次入学的所有准备，我基本没管，女儿统统自己搞定，在淘宝上买各种寝室神器，把寝室布置得整洁且舒服；然后积极上各种论坛，已经和之前下国际象棋的师姐联系上了；还在各种社团踊跃报名——羽毛球、网球、滑板、观星、桥牌、西方音乐……我和咪仔开玩笑说，"学渣"终于要开始怒放的青春了……

Carmen 始终有些不放心女儿在上海，毕竟是在香港土生土长的孩子，教育环境完全不同。我反复安慰她，说："这一切都是上帝的安排，一定是最好的。两个女孩可以互相学习对方的优点，朱宝更善良、更单纯，咪仔更独立、更好动。""万一她们谈恋爱了呢？""哈哈，都 18 岁大姑娘了，该来的挡不住，这得靠她们自己。"

姑娘们，那就再听我唠叨几句吧：

爱与自由是人生值得追求的两个目标。美满的人生一定是同时拥有爱与自由，但这极其难得。

爱与自由却又都是内心的感受。所以，从现在开始，你们应该为了自己而读书、而选择。利用这四年的宝贵时间，积攒你的人生价值，让你的内心变得独立、坚强。

可以约会，但是请远离诸如这样的男同学：家里有钱自己显摆的，有才华却阴郁的，擅于献殷勤但自卑的，开口闭口"我妈说"的，一遇麻烦事就当缩头乌龟的，背后说人坏话的，懦弱自私只顾自己的……不能再说了，再说下去，你们两位姑娘没准儿要保持单身了。总之，大原则是绝不和有明显负能量的男生单独约会。

姑娘们，祝你们大学生活开心愉快，学有所成！

2014 年 9 月 8 日，于家中

虚实之间

女儿一大早向我报喜，说大一的综合考试排名成绩出来了，她排前5%，可以任选专业，但是到底选什么专业，她还没想好。

面对总在纠结的闺女，我常常无言以对。我除了继续鼓励她去发现心中的热爱，再别无良策。女儿问："如何才能知道到底热爱还是不热爱？"我每次能啰唆好一会儿，但其实并不到位，所以我也一直在思考。

上周我受邀参加了一家新上市公司的战略发展研讨会，会后我有诸多感触。这家公司的传统业务一直稳定发展，在国内是行业老大，但是现在公司上下都清楚：仅靠传统业务，未来在资本市场难放异彩。而恰恰是行业背景给了这家公司进入"互联网+"的最佳时机，公司想做，但是感觉还面临某些因素的困扰，所以就请了几位专家来研讨。

会议进行到一半，我的脑海里开始浮现出2001年我调入国泰君安上海总部工作的情景，何其相似。当年，我们的小组受命于公司高层，力推网上交易，领导的远见在当时颇受质疑，因为那时传统的经纪业务除了现场交易就是电话下单；对于互联网交易，绝大多数人要么不理解、不敢想，要么生怕自己的奶酪被拿走死命抵抗。但是，我的领导K总坚信这是值得努力尝试的一件事，所以真的是拼尽全力，带领大家一点点推动网上交易在国泰君安的份额提升。三四年后，网上交易的占比竟然从5%以下提升到了超过60%，超出了所有人的预期。我当初负责研究资讯这块业务，每天都在琢磨，如何才能在互联网上体现研究的价值？所以，2003年才会有我负责的"点股成金"投顾资讯产品的问世。2005年秋天K总调任其他部门任领导，他找我谈话，聊职业规划。我说："谢谢领导，经过这四年的魔鬼训练，我认为或许我更适合做研究投资的工作，我对管理工作实在没有兴趣。"我们还聊到当时国泰君安即将发行的第一只理财产品。我说："牛市即将到来，这个时候发货币型基金貌似有点可惜了。"K总笑了，说："你是第二个这么说的人。行吧，你既然已经选了自己要走的路，自己加油吧。"

一晃十年过去了，没曾想，十年后的今天，竟然又重现当年我们开会的场景。触景生情，我大胆发言表达了我的观点："只有立足于正确的方向，才敢于颠覆！颠覆的过程，或许长或许短，做好各种准备就行。"对方问我："什么样的人适合做？"我答："必须是有大格局观的人，就算公司上市了，已经实现财务自由了，也仍然有工作激情且是懂行爱行的人！"

脱口而出的话触发了我的灵感。回家后，我对女儿说："什么叫热爱？我的答案是：无论什么工作或者爱好，在你实现了所有叠加目标后，仍然愿意去做的那个，就是你的热爱！"

女儿反问我："那么多人退休了就啥也不想干，很多人巴不得早点实现财务自由、早点退休，那他们都没有自己的热爱？"我说："有些人有，只是浪费了许多宝贵的时间，比如大舅喜欢全世界穷游，这是他的热爱，但是他仍然坚持工作，是因为大舅把工作当成生存的手段，这个无可厚非，绝大多数的人会如此选择。你也可以这样选择，那么你的专业就尽量朝偏技术型选，这样工作会有所保障，收入也不会太低。但我提醒你，凡是当作手段的职业，你都不会从内心真正热爱,所以对工作成就,就不要抱有太高的预期。另外,你还可以选择相夫教子,但是你以后就别羡慕别人的光鲜亮丽,踏踏实实、心平气和地过你的小日子。"

女儿再问:"妈妈你怎么就那么热爱你的工作?你这工作这么累,还到处飞,也不好的呀。"我知道,以女儿有限的人生经验和感悟,就算我现在告诉她,我的陆宝点金始终以价值投资为原则,以持续追求复利为信仰,我从不和任何人或产品竞赛,我只求做好自己,她现在也很难真正懂我,所以我只淡淡回应一句:"妈妈有妈妈的情怀。"

情怀这词,或许在当下社会已经沦为贬义词了吧?但是,我却越来越深刻地感悟到,有情怀是多么令人幸福的一件事。前段时间我出差去调研,还现场参加了某券商举办的一场投资家和企业家的访谈,近5个小时的对话里,我一直被台上嘉宾的情怀感动着。当三位嘉宾讲述企业发展过程中的各种心酸、各种挫折时,台下的我感同身受。创办陆宝投资以前,我对中国企业家的生存状态的认识是模糊的,认为他们是冰冷的;我到企业调研时,总是理性的、客观的。但是最近这一两年来,我发现我有些变了,我开始容易被感动,开始对"讲故事"的人有了亲切感,不仅愿意倾听他们的故事,甚至发自内心地祝福这些企业能成功。我对价值投资的理解不再是原有的固有的"实",我慢慢开始接纳某些"虚"的构想。这是因为,我越来越能感受到某些企业家的情怀,他们身家过亿,但还是愿意奋斗在企业一线,为了梦想而努力。我明白,这些梦想无法实现的可能性要远远大于成真的概率。

一千个人心中有一千个对资本的理解。我想这就是价值观百花齐放的结果吧。人生苦短,世间之事最后都归结到生老病死。区别只在于,在现实和梦想之间,在大有和大无之间,我们如何安放自己的身心?

所谓的热爱,有时可能只是一种精神想象。不管是否意识到,人们难免会活在虚实之间。而在我看来,如果人生最终能落在虚处,能为情怀而努力,会非常幸福!

今天是父亲节,祝福天下父亲健康长寿!

2015 年 6 月 21 日,于家中

不惧不惑，向阳而生

这周，有一位上海胖阿姨在地铁上仗义出手教训无理撒泼抢座女的视频在网上流传，大家纷纷为胖阿姨点赞。女儿传视频给我看，还调侃我："瘦阿姨，你啥时候也能当一次网红？"和地铁上的胖阿姨一样，我也是个走到哪里都爱打抱不平的人。就在上周，我还在地铁上提醒过两位家长，因为在上班高峰期，他们竟然任由两个八九岁的孩子坐在地铁门附近的地板上拿着iPad打游戏，早高峰的地铁那是多么挤啊，后面要上来的乘客总感觉门口这里有空隙，就拼命地要挤进来，而地铁上的其他人又不好意思说这里有两个小孩坐在地板上。我当时站在中间，实在看不下去了，就问道："谁带的小孩？让他站起来！文明乘车要有规矩的，有座位就坐，没座位就得站着！万一被人踩了不危险吗？"我噼里啪啦说完，车上瞬间无比安静，那两位家长觉得不好意思了，就让小孩站了起来。

回公司后，和小伙伴们闲聊时，大家问我的正义感是不是与生俱来的，还聊起"小朋友被欺负是打回去还是告诉老师"这个话题，我说："我肯定是选择打回去的那个。必须打回去，人若犯我，我必犯人。"大家很奇怪，逗我说："刘老师你是女的，且又矮又瘦，打也只有打输的份，你应该选择跑啊。"我说："打不打是态度问题，打不打得赢是能力问题。"

我从小就有些与众不同，电影《佐罗》上映后，我就幻想自己是女佐罗。上小学当班长，个个都讨厌的差等生"大恶霸"，我从不嫌弃，还能和人家交朋友；上中学时，社会上的小流氓带刀来学校欺负女同学，我敢跳到第一线阻挠，还组织同学去校长家商量如何整顿校风……现在回想这些往事，我自己也觉得不可思议，我哪里来的这股底气？大家问我怕不怕，我说："从来不怕，我坚信四个字：邪不压正！"

随着年龄的增长，我慢慢发现，现在的社会有一种"病"最普遍，那就是懦弱！有太多太多的人不敢直面自己的内心，总是逃避。

有年轻人因为工作老出错来和我交流。我问："你到底在想什么？你担心什么？""我担心出错，所以老出错。""既然你担心了仍老出错，你索性啥都不要想，试试看不担心又能怎样，反正都是要出错的。"年轻人终于露出了笑容，说："原来还可以这样想。"

有朋友来和我交流："前段时间有人建议我们大幅减仓，但是卖出得来的钱干吗用呢？钱放着没意思啊！""听你的意思，其实你还没减仓？被套了？""嗨，哪有那么容易下决心啊，30元的价位买入的，现在跌到18了。""谁说现金无用？在某些周期里，现金为王啊！在熊市底部，现金可是最具战斗力的武器。短期来看，现金不能为你带来收益，但是，如果你把期限拉长，比如两年时间，在戴维斯双杀底部买进有足够安全边际的股票，实现20%的复合收益是很容易的，比现在拿着被套的股票煎熬不是舒服得多吗？！"

类似的案例还有很多，我就不一一列举了。读书时经常看到"修炼"二字，而投资，恰似人生最好的修炼之路，因为投资实在是残酷，是勇敢者的游戏，需要有勇有谋有耐心。人性中的某些弱点，一般会使人在投资的路上付出金钱的教训和代价。如果骨子里爱偷懒、投机取巧，就喜欢听消息、钻内幕，容易搞老鼠仓；如果骨子里爱挑剔、左右看不惯，就可能剑走偏锋，错失真正的大机会；如果骨子里自卑懦弱，要么不敢出重手，要么出了重手一出现不利局面就逃之夭夭。从业20年来，我见过太多太多的投资人，自信的、自负的、懦弱的、阴暗的……到头来，真正有所成就的只剩一类人，那就是性格成熟和情绪稳定的。据我观察，有明显性格缺陷的人在投资这条路上都走不长久。我想，这才是投资最有魅力的地方，想要投资持续成功，就得反复修炼提升。

投资需要一个人不断进步。一个在为人处世等诸多方面没有进步的人，只能算作老去，而非成长，更谈不上成熟！一个人的成长就是不断发现错误、不断修正、不断前进的过程。我们每个人都有自己的短板，我们需要用一生来补自己的短板，这样我们这个木桶才能盛下更多的美好。我们必须学会根据自己的节奏和内心的选择来生活，与涌动的人群和喧嚣的世界保持一定的距离，如此，我们才不会轻易被外界所支配，我们才能做真正的自己。

最后，讲述一个极具正能量的真实故事。

我的一位好友，今年3月确诊肺癌中期，她一周内就决定接受手术治疗，她当时是这样对我说的："别担心，人有五片肺叶，切掉一两片没关系的。"随后，她又听从医生的安排，开始了极其痛苦的长达四期的化疗疗程。我一直非常关心她并默默为她祈福，这周出差回来后，我们相约见面聊聊。

万万没想到，站在大堂迎接我的仍然是那个笑容满面、精神抖擞的她！我惊叹："你没瘦啊？""瘦了十斤，你看，身材比原来更好了呀！""你头发没掉啊？""哈哈，羡慕我吧，头发还是这么多！"

坐下来细聊，听好友给我讲述她惨痛的化疗经历，我发自内心地敬佩她。连续8天无法进食，她竟然靠舔两根冰棍支撑了下来；好几次几乎脱水休克，她竟然靠"我是不能死的"必胜信念硬撑过鬼门关；状态稍微好些，她就恢复忙碌状态，操心工作，操心孩子，时间完全不够用。当被告知肺癌患者 5 年的存活率只有 20% 时，好友表现出了绝对的乐观主义精神："20% 还可以啊，我反正肯定在这 20% 里面的！"谢谢好友带给我满满的正能量。祝福好友！

回公司后，我和小伙伴们聊起这事，大家都说这位姐姐太坚强了。我看过些资料，也听过很多案例，我的模糊感觉是：癌症到最后，大约有 70% 的人有可能是吓死的甚至是怨死的。一旦患癌，各种自怜涌上心头，各种愁苦涌上心头，各种怨恨涌上心头……我相信，所有的苦都是存在的，与病痛也是有联系的，然而从理性出发，我们很容易发现，这些负面情绪对解决问题不仅毫无意义，甚至还会带来负面作用。谁先放下心里的包袱，谁就先走到了胜利一边。

我曾写道："投资最重要的东西是什么？我越来越认为应该是理性的思维方式和经得起时间考验的价值观。"今天，我想补充一句，人生中最重要的事是：不念过往，不惧将来。拿得起，放得下！

不惧不惑，方能向阳而生！

2015 年 8 月 22 日，于上海

空麻袋立不住

这周末在家看完了求职者发来的简历,一个个鲜活真实的故事令我有了颇多思绪,也想起了这些年遇到过的职场新人。有些话,很想与年轻的你们分享和交流,当然,我说的不一定都对。

(1)职场并非学校,领导不只是老师。职业生涯的困惑一定不是来自工作本身,而是因为找不到自我。

如今的职场新人,绝大多数是独生子女。独生子女的社会大背景决定了他们与自己的原生家庭捆绑很深。从小到大,在学校、专业、工作地点的选择上,他们都容易受到家人(要么是强势的妈妈,要么是强势的爸爸)的影响。我观察过不少20岁出头的年轻人,发现他们从来没有自己做过任何决策,没有清晰的目标。很多年轻人都知道自己不喜欢什么,但糟糕的是,他们不确定自己真正喜欢什么;最大的麻烦是,很多人大学毕业后,仍然不清楚到底想要什么。所以,这些孩子希望职场就是学校的延伸,最好有课表,有老师来讲课,明确告诉他们该如何完成一份作业。然而,事实却是,别说创意型公司,就连很多国企,现在需要的都是提出问题并解决问题的人,没有哪份工作是完美的,你需要自己去判断、去了解、去决定。如果你找不到自己的定位,你根本无法回答未来职业生涯中将遇到的一连串问题。拥有学生思维的人,对心目中的领导预期并不现实。领导真的不只是老师,他们除了言传身教,还有带领企业生存下来、将其发展壮大的巨大压力，以及跟上时代的步伐、不断提升自身能力的内在诉求。良性的职场关系是团队队长（领导）与各有所长的队员（职员）配合默契、奋力前进的平等关系，而不应该是老师（领导）指手画脚，学生（职员）唯唯诺诺，最后双双成为自我设限的井底之蛙的师生关系。

（2）请尽可能选择你欣赏的人并争取与他们共事。你的水平就是你最常交往的 5 个人的平均值。

芒格和巴菲特说，如果你不能与你欣赏的人工作和共事，那你的人生前景大抵不妙。戴利奥说，你人生的质量取决于你所做的选择（决策）的质量。德鲁·休斯敦说，你的水平就是你最常交往的 5 个人的平均值。我们绝大部分的人都需要工作，而工作的时间至少占据了人生三分之一甚至更多的时间。除了所谓的平台、薪酬等面子权重，你所选择的职场与团队的内在权重更与你未来的成就息息相关，所以切勿草率地做出选择，浪费光阴。《奇葩说》里有一期专门讨论领导是否都是傻瓜。我的建议是，如果你没有迫害妄想症或受虐症，绝不能让你认为的傻瓜（无论真傻瓜还是假傻瓜）成为你的领导！同样地，请务必平等对待并尊重所有的工作岗位，不同的岗位只代表了不同的分工，没有任何高下之分。我曾听说过，在很多基金公司或者资产管理公司内部，投资团队与研究团队也互道傻瓜，这样的团队也请务必远离，因为，但凡需要团队配合作战的集体，一旦有了互道傻瓜的倾向，可预见的未来必然是从人格分裂走向团队分裂继而业绩分裂……只选择你乐于前往的，请相信：人生成就 = 能力 × 沟通技巧 × 机遇。

（3）眼高手低是通病，能力绝不体现在不断考取各种证书上，而体现在成为有悟性的学习者以及坚定的执行力上。

还记得 2005 年的时候，国内好几家券商濒临倒闭，各大公司都在裁员。我有次无意间听说有位领导和 HR 部门沟通裁员意向时说要考虑那些在职读博和考硕，以及考 CFA 证和 CPA 证的，我当时还略感意外，现在终于有点儿明白其中的道理了。一个职员如果将主要精力放在考取证书上，基本上是被误用的"学生"，他们浪费掉的是双方的黄金时间。难怪巴菲特和芒格多次在伯克希尔的股东大会上否定传统商学院的教学及各类证书考试。在这里，我想用一个蒸红薯的例子来聊聊眼高手低。有一次，我让女儿在家蒸红薯，她说没问题，太简单了。结果，刚拿到红薯，她的问题就来了："红薯要削皮吗？""蒸多长时间？""放多少水？"然后，她发现红薯太大，蒸了很久，中间部分还没熟，然后再切开补蒸。再然后，她发现应该放在碗里蒸，这样更省事。再然后，她忘了擦桌子，忘了把洗碗槽刷干净，也忘了倒厨房垃圾……简单得不能再简单的蒸红薯，真要动手了，才发现也不是那么简单。迈出行动的第一步，才是真正学习的开始。

（4）越早能认知自我价值观越好。越能忍受延迟消费的人，越可能取得更大的成就。

价值观实在是太重要了。价值观混乱的人，一生大概率会在内心的迷茫和纠结中度过。这些年，我见过许多号称坚信价值投资的人，但观察他们的言行，会发现与真正的价值投资严重不符。有人说：我要做价值投资，然后赚了钱买市中心的好房子，只要在上海市中心有一套豪宅，每年能保证升值 30% 以上，就可以一劳永逸了。我说：巴菲特过去 50 年的复合收益率还不到 20% 呢，况且第一桶金可不是那么容易赚到的，复利的获取也需要漫长的时间。后来我总结到，但凡习惯低配生活的人都是天然的价值投资派；而年纪轻轻就追求高配生活的人，大都做不了价值投资。

另外，我还遇到过许多即时享乐型年轻人，一拿了工资或者奖金，马上就买名牌、泡吧，仿佛吃光用光才不辜负人生。金钱被耗费也就罢了，我替他们心疼的是光阴被浪费。一个人对待时间的态度才是价值观和人生观的真正体现啊！还有人说，上班时间就工作，下班时间就得陪伴家人、享受生活。工作和生活当然需要平衡，但是据我观察，这种所谓"公私分明"的年轻人，在职场生涯中大多比较平庸。我看到中国政府网发布的2018年全国公休假假期安排，一共有31天，一年52周，每周工作5天，剔除公休假中的周末，还有90天可以休息，加上很多公司（陆宝也有）每年有带薪假期，一年当中，我们的非工作日多达100多天，长达4个多月，占全年的35.9%！一个职场新人，如果不愿意为了工作耗费更多的时间和精力，认为下班就是下课，那实在很难肩挑大梁被委以重任。就像大学里的同学，经常泡图书馆的人未来大概率比宅在寝室里的人有见识；而在工作中也是一样，能在工作中找到乐趣和成就感的人，一定是为了工作耗费了更多时间和精力的人。

（5）妒忌和自卑心理需自我控制，若过分放大既可悲也可怜，本分才是正念正道。

芒格在人类误判心理学里，把妒忌心理列在了前面。我40岁过后，开始理解了为何妒忌如此可怕。我认为，有妒忌心的人最可悲的地方在于他们一直活在"别人"的世界里，他们的存在是为了与"别人"比较，不管你是否能觉察到自己有妒忌心理，它的存在一定会让你成为一个不容易快乐和满足的人。同样，自卑心理则让人始终不敢自我认同，内心的恐惧会阻碍他们去尝试、去冒险；有自卑心理的人更难确认真正的"自我"，他们多少有些自我压抑。

依我之愚见，现在的"80后""90后"之所以有这两种心理，还是因为中国特殊的社会家庭背景。从小听惯了"别人家"孩子多优秀，从小遇到过于强势大包大揽的妈妈或者爸爸，这些被家长过于宠溺的孩子，进入职场后，一定会有一段痛苦的成长期。尤其投资行业，本来就是一个竞争激烈、快速更迭的行业，充满各种压力、诱惑和挑战。这个时候，本分将发挥巨大的作用。如果我们能不被外力所干扰，始终保持本分的心态，回归事物的本源，把握住方向，而不是让利益导向，这样的问题处理方式会更靠谱。

王小川与许朝军这两位清华天才学子的故事，特别耐人寻味，也值得我们每一个人反思和借鉴。价值投资的本分其实非常简单，无非就是在浮躁的行业里踏实做事，争取走得更长远。戴利奥的人生公式中有这么一条：痛苦＋思考＝进步。请注意，痛苦一定是在前面！先苦后甜也好，大器晚成也好，以弱胜强也好，诸如这样的精彩人生哪一个是不需要先吃苦的？！

（6）经济独立才有人格独立，别想着混碗饭吃就行，空麻袋立不住，人生须有真本事！

有个年轻人写了很多关于他成长的故事，包括求职的经历以及与父母争吵的纠结和痛苦，最后他总结道："问题就出在我经济不独立，所以只能和爸妈住在一起，接受他们的很多指点和批评。我收入不高，如果出去租房就不能维持原本的生活水平，爸妈也会把给我的车收回……"看着这段描述，我默默感叹：年轻人，你这是既要又要且要啊……

腾讯最新发布的全球财富报告显示：月净收入1万元，就已经能打败全球98.96%的人。从薪酬的角度来说，从事金融行业已经是最有性价比的工作了。收入排在全球前1%的我们，如果还不认真对待工作，显然不太厚道。如果我们能合理控制欲望，主动延迟享乐，把时间用在学习真本事上，那么我们的麻袋就会越来越结实。正如乔布斯说过的:"我们年轻时的所有知识和才能都会构成人生的支点和营养,都将无一遗漏,最后合成在一起,成为人生的能量,不多不少,分毫不差。"

陆宝期待并欢迎"麻袋"里能量多多的年轻人加入我们!愿你们在未来青出于蓝而胜于蓝!

2017 年 12 月 10 日,于家中

瑜伽与情绪自控

昨天小伙伴把重庆公交车坠江的视频发到群里,有人说:"一人错过 1 站害得另外 14 人失去大半生,可恶!"还有人说:"面对垃圾人,沉默的'吃瓜群众'不幸成为纵容暴戾者的陪葬品,可惜!"而我,再次意识到了控制和管理情绪的重要性,因为,它已经不仅仅是个人的修行,更关乎你我甚至更多人的生命!

两三年前,我在外地参加一个瑜伽的封闭集训,中午休息拿起手机一看,竟然有无数个未接电话、N 多条微信。我正奇怪发生了什么事,这时手机又有电话打进来,刚接通,就听到小伙伴急吼吼地带着哭腔说:"刘老师快回来!陆宝出大事了!"大概是我刚结束近 3 小时的高强度体能训练,自感能量充沛,我不慌不忙地说:"别急,陆宝出不了任何大事,你慢慢说到底怎么了。"原来是当天晨会时,研究主管因为一位研究员的工作态度问题大发脾气,而研究员因为害怕而在办公室痛哭……突发的情绪失控事件让习惯了平和办公氛围的小伙伴们烦躁压抑,无法进入工作状态。了解到事情原委后,我安慰小伙伴不用紧张,且立即找当事人了解情况并调解了矛盾。

当天晚上,我原本担心白天的事情会影响我的睡眠,所以特地做了几个修复体式才上床休息,居然一觉睡到天亮,由此我萌发出了鼓励公司同事一起练瑜伽的想法。

回上海后,我问王老师:"要不要一起练习?那会让你状态好些的。"之后，那位曾经被骂哭的研究员也加入了艾扬格瑜伽的大家庭。通过练习瑜伽，他们的状态产生了明显的变化，我们大家都看在眼里，乐在心里。

昨天下班练习完瑜伽后，关于公交车的事故，我想了很多：如果是几年前的我，可能是只会在心里害怕但不敢站出来制止的"吃瓜群众"；但换作现在的我，也许不会让公交车坠江悲剧发生，因为正义感加上超强的风险意识，更主要的是越来越有勇气，我一定会冲上去制止闹事乘客以免司机危险驾驶。

我很想与朋友们分享一些简单的瑜伽动作。不过，必须在此声明的是，本人是一名职业投资经理，并不是经过认证的艾扬格瑜伽老师，只是一名纯粹的瑜伽练习者。本文所分享的动作，只是自己练习后得到的些许有用经验，是否普适有待验证。我之所以把它们分享出来，是希望更多的朋友能意识到人人都需要学会觉察并关注自己的情绪，学习如何控制情绪进而改善自己的情绪。我认为：只有那些做到了情绪自律的人，才可能做更好的自己。

• 情绪原本就是头脑的产物，并不是生命的实相。

人的欲望过多会生出贪、嗔、痴、慢、疑。负面情绪到底来自哪里？艾扬格大师在他的书中写道："我们透过眼、耳、鼻、舌、身观察、认识世界，而过度的感官刺激，既会让人欲望膨胀，也会让人丧失简单的乐趣；愿望（欲望）无法被满足时，就会引起焦躁、愤怒等各种负面情绪。"而瑜伽练习恰恰就是让我们将感官收摄向内，注意力也随之回到内在的修行。这种向内的专注，会在不知不觉中把我们带离负面情绪。（很多人误认为瑜伽是女性练的，是拉筋的，是练柔韧性的，是可以减肥的……这些都是误会和偏见。）

• 当生气或愤怒时，前屈体式能带给你最大的镇静和帮助。

当人生气或者愤怒时，心跳会加速，血液循环加快，血压会升高，大量荷尔蒙会释放。我曾亲耳听过一个"路怒族"说，他开车时特别容易愤怒，遇到各种违规的人就想直接碾压过去……冲动时人一定是不可理喻的，这个时候，有必要请出愤怒克星。

前屈体式非常适合初学者。在前屈体式中，心脏处于脊柱下方，会使心脏压力减小。副交感神经被激活，会使心跳变慢、体温降低、血液循环变缓，由此，达到平复愤怒情绪的功效，人会很快变得平静。

• 当沮丧没劲甚至抑郁时，站立、后弯和倒立体式能激活能量，让笑容重现。

最容易从瑜伽中很快感受到好处的人，是那些略有含胸驼背甚至胸腔塌陷的人。我曾经就是这样的人（目前也尚在纠正中），所以我过往很长一段时间充满了疲惫感。以前也尝试过各种运动，但是这种疲惫感始终挥之不去。然而，正确练习瑜伽不到半年，我便感受到自己整个人的精气神开始往上走了。从山式站立开始，从"脊柱充分向上伸展""胸腔远离腹腔""股骨头往后"等熟悉的口令开始，我身体的某些细胞被激活了。当身体与地心引力开始积极对抗，当胸腔慢慢扩展，骨盆的能量不再僵紧，怠惰感从我的身体中悄然消退。

我还碰到过一类人，他们对什么都提不起劲，眼神中始终呈现出一种茫然，任何话、任何激励都无法触及他们的内心。后来，我知道，这一切原来是他们沉迷于游戏（或其他）带来的严重后果，也就是说，他们是在过度的感官刺激后产生了难以治愈的心理疲惫（瘾症），这种人的身、心和灵是脱节的，怠惰感需要更长时间的训练才有可能被修正。

• 当紧张或焦虑时，呼吸法和修复能令你安静舒缓。

焦虑，对于我这种已经从事金融行业长达 23 年的基金经理来说，早已十分熟悉。我曾听过这么一个比喻：如果抑郁是一条黑狗，那么焦虑就是一条疯狗，这两条"狗"早就潜伏在我们的身边，一旦我们身心失衡，它们就会不请自来。业绩的压力、排名的压力、人际关系的压力、子女教育的压力……这些由期望值与现实之间的反差引起的压力在快媒体时代可以说是无孔不入。一旦达不到期望，人们就会产生紧张、烦躁和焦虑的情绪。这个时候，我们非常有必要使注意力从妄念中脱离出来，停止思考，让身体放松下来，这时切忌胡乱运动。当焦虑侵袭时，修复体式是我们真正需要的！

- 好的睡眠是身心健康的根基。

睡一个好觉对免疫力的提升有多么重要，相信大家都知道。日常生活中，我们很难找到睡眠质量长期不好、身体不健康，心态却积极阳光的人，对吗？但是怎样才能睡个好觉，这需要有智慧地学习。我有位长辈特别爱运动，跑步更是他的强项，他有次很困惑地来找我，说他常失眠，有时能忍住发火，有时不能，非常生气时还会动手打他儿子，打完就后悔。我说，如果你能把失眠的问题解决了，估计脾气就好了。我教他做了几个简单的修复体式动作，没想到效果还挺好，这位长辈说他那天晚上回去倒头就睡，睡了他近几十年来难得的一个好觉。我真心替他高兴。这几年，无论工作多忙、压力多大，得益于每日练习不同的瑜伽体式动作，我基本都能拥有轻安明朗的睡眠，好睡眠又带给我充沛的能量，我开始体会到了只有身体健康才会有心态健康的正回馈。

归根到底，瑜伽习练之路，不过是一条自我救赎之路！

祝愿朋友们收获属于你们的充实、觉醒和喜悦的安宁。

2018年11月3日，于上海

艾扬格与巴菲特

瑜伽与投资是完全不搭边的两件事，艾扬格与巴菲特更是毫无交集的两位大师。感谢老天眷顾我，冥冥之中竟让这两位老爷子成为我所敬仰的大师。

今年恰逢艾扬格（1918.12.14—2014.8.20）大师一百周年诞辰。他从小体弱多病，14岁初学瑜伽；48岁历经各种磨难后，出版著作《瑜伽之光》，引起世界轰动，此书被誉为瑜伽体式练习的"圣经"。英国BBC电台评价他为"瑜伽界的米开朗琪罗大师"。2004年，艾扬格入选美国《时代周刊》评选的"世界最具影响力100人"。2011年，93岁高龄的艾扬格大师首次到访中国并公开授课，中国成为艾扬格大师出国授课的第25个国家，也是最后一个。2014年，艾扬格大师与世长辞，享年96岁。

我第一次知道巴菲特，是20年前读了一本叫作《一个美国资本家的成长》的书；第一次知道艾扬格，也是源自一本书——《瑜伽之树》。几年前，我的右大腿偶尔会肌肉痉挛，每次痉挛时间虽短，但如果正好是半夜发作就会影响我的睡眠。于是，我跑到上海好几家大医院就诊，甚至尝试过整脊、正骨、推拿、针灸等方式，希望能根治这个怪毛病。然而每个医生或者理疗师都说我很正常没有问题，自然也就没有人能解决我的困扰。于是乎，我决定开始自救！在查阅了各种书籍和资料后，我注意到了瑜伽。通过《瑜伽之树》我知道了艾扬格大师的名字，再翻看《瑜伽之光》《光耀生命》等书，我彻底打破了之前关于瑜伽只不过是一种柔韧训练根本不适合我的偏见。只可惜，当我带着崇敬之心想要了解更多关于艾扬格大师的信息时，我读到了一条新闻：大师不久前已去世了。我顿时心灰意冷。

　　2015年，一位认识的教练朋友问我要不要和她一起去上艾扬格大师的弟子祖宾老师的课，那段时间股市正疯狂冲顶且我也提前控制好了风险，干脆就和朋友一道去了。第一天上课时，祖宾老师对着台下的学员吼："停！我不要你们练做给别人看的瑜伽，我要你们带着对自我的觉知做体式！"那时，台下的学员大多是年轻貌美的瑜伽教练，或许并没真正理解祖宾老师想要表达什么，而是继续摆造型。然而这句话却带给我巨大的震撼，因为之前我已经读过艾扬格大师的著作，我立刻明白了艾扬格一再强调的内在与专注体式的道理。虽然作为一名大龄"小白"，我的体式做不到位，所幸的是，从那一天起，我对身体的觉知终于醒来……此后，我正式开始了艾扬格瑜伽的练习。肌肉痉挛问题很快得到根治，我的身心也开始渐渐正位。随着自我研习的点滴积累（通常下班后我会在办公室练90分钟），我开始意识到，原来艾扬格与巴菲特这两位大师竟然神奇地相似，而且最让我敬佩的是，他们都把自己活成了照亮别人的那束光！

　　（1）高尚之人，方可成就伟大之事！

　　上周，一起练瑜伽的朋友问我："艾扬格是否就是瑜伽界的巴菲特？"我答："是的。"但事后仔细琢磨，我觉得我的答案过于草率了。艾扬格的伟大在于他既继承发扬了传统瑜伽的理论（他一共出版了14本书），并创建了练习瑜伽的独特体系，更发明了很多针对不同人群（老弱病残孕等）的训练方法及各种瑜伽辅具（从未申请任何专利）。大师在世时非常谦卑，从来只说自己练的是传统的哈他瑜伽。大师过世后，他遍布世界各地的学生为了纪念也为了表达崇敬，纷纷称自己练的是"艾扬格瑜伽"。而巴菲特在投资界，理论体系遵循的是他的老师格雷厄姆的价值投资体系，并借鉴了费雪的投资方法；方法体系上，巴菲特从来没有系统讲解过他的投资方法，巴菲特只是用一生来实践了价值投资并取得了非凡的成果。

艾扬格与巴菲特都是品德高尚、言行一致且极其珍惜自己的声誉之人。圣哲帕坦伽利早在公元前 300 年所创作的《瑜伽经》里就提出了瑜伽的八支，也可以说是瑜伽修习的八个步骤。其中第一支就是制戒（Yama），指为改进外在行为所需遵循的行为规范，包括非暴力、诚实、不偷盗和不贪婪等。第二支是内制（Niyama），指为改善内心环境，每天实际应做到的行为规范，包括纯净、自足、自律、内省。而我们大多数人所知道的"瑜伽"，其实只是瑜伽修习中的第三支：体式（Asana），指让人感觉舒适并能长久保持的身体姿势。艾扬格终其一生修习瑜伽八支，成就高尚品德。他在书中曾写道，由于他经常在世界各地讲学，得到了不少女弟子的爱戴，他洁身自爱，往往用严厉的教学与威严的态度来吓退有杂念的女"粉丝"，使自己始终忠诚于深爱的妻子。巴菲特更是视声誉如生命，他每年会给下属公司的总经理写一份备忘录并重复这三句话：第一句话是，损失金钱事小，损失名誉事大。他说："我们可以忍受损失金钱——哪怕损失很大也没关系，但是我们不能忍受损失声誉——哪怕损失很小也不行。"第二句话是，建立声誉非常慢，毁掉声誉非常快。他说："要建立良好的声誉，需要二十年，但要毁掉良好的声誉，只需要五分钟。明白了这一点，你为人处事就会有很大的不同。"第三句话是，不能光明正大登到报纸头版上的事，就是会破坏公司声誉的事。对于声誉的标准，巴菲特解释如下："只有一个标准，也是最严格的标准，凡是你的家人、朋友、同事看到报纸头版刊登的关于你的报道，是那种会令人很不高兴的事情，你一定不要做。"巴菲特非常明白，对于企业长期的成功而言，声誉就是一切。有如上道德标准的巴菲特和艾扬格，先做人，后成事。

更令我尊敬的是，两位大师都有着极其开放的胸怀和非凡的价值观。艾扬格大师是多国皇室名流的座上宾，但他对普通的穷苦大众一样满怀慈悲，他甚至把吸毒者和小偷都请到家里教授瑜伽。印度的百勒尔是艾扬格大师的故乡，那里非常贫穷，现在当地的学校和医院都是大师捐赠的；大师的子孙们（Geeta、Prashant、Abhijata）在印度普纳以管理艾扬格瑜伽学院为生，过着极其简朴的生活。巴菲特就不用我多说了，这位数一数二的全球富豪，早在2006年就已将他85%的财富捐献，这不仅是美国历史上，也是世界历史上的最大一笔慈善捐款！

高尚之人，方可成就伟大之事！

（2）艾扬格与巴菲特，80年里各自只干了一件事。必须安全穿过漫长的时间隧道，我们才能见证复利之花的绽放！

注：图片引用自《艾扬格运动瑜伽》。

上图这个体式叫三角伸展式，难度系数只有 3（难度系数 1~3 的体式大多数人学习后就可以基本做到，某些高阶的瑜伽体式难度系数高达 60）。1934 年，16 岁的艾扬格做的三角伸展式如左图；经过了漫长的 69 年后，同样是这个体式，大师做到了右图的状态。两图的差别背后恰恰就是始终如一的坚持，是精进、精进再精进。

艾扬格与巴菲特两位老前辈甘愿一辈子只干一件事！一位练习、教授瑜伽 80 年，一位在投资界战斗了 77 年且仍在战斗中！能在长达 80 年的漫长岁月中拥有如此的专注和毅力，怎么可能不傲视群雄？！

另外，两位大师分别能把瑜伽和投资干那么长久，还源于他们对风险有共同的认识。艾扬格对不严谨的教学非常反感，他在书中及各类访谈中多次严厉责备那些不负责的甚至是无知的教学。我也认识一些国内的瑜伽教练，有些教练年纪轻轻却已伤痕累累，其中很多人从小就练过舞蹈或者其他运动，从事瑜伽教学的时间很短（参加一个 200 小时的培训就可以拿证了），加上对一些错误的训练不自知，确实很容易误导学员。我去年参加了格洛丽亚和博比老师（这两位 74 岁左右的老师都师从艾扬格大师）的短期课程，她们习练瑜伽已近 50 年。两位老师在课上反复强调的都是风险，教学过程中都非常关注细节，从不要求我们一定要做到什么程度，反而是再三告诫我们一定要弄清楚为何而做的原理。由于我自学了不少解剖学的知识，对人体的骨骼和肌肉有些基本的了解，否则，老师讲的很多内容我不可能真正听懂。上这些资深老师的课，又进一步加强了我对艾扬格体系的正位、精准和序列的认识。

我认为，但凡需要时间沉淀才能见成效的事，都应该且必须把风险放在第一位，否则就可能随时掉进坑里爬不起来。练瑜伽，如果严重受伤，后果不堪设想；做投资，如果严重亏损，后果也是不堪设想。所以，巴菲特常年挂在嘴上的话是："投资的第一条准则是不要赔钱；第二条准则是永远不要忘记第一条。"而巴菲特的老搭档芒格则更是运用逆向思维的高手，他在哈佛大学的毕业演讲题目是《如何过上痛苦的生活》，实在是太有智慧啦！中国人常讲：凡善战者，未谋胜先谋败。在我看来，艾扬格和巴菲特都是各自领域里的超级善战者，艾扬

投资的第一条准则是不要赔钱；
第二条准则是永远不要忘记第一条。

格强调的根基与巴菲特强调的安全边际殊途同归，指向的无非就是安全：安全地练习，安全地投资，方能长久，方可谋胜。

回过头来看投资，重新认识复利，我更加坚定、明朗。每当听到"满仓赌国运""先赚一倍再说，只有赚了才亏得起""要么搞地产，要么搞银行"之类的激进言论，我都避之不及。当有人告诉我，某大神过去几年业绩超好之类，我也一笑而过，并无羡慕之意。在投资上，我还有很长的路要走，只需坚持不懈地精进、精进，再精进。

（3）艾扬格与巴菲特，修炼的都是：活在当下。

在陆宝2016年的年会上，我曾经讲过，做投资的人，极少数人是真正开心且心态平和的，绝大多数人都会受到贪嗔痴慢疑五毒的影响。我在这个行业已经工作23年了，见过不少同行，要么有些抑郁，要么有些焦虑。

当我读完《光耀生命》和《瑜伽之树》后，我终于理解了什么叫活在当下。有次在练习时，我把从书上读来的话讲给我的瑜伽小伙伴们听："艾扬格说我们的心总是领先于身。心进入未来，身留在过去，而我居于现在。"小伙伴表示听不懂。我举了一个例子：很多人初次进股市，都是带着赚钱的幻想来的，然而，他们并没有就如何才能真正赚到钱做过功课,这就叫"心在未来(心存幻想),身在过去(未下功夫)"。再比如,我让大家多去了解身边人的睡眠质量,发现绝大多数人的睡眠都是属于"偏性"的(即扰乱而焦虑的睡眠,俗话说就是睡得不踏实、不深),而这些拥有"偏性"睡眠的人白天工作时总是会在各种心念扰动中度过,他们往往难以真正静下心来。如果我们在晚上是翻来覆去的,我们在白天(心念)也会翻来覆去。我有一次教一位长者做了几个简单的修复体式,第二天他专门来电向我致谢,说他那天晚上回去倒头就睡,居然一口气睡了将近10个小时,这么多年来这是第一次尝到睡个好觉的滋味。我听了也特别开心,鼓励他就练那几个动作,坚持下去,好睡眠会再来的。

由于我所从事的投资行业受到各种严格的政策监管,这些年来,我没有办法,也不可能和身边的亲人、朋友分享我的研究和投资心得,友谊的小船翻了很多,有朋友甚至说我"冷漠无情"。没想到,现在因为我喜欢钻研瑜伽,喜欢拿我自己的身体不断试验,好多友谊的小船又重新划了回来,大家开始更多地了解我。分享带来的快乐令我更加积极乐观,绝大多数时候我都能拥有轻安明朗的睡眠。好睡眠带给我充沛的能量,令我白天的工作效率大幅度提升。这几年,我们陆宝把时间和精力都用在了完善投研体系等内部管理上,我们相信:修炼内功=活在当下。

(4)艾扬格与巴菲特,活出了同一个境界:独存自在(Kaivalya)。

几年前,我看过一部奥斯卡获奖影片《时时刻刻》,当时没看懂,有点生气,还很好奇:这影片不仅不文艺,还全是"病态+变态",怎么能拿奥斯卡奖呢?如今,看了朋友圈刷屏的《无问西东》,我终于可以会心一笑。《无问西东》里有句台词:"愿你在被打击时,记起你的珍贵,抵抗恶意。愿你在迷茫时,坚信你的珍贵。爱你所爱,行你所行,听从你心,无问西东。"而在《时时刻刻》里,伍尔芙夫人

是这样写下告别语的:"亲爱的雷纳德,要直面人生,永远直面人生,了解它的真谛,永远地了解,爱它的本质,然后,放弃它。"我现在终于理解了当年看不懂的深刻寓意。相比不忘初心,人生更难的是放下自我,放下"我执"。

这几年,无论实业投资还是金融投资,从理性出发并不容易获得高额回报。即使不看宏观面自下而上选股,要获得很高的超额收益,也是需要承受不确定的高风险的。前段时间有位客户来拜访,讲了些他了解到的某机构倒闭的故事,我默默地听着。最后,他问我:"刘老师,我真的不理解,那个机构负责人之前就因诈骗入狱过,而且每年60%的收益率怎么可信呢,现在赚钱多难啊!"我笑了,说:"就因为您知道钱难赚,您才会成为陆宝的客户呀!您看我们,这两年吭哧吭哧加班加点,也就追求赚15%左右,我们就这点儿能力;而他们相信钱好赚,且赚得越快越好,才会成为这些机构的客户呀。"

任何人都没有权利去指责或者指导别人的生活,我们需要面对的是自己的人生——内心真实的自我。这是我每天站在瑜伽垫上练习后越来越懂得的人生道理。关注内在的自我,只做正确的事,最终,才有可能走向属于自己的"独存自在"。

感谢我的瑜伽老师们,是你们把我引向了一条通往自在的道路;感恩两位大师,这两位榜样人物赐予我如此多的能量与力量。感恩你们让我懂得:真正的高贵是强于曾经的自己!

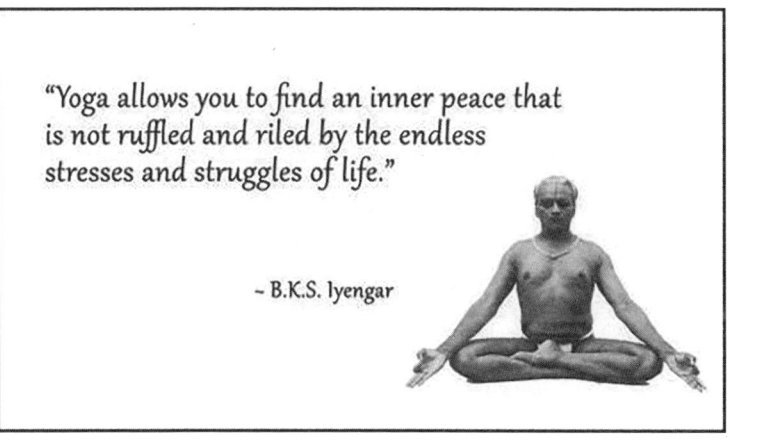

> "Yoga allows you to find an inner peace that is not ruffled and riled by the endless stresses and struggles of life."
>
> ~ B.K.S. Iyengar

2018 年 1 月 23 日,于办公室

针灸、瑜伽和投资

孔子说："三十而立，四十而不惑，五十而知天命"。这话对我个人而言几乎是精准指导。我正好三十岁那年调入国泰君安的上海总部工作，开始了职业生涯的加速跑。四十岁以前，我常常以为"我懂""我知道""我是对的"，若受限于这样的思维，那一定就会吃苦头。四十岁以后，时常思考人生的终极三问，开始习惯自我反思，事业目标愈加清晰。我和王老师创办陆宝八年，一路走来颇为坎坷，所幸我们专业能力较强，这些年为陆宝客户创造了持续稳健的收益，这是最令人欣慰的。

在全球形势变幻莫测的这几年，做好投资并不容易，我们的产品净值曲线之所以能顽强向上，这背后的艰辛外人很难体会。尤其陆宝的投研体系，决定了我们必须死磕基本面，这就意味着我们需要每天投入"大量"的时间和精力在行业和公司的基本面研究上。这个"大量"约等于长年累月每天12小时且大脑高速运转的工作量。对于年轻人来说，这个工作量还在可以承受的范围内，但对于我和王老师这样的"老前辈"来说，常年坚持下来是相当需要毅力的。

前段时间，一位老总到访陆宝，谈话间突然说他的颈椎病犯了，有点发晕且恶心。王老师说："我会针灸，我可以帮你扎一针，可以很快见效。"这位老总将信将疑地看着我们，有点犹豫。我在旁边帮忙补充道："您不用担心，颈椎的问题扎手或者小腿，也许扎不好，但肯定扎不坏的。"这位老总想了想，终于说："那就扎一下试试吧，反正也是老毛病了。"

于是，王老师施针。十分钟后，老总自述感觉好多了。之后，我趁谈话间隙，细心观察这位老总的体态和动作，发现了一些有可能导致他颈椎问题的原因。我向这位老总建议："您可以去寻找一位好的瑜伽老师，尝试换一种方式解决这个老毛病，如果方法得当，或许三个月左右就能根治这个毛病。"这位老总用复杂的眼神看着我们，笑着说："我今天来陆宝，原本是朋友介绍你们的投资做得好。原来，两位老总除了投资，还研究针灸和瑜伽呀！实在没想到，没想到……"

类似的场景在陆宝出现过很多次。今日得空，我想不如码些文字和大家分享为啥八竿子打不着的针灸和瑜伽，会发生在专业做投资的陆宝。

时间拉回到2014年，我的大腿常常莫名其妙不定时抽搐和疼痛，虽然每次持续时间很短，但是那种感觉非常不好，疼痛发生在白天还好，如果发生在半夜，我本来就不佳的睡眠就会更加糟糕，一旦疼醒了，重新入睡需要很长时间。本来白天的工作就又忙又累，晚上一旦睡不好，整个人的状态就会非常差。我去了好几家三甲医院问诊拍片，医生给出的结论是无论肌肉还是骨骼都没有任何问题。我更加困惑了，为啥没有问题却总会动不动就疼呢？

于是我决定开始自救。我天生好奇心强，也喜欢学习解决各种问题。我找来一大堆医学、神经学、骨骼学、解剖学的书来啃，几个月后，我貌似猜到了问题所在：我认为的大腿肌肉疼或许和我的坐骨神经有些关联。然后，我开始尝试进一步解决时，才了解到原来传统的类似牵引、推拿等中西医结合的手段，基本上是治标不治本。按照书中指引，解决类似的问题比较有效的手段是针灸和瑜伽。

做研究需要层层递进，于是，我又开启了对针灸和瑜伽的理论探索。不探索还好，一探索才知道这两个对我而言非常陌生的领域也如大海一样深邃。不仅有诸多不同的流派，评价也是五花八门。哪个更适合整天忙碌的我？我有些懵。

关键时候，我又想到了书。我想，有传承、有体系、能把原理讲清楚的流派，至少不会太差。沿着这个方向，我又开始了新一轮的探索。到了这步，事情反而变得简单了，因为，无论针灸还是瑜伽，符合我要求的书非常少。就这样，艾扬格瑜伽和王文远教授的平衡针灸法被我挑选了出来。当我读完艾扬格大师的《瑜伽之光》《瑜伽之树》和《光耀生命》等书，我对艾扬格大师充满了敬仰，随即迫不及待地开始了报名求学之路。

开始练习瑜伽仅两个月，我的大腿肌肉就再也没有疼过。我自救成功。而且，我从此爱上了瑜伽。

作为一名初学者，我非常幸运一开始就能得到祖宾大师和田老师这样超级虔诚的师者指点。练习这几年，我仍然有很多最终体式动作做得不够标准甚至做不到，但这完全不影响我品味瑜伽的芬芳，我能坚持下来的最大动力是自己的身心健康明显获得了持续不断的正回馈。除了感觉良好的大腿，我的睡眠质量这几年比过往好了很多，基本上每晚都是沾上枕头就能入睡，甚少做梦，且几乎能规律地保持每天长达 7 个小时的睡眠，这样的睡眠质量对于做投资的我来说是相当宝贵的基本面。练瑜伽这几年，我的情绪越来越稳定。以前的我，有时会言行冲动，有时会忍气吞声、自我压抑，对周遭的觉察能力也非常弱。但是这几年，进步明显，很多老朋友见了我都说，现在的我比较开朗，像变了一个人似的。另外一个可喜的变化来自我的体型体态。由于我常年保持长达 12 小时以上的工作量，长期对着电脑伏案工作，导致我含胸驼背且溜肩，这样的体态不仅难看，还会带来很多其他的负面影响，比如自卑、不够自信等。从练瑜伽开始，我才逐渐认识到原来自己有很多"弱势项目"。比如，开始只觉得自己腿部力量太弱，后来发现其实诸如背部、手部力量更弱；之前觉得自己老胳膊老腿的，肯定柔韧性很差，后来发现平衡性更差；原本以为体式完美和力量是瑜伽里最重要的东西，后来知道这是错误认知，因为如果这样认为，等于说瑜伽是年轻人的活动了，而正如普尚吉所说，瑜伽是中年之后才能开始"精进"的；原本以为练瑜伽是为了身体健康，后来知道，瑜伽并非针对未来健康，而是要通过我们练习瑜伽的行为，顺带带来健康的结果……想要自我改变，想要成为更好的人，成了我坚持练习的原动力。

通过不间断的自我练习和不定期的集训或网课学习，我开始慢慢明白了为什么很多人会对瑜伽产生较大的误解。这也许和瑜伽在中国被过度商业化有关：一方面，有许多"客户"急功近利，想通过瑜伽得到类似瘦身之类的短期效果；另一方面，市场上有很多伪瑜伽老师，她们并未成为真正的瑜伽学子，却一味在教瑜伽，我看过很多因老师错误教学导致学员受伤的案例。这样的传递过程，让大众对瑜伽产生了各种误解。

但依我个人的粗浅理解，瑜伽是对一个人身体和意识的整合。通过练习，每个人都可以探索出如何正确地开启身心内在之旅，这个向内看的过程非常自我，但也非常美妙，更远比外在表象（把体式或动作做正确）重要。就我个人而言，不练瑜伽不知道，越练越发现自己的内在"毛病"很多，比如，我有急躁、散漫、随性、意志力弱等问题，但直到这几年我才真正意识到这些"毛病"限制了我的成长和成熟。所以，对我这名初学者来说，走进瑜伽之路更像是踏上了一条平衡正位和自我教化的漫漫长途。

既然瑜伽已经解决了我的问题，针灸被我抛到脑后也算正常。2018年的某天，我们小伙伴们一起吃午餐时，闲聊起了中医。我说，中医里面我更偏爱针灸。王老师则反驳我，说西医更科学，他认为没有体系、不可复制的东西太玄了，很难有效学习和客观评价。我灵机一动，说："王老师请别太早下结论，我给你看几本针灸的书，如果你认为不靠谱，我们再讨论。"

没想到，王老师真看了我随手扔给他的王文远教授的《王氏平衡针疗法》，不仅看了，他后来还去买了一堆有关中医和针灸流派理论及实践的书来研究。大概几个月之后，王老师突然跑到我的办公室，说他要休两周的假去找王教授学针灸。我当时听了都快惊掉下巴了！这都什么情况啊？

王老师看我一副不可思议的模样，很认真地对我讲道："所谓平衡针灸的医学原理及逻辑源于人体本身就是一种自我平衡的系统，这种自身平衡系统的实质就是人体大脑高级调控中枢系统。按照遗传基因程序，在大脑中枢的调控下，通过周围神经实施对各系统的科学管理，通过血管保障系统实施对各系统的物质供应。若大脑中枢系统发生失调，就会启动各种疾病程序。平衡针灸利用人体的自我修复调节平衡原理，通过针灸给病人良性信息，使机体恢复到新的平衡。这个平衡针灸的针法是王文远教授从20世纪60年代在继承传统医学的基础上创立的一门现代针灸学。平衡针灸可用于治疗疼痛（包括肩周炎、颈椎病、腰椎间盘突出、胃痛、痛经、偏头痛、面神经麻痹、坐骨神经痛等）、顽固性失眠，治疗'四高'（高血压、高血糖、高血脂、高尿酸）等1 000余种疾病。"而且他还特意查过了——国际上都承认中国针灸的疗效。王老师说他一直想学一门有益的技艺——除了证券研究他啥都不会。他认为，只要下功夫，就一定能学会针灸。

我见王老师如此严肃认真，当然表示支持。很快地，王老师就背着书包去求学了。待学成归来，王老师就跟变了一个人似的，以前冷傲的学究竟然学会了放下身段，他不仅随时随地给自己扎针练习和体验针感,还动不动就问办公室的小伙伴身体有啥问题、是否需要调理。大家都怕得要命:明明只是来当个白领上班的,现在居然凭空多出一个危险来——要被半路出家的老板扎针,这算什么事啊?所以,每当王老师走到工位区时,大家要么上厕所,要么直接说:"我们还年轻,身体可好啦!"无论王老师怎么解释平衡针灸肯定扎不坏身体,小伙伴们都用言行表示:我就是不信。王老师还来找我,说:"刘老师你最明事理,针灸书还是你给我的,要不你起个带头作用,让我扎几针,大家就信了。"我赶紧说:"我从小就怕针,这个忙真帮不了哈。"

小伙伴不给力并没有妨碍王老师的执着。很快,有女"粉丝"出现了,随着女"粉丝"传出惨叫声,王老师终于施针成功!从此,王老师开启了施针之路。随着时间的推移,小伙伴们对王老师的水平也开始慢慢信任起来。谁有个头疼脑热的,都会主动找他扎一针;我们外出举办拓展活动,晕车的人也会求扎针;我有次脚踝受伤,实在没时间去医院,也不怕痛了,找王老师扎针,隔天还真好了。去年春节,我们有个客户得了风疹,吃了医院配的药没好,实在痒得难受,就找王老师,王老师连扎三针,竟然给治好了。这三针,终于帮王老师树立起了半个医生的自信,此后王老师的针技来越有范儿。

唠叨了这么多,终于该说重点了。这几年,无论针灸还是瑜伽,不仅半点儿没有耽误我们的工作,相反,对陆宝的投资还有莫大的帮助。首先,我们更加确信,一套逻辑自洽的投研体系相当重要。因为,如果只靠灵光一现或者某种开悟式的研究,投资必然没有可持续性。其次,无论针灸还是瑜伽,只有不间断地自我研习才能慢慢接近真相。就算手握《九阴真经》,也得投入大量时间去练会以及练好,这个过程非常长,绝大多数人没法坚持到底,或者中途以为自己已经武功盖世,提早变换了频道。最后,特别重要的是,通过对针灸和瑜伽的探索,王老师和我达成了一个共识,我们也不断地把这个共识传递给身边的小伙伴们,那就是名和利只不过是身外之物,身心健康才是根本。

平衡针灸法有一个重要的观点:除遗传基因的影响外,现代人的多数病痛都源于不良情绪和心理失衡。然而比较遗憾的是,很多人因为忙于工作、忙于生活,对情绪的觉察力非常弱,更缺乏自我调整的手段和能力,导致日积月累后小病变大病。比如我们有一个客户,长期失眠,半信半疑找王老师扎针后,睡眠质量好了很多。后来,我们才知道,客户失眠是前些年经历了一些不公平的遭遇导致的,客户内心一直没解开这个疙瘩,也觉得失眠并没有影响日常生活,所以才拖到现在。客户现在睡眠好了,终于想通了:不必纠结于过去,放下才能获得自由。

瑜伽对情绪的觉察和调整相当深奥。我只学到了一点点皮毛,但已经非常受用并受益。我特别喜欢这样一句话:"当生活或工作把你丢出去了,你必须站在瑜伽垫上找回自我。"我每天下班后在公司练90分钟的瑜伽,练之前,我时常会因为白天的工作和行情产生各种各样的杂念,比如今天很累不想动、今天很烦没心情等。然而,当真的开始进入练习状态,这些乱七八糟的东西就统统消失了,我会变得很平静,然后会知道,今天能量不足、情绪低落,可以多练些站立体式和后弯体式;如果今天感受到了压力,有焦虑感,就可以多做些修复体式动作;如果今天不够专注,做倒立体式的动作时间长一些。这几年坚持下来,我最大的变化是:不仅情绪越来越稳定,内心也逐渐强大。这一切,都源于瑜伽带给我的能量。我曾经完全不能理解能量这个概念,甚至误以为能量就是体力,现在慢慢开始体会到,能量源自我们在向内求的过程中,真实地了解自我,明白自己的真实需求,接纳自己的价值存在,然后付出行动去成全自己及他人。

这个宝贵的学习过程让我真正成熟起来,也开始理解了为什么有些自私自利的人同时也是充满负能量的人，为什么有些没有自我的人往往情绪波动极大，为什么缺乏目标感的人容易抑郁甚至动不动就崩溃，为什么有些人稍微做点事就心力交瘁，有各种怨言……如果能有练习瑜伽这样一个契机，把人们的心打开，将是非常值得庆幸的一件事。

　　无论针灸、瑜伽，还是投资，也许都是人生的一场修炼。我选择的人生之路是投资，自赋的人生意义是把价值投资理念付诸行动，实现知行合一，然后做出一条持续稳健增长的复利曲线。沉浸在金融业26年了，我知道要实现这样的目标不仅需要付出艰苦的努力，更需要一颗安定的心和一个健康的身体。

　　五十知天命，前半生做加法，希望我的后半生能把减法做好。

2021年2月7日，于成都

小概率和大概率的选择

上周午餐和小伙伴闲聊时,我第一次听说了美国娱乐圈名人卡戴珊。与此同时,小伙伴也第一次听我给她们介绍所知者甚少的中国钢琴家朱晓玫。

八竿子打不着的两位女性,一位相当高调,另一位超级低调。她们都在用自己的方式做自己,且都取得了常人难以企及的成就。

我在网上查到的资料显示,卡戴珊拥有的全球粉丝数量过亿,她还以10亿美元身家入围福布斯全球亿万富豪榜单。纪录片《与卡戴珊同行》已播出15季,据说该片有很多炫富的内容,持续不断地刺激着观众。虽说各界对卡戴珊的评价褒贬不一,但她无疑是美国当下的流量明星,伴随流量而来的自然是滚滚金钱。

听了这些,我特别担心,也非常疑惑:这不是赤裸裸地宣传拜金主义吗?这对社会风气的影响实在太坏啦!小伙伴们纷纷表示赞同,她们还告诉我,现在不少社交软件上也有类似的炫富视频,且很多还是假的。比如,一款限量版豪华车,明明在全球只发售7辆,但是某音上可能会有数百个视频都在秀这款豪车。还有各种"名媛"组团拼名牌包、拼豪华酒店下午茶、拼无边游泳池豪宅,花样百出地炫富!我很惊讶,心想这虚荣心也太强了吧?!"这些人搞不好就是在模仿卡戴珊的成功呢,她们都希望自己能成为流量明星,然后就可以赚大钱了。"

嗨，看来我真的有些落伍了。我默默去搜了一下新闻，还真有挺多互骗的案件不断发生。我注意到，很多当事人原本是以恋爱关系开始交往的，但后来都演变成了某一方的拜金和某一方的欺骗怪象，真让人不知说什么好。

为何这些年轻人会在虚荣的竞赛中沉迷？我认为是某些人太容易陷入锚定效应而忽略了基础概率，从而导致产生了较为明显的认知偏差。所谓"锚定效应"是指人们在做决定或下判断前，容易受到之前的信息影响，该信息犹如一个沉重的锚，沉到了海底，让你的思维局限于"该信息就是基准"，从而对结果判断产生误导。举个简单的例子吧。两件一模一样的外套，我们在测试时故意把吊牌价分别标注为"A：9 000元""B：3 000元"，然后A打3折售卖，B打5折售卖，实验证明，愿意花2 700元买A外套的人数远超愿意花1 500元买B外套的人。这说明容易受锚定效应影响的大有人在。

所谓"基础概率"，则是事件C的可能发生次数与所有可能的结果的比值。我在2017年陆宝投资年会上讲过一个案例，就是围绕基础概率展开的。这个案例是这样的：假设某种疾病由病毒引起，该病的感染率为1‰。假设现在有一种化验方法可以100%检测到病毒，但是，使用这种化验方法的假阳性率为5%。也就是说，如果一个人携带病毒，那么肯定会被检测出来，但如果未携带病毒，有5%的可能被误诊为携带病毒。现在，从人群中随机选取一人进行检测，结果为阳性，那么在完全不考虑个人病史的情况下，他携带病毒的概率为多少？

最常见的错误答案是95%，而正确答案是2%。其实，案例中的感染率为1‰，这个就是基础概率。即每1 000人中，有一位是病毒携带者。如果其他999位未携带病毒者全都接受化验，由于该化验的误诊率为5%，所以化验结果会错误地显示这些人中有50位携带病毒。因此，在这个案例中，化验结果共呈现 51 个阳性病例，而只有 1 位是真正的病毒携带者，所以正确答案是 2%。

写到这里，我们或许可以重新理性地思考这些问题：一个普通人成为卡戴珊（特殊的家庭背景、独特的个人经历、强大的自律性及对金钱的渴望）的概率有多大？通过炫富增加流量来发大财的可能性又有多大？如果我们承认这种可能性不大，那么把有限的生命耗费在小概率事件上是否值得？这需要我们三思。

数学上有这样一个理念：只认通用性，忽略小概率。通用性是什么呢？就是绝大多数普通人能够通过自身努力完成的事。有一部根据真实故事改编的电影，名为《卡特教练》，推荐大家去看。这部片子讲述了一支屡战屡败的篮球队在教练卡特的带领下洗心革面成为常胜将军的故事。片中有一处内容是这样的：卡特教练因为队员学习成绩太差禁止他们再打球，他的决定遭到了所有队员还有家长的反对和抗议。这时，卡特教练语重心长地对队员们说："我看见的是一个不给你们出路的教育系统。我知道你们相信数字，我就给你们看看真实的数字。里士满高中毕业率是 50%，毕业生中只有 6% 能上大学。每次我走进体育馆看到你们时，我就会想到，你们中将来只有一个人能去上大学。"有队员问卡特教练："如果我不能上大学，那我会怎么样？"卡特听到这个问题时明显激动了起来，他告诉队员们："对于在美国的黑人来说，答案很可能就是坐牢。我们这个社区，18~24 岁的男性黑人中有 33% 都会坐牢。现在看看你左边的人，再看看你右边的那个人，你们其中有一个就会坐牢。在里士满长大的黑人，你坐牢的概率要比你去上大学的概率高出 80%！这就是你们要面对的，这就是事实。请你们回家后，仔细想一想自己的将来，看看你们父母的现状，扪心自问：你想要更好的将来吗？如果答案是肯定的，那么，明天我们这里见。"

卡特教练用基础概率的客观数据终于说服了这些不爱学习的年轻黑人队员。鼓励大家努力学习考上大学继而在大学里继续打球参加比赛,这对这些高中生来说就是最好的通用性原则。

如果以后再有人拿某某靠整容或者谁谁大学没毕业也上了富豪排行榜之类的故事说事,又或者哪天某位邻居向我们炫耀他买的某基金半年就翻倍了之类的,我们最好用这样的冷静思考来屏蔽这些说辞:那只不过是小概率事件,并非通用性原则。

现在,请允许我向大家介绍我非常喜欢的一位其貌不扬的钢琴家,她叫朱晓玫。我在家工作的时候,喜欢边听古典乐边看研究报告。很多曲目我都对不上号,唯有朱晓玫的《哥德堡变奏曲》立马就能听出来,因为她弹奏的音乐特别纯净。音乐界称她是"真正的钢琴大师。她演奏巴赫的作品时,惊为天人"。她曾受邀参加莱比锡巴赫音乐节,在神圣的圣托马斯教堂、在巴赫的墓前演出。在此之前,全世界还没有任何一位钢琴家有过这样的荣誉。

1979 年,著名小提琴家斯特恩访华,当时在中央音乐学院研修班学习的朱晓玫看到了中国和外部世界在音乐教育上的差距。老师毫不客气的一番言论,给这个热情投奔钢琴世界的年轻人当头一棒:"你有很好的技术,但音乐完全不对。"深受刺激的她,当即决定到美国闯一闯,这一闯就是 6 年。她每天刻苦学习、练琴,靠打工来养活自己。6 年后,她辗转去往巴黎,给巴黎音乐学院的名师再弹一曲,这次老师的反应截然不同:"对不起,我教不了你,你已经很好了。"这位名师不仅被朱晓玫的音乐感动,还给她提供了便宜的房间以供其安身,热心地帮她找了可以练琴的地方。住所和钢琴搞定了,就已经解决了朱晓玫所面对的大难题。自此之后,她开始了"打工+练琴"的简单生活。1994 年,巴黎城市剧院邀请朱晓玫开独奏表演会,这是她第一次在巴黎公开演奏。此时距离她出国已经 14 年了,距离她 8 岁第一次在中国登台表演已经过去整整 36 年。这场音乐会之后，朱晓玫迅速火了，她甚至成为一种现象——朱晓玫现象。她为数不多的登台演奏总是场场爆满，听众们对她更是不吝赞誉："她的巴赫简单而纯净，如孩子般天真。""她的演出是冷静和严谨的，她就是天才……"

关于朱晓玫的采访和记录少得可怜，但我还是在网上查到了这样一段：

当采访者询问她在过往 200 多场巴赫的独奏中对自己满意的演奏有多少场时，朱晓玫回答说："只有两场。因为这两场我基本做到了完全忘我。只有忘我，才会有巨大的能量投到听众中去。很遗憾，只有两场。"

朱晓玫的回答令我非常感动。这位不用手机、不上网也从不宣传自己的音乐家，多年坚持每天早上练习巴赫，如痴如醉，她内心追求的是纯粹和无限啊！朱晓玫真是一位守一不移、令人尊敬的大师！

朱晓玫的故事也鼓舞着我们每一个普通人。爱迪生说，成功是

99%的努力加1%的天赋。我相信，只要能确认自己的心之所向，愿意付出99%的努力苦学苦练，长期坚持下去，我们普通人也可以离成功很近。这应是大概率。

博弈小概率还是苦练大概率？从众还是从我？人生选择权掌握在自己手上。

2021年5月30日

第四篇

行万里路

懂得性价比，玩遍全世界

幼年被寄养的经历让我从小对陌生的地方不仅不害怕，反而充满了好奇和新鲜感。和同龄的女孩子相比，我属于心大且胆大的。

小学一年级的暑假，我还不到 8 岁，因为父母工作忙，家里没人可以照顾我，所以妈妈就问我是否愿意去四川绵阳舅舅家过暑假，因为舅舅家里有三个表姐，妈妈说我去了可以和她们一起玩。我非常高兴，就答应了。

等到要出发了，我才意识到妈妈打算让我自己一个人去。她给了我一张用来买火车票的 5 元钱以及一张写着舅舅家地址的纸条，就让我搭家门口的电车去火车站了。我十分听话，背着书包就走了。我一路走、一路问，大清早出发，到了晚上竟然也真在离成都几百公里远的绵阳找到了舅舅。舅舅见到小小的我，十分吃惊，连连说："你妈妈也忒胆大、忒放心了吧，怎么不发封电报让我去接你呢？怎么敢让你一个小朋友坐火车跑那么远呀？"我傻傻地笑着，很开心自己一路都遇到好心人，顺利找到了舅舅。

从此，傻人有傻福就成了我的标签。以至于后面每个学期的寒暑假，我基本都会一个人东跑西跑在各地亲戚家混，总是很开心。因为四处跑习惯了，我记路认路的能力也练出来了。但凡家里有外地客人来，妈妈都让我负责带路、协助办事。我每次都可以圆满完成任务，载誉而归。

到了高中，四川省内的很多地方我都玩过了。想去看更大世界的我筹划了一次出省游，我计划高一暑假从四川到云南、贵州、广西玩一圈。虽然我口袋空空没有盘缠，但是我并不气馁。经过我的游说，刚刚退伍参加工作的大哥赏了我 100 元的经费，另一位女同学也答应和我一起出游，她负责联系她家的亲戚资源给我们提供免费住宿，我们还做好了万一钱不够就申请清扫列车抵扣车票的预案。就这样，两个小姑娘就愉快地上路了。两双筷子一碗面，一个床铺两头睡，路在脚下，美在心里。一个月后，两个晒得黑乎乎的"小乞丐"开心顺利地回到了成都的家。

再然后，我慢慢长大，去了越来越多的城市，去了越来越多的国家，看了很多风景。

创办陆宝后，我把读万卷书行万里路的理念推广到了我们的团队，公司每年的团建活动我都会亲自操刀负责。在过去这些年里，我带队去过美国奥马哈参加巴菲特的股东大会，去过新西兰南北岛环游，去过加拿大的班夫国家公园，去过北欧的挪威、丹麦、瑞典等，每次旅行都非常完美，后来甚至我们的核心客户也开始自愿付费参加，因为他们发现跟着我的攻略安排走，不仅省心，还特别有性价比，住得好、玩得好，价格还比市面上的旅行社报价低很多。很多朋友都开玩笑说我是被私募基金耽误了的旅行家。

除了从小积累的经验外，我的秘诀全在于"性价比"三个字。怎么理解"性价比"三个字呢？首先，并不是便宜就好，而是在有价值的事情上尽量少花钱。

比如，一般人都以为国际旅行的报价高，但是如果把价格拆解，我们就会发现，主要贵在机票上。尤其是五一、国庆这种小长假，机票价格甚至是平时的两三倍。那有什么办法解决这个难题呢？其实很简单，那就是稍微错开一两天时间。如果还觉得机票价格超预算，那就换个出发城市，换成从北上深之外的城市出发，常常都有惊喜；还有就是尽量提前安排出行计划，比如提早五个月订票的价格一般都比提早一个月的价格便宜很多。比如我们 2017 年去加拿大，当时从上海出发的直达往返机票价格高达 6 000 多元，但是如果换成从广州转机，来回的机票价格就只有 2 000 多元，我们就果断选择了后者。对于有更多时间选择的个人出行者来说，我推荐购买某些国际廉价航空公司的机票，比如 499 元人民币飞日本北海道、999 元人民币飞澳大利亚墨尔本等，这样的价格任何工薪阶层都是可以承受的。环球旅行的成本其实比我们想象的要低很多。

对于任何旅行，搞定便宜的机票后，基本就不会有太大的压力了。有些朋友还会担心住宿的问题。在我看来，住宿一定要因人而异。对于睡眠质量很好的人，可选择的酒店多一些；对于睡眠质量一般的人，我建议挑尽量好一些的酒店，因为出门在外，休息不好必然会影响身体状态，身体状态不好，游玩的心情也好不到哪里去。但是，如果都挑贵的酒店，费用肯定会直线上升，那么怎么平衡才好呢？我自己的经验是反过来选：凡是有选择的地方就选便宜一些的，比如伦敦、巴黎这种热闹的繁华都市，选个普通的连锁酒店就挺好的；凡是没得选择的地方，就挑贵的、好的酒店住。如果能避开高峰期，那就更加完美啦。比如有一年的国庆节，我带队去班夫国家公园的路易斯湖，这里有一家世界著名的费尔蒙城堡酒店。这家酒店平时的价格都要一晚 3 000 元人民币以上，节假日更贵，按说一般人都会因此而放弃。但是，我仔细研究了一下，发现了一个特别有意思的现象：因为大多数人都会按照从基洛纳到优鹤的路线进入路易斯湖，所以如果可以反过来走这条环形路线，我们抵达的时间就能和大部队错开。我立马重新查询了价格，网上居然显示出了 1 300 元一晚的价格，我果断下单预订。类似的案例越多，捡漏的机会越是能让我抓住。

后来，我发现这完全得益于我平时在股票市场积累的经验。稍微懂商业常识的人都知道，价格一定会波动，但是最终的价格会和价值趋于一致。无论机票还是酒店住宿价格，我们很容易便可快速查询到过往一年中的最高价和最低价，我们要做的决策就是在低价位区间果断出手。至于最低价，我个人认为不值得去追求，因为时间成本太高。

从费尔蒙城堡酒店屋内拍摄的
路易斯湖

很多人做旅行攻略，要么过于在意细节，要么过于追求最低价。我觉得这都有失偏颇，甚至会失去旅行的乐趣。

陆宝每次组织出国都是半自助的，自己订机票，自己办签证，这些环节能省不少钱。到了当地，就联络之前在国内预先联系好的旅行代理社包一部车，这样翻译、导游、司机都齐了，大家就可以开开心心玩起来。

只要把性价比原则融会贯通，不仅做投资能有稳健的复利，实现财富自由，还可以让我们玩遍全世界！

《千与千寻》中有这样一句话：不管前方的路有多苦，只要走的方向正确，都比站在原地更接近幸福。

以下分享新西兰（人均费用1.3万元）的出游攻略，作为具有性价比的案例参考（祖国山河美如画，世界各国有奇观。我在国内旅行的游记写得较少，是因为国内景观的网上资源和攻略足够丰富，所以我有空就写点国外的游记和大家分享）。

新西兰 10 日游玩攻略

天数	日期	行程安排	交通	用餐	住处
第 1 天	4月2日	上海 → 奥克兰　参考航班：MU779　0005/1815 由上海出境搭乘国际航班直飞美丽的新西兰城市奥克兰，开始愉快的旅程。抵达后，前往酒店休息。	飞机+汽车	晚	奥克兰市区
第 2 天	4月3日	奥克兰 → 皇后镇 ⇌ 蒂阿瑙湖区（10 小时用车，2 小时车程） 参考航班：JQ295　0800/0955 早上搭乘航班飞往皇后镇，抵达后，将游览到： 1. 皇后镇：一个被南阿尔卑斯山包围的美丽小镇，也是一个依山傍水的美丽城市。皇后镇时时处处都是完美的观光地点。夏季蓝天艳阳，秋季缤纷多彩，冬天清爽晴朗，还有大片覆着白雪明亮的山岭，春天则是百花盛开。四季分明，各有着截然不同的面貌。 2. 瓦卡提普湖（Lake Wakatipu）：在湖边漫步、摄影等。迷人的湖光山色，令人流连忘返。	汽车+飞机	早、中、晚	蒂阿瑙
第 3 天	4月4日	蒂阿瑙湖区 ⇌ 米佛峡湾 ⇌ 皇后镇（10 小时用车，5.5 小时车程） 1. 峡湾国家公园：毛利语称米佛峡湾为 Piopiotahi，峡湾占地面积达 125 万公顷，于 1986 年被认定为世界遗产区。此外，前往峡湾从海上拔起的世界上最雄立岩块，被称为全世界风景最好的高地公路之一。沿途行车欣赏峡湾国家公园内的丽景色，通往峡湾的道路两旁覆盖着新西兰原始冷温带雨林，其中主要种是银山毛榉，叶子如有甲般大小，树干长有银白色的树皮。专车行经峡湾国家公园内最大的天然草原（埃格林顿山谷）、镜湖、诺布斯平原，全长 1.27 公里的荷马隧道等。 2. 米佛峡湾游轮：搭乘游轮游览由冰河及海水切割而成的峡湾景观。米佛平面向上直拔 1 692 米，是直接从海上拔起的世界上最高的独立岩块。峡湾两岸是陡峭的岩壁，无数条瀑布挂在峭壁上，像天河一样飞泻下来直入大海，其中最壮丽的波文文瀑布落差达 165 米。在峡湾巡航程中有机会观察到新西兰特有的寒带动物，如新西兰软毛海豹、凸吻海豚、蓝企鹅、峡湾鸡冠企鹅等野生动物。	汽车	早+游轮午餐	皇后镇

第四篇　行万里路

275

续前表

天数	日期	行程安排	交通	用餐	住处
第4天	4月5日	皇后镇至格林诺奇至箭镇，游玩至瓦纳卡（10小时车程，1小时车程）。 1. 箭镇：一路景色非常好，有草原、火树银山、湖泊、清流不息。箭镇非常小，镇边河流是影片《指环王》中精灵公主跃马的地方，箭镇离皇后镇不远，1862年在这里发现了黄金，千是大批的外国移民来到这里开始了他们的淘金生涯。 2. 格林诺奇游玩《《指环王》拍摄地）。 3. 瓦纳卡。	汽车	早、中、晚	瓦纳卡
第5天	4月6日	箭镇至库克山国家公园至特卡波湖（10小时用车，4小时车程） 1. 库克山国家公园：客人可以自行乘坐直升机前往冰川游玩（直升机自费）。 2. 特卡波湖：特卡波湖（Lake Tekapo）坐落于基督城与皇后镇之间，位于库克山盆地与麦肯齐（MacKenzie）的心脏地带。美丽迷人的特卡波湖四周围绕着被金色灿烂的阳光笼罩的树丛和白雪皑皑，一望无际的雪山。由于冰河中含有岩石，因此这一带的湖泊色泽呈现出带有乳白色碎裂的细粉状。南阿尔卑斯山脉的冰河融解注入湖泊的过程中，冰河中的岩石碎裂成细粉状，因而形成了奇妙的色泽。 3. 好牧羊人教堂：位于特卡波湖东侧，是一座石头砌成的古朴教堂，一座小巧如模型般的教堂静静屹立于大铜像一旁。1935年兴建教堂时，是特卡波湖的标志。宽广的湖畔，教会收集预建地半径2 500米范围内的石块作为建材，并保留周围原有的岩石及植物。美丽而优雅的教堂就如同自然景色的一部分，充满祥和、协调的美感。进入昏暗的教堂内，窗外湛蓝耀眼的湖景映入眼帘，让人忍不住驻足流连。	汽车	早、中、晚	特卡波湖
第6天	4月7日	特卡波湖至基督城，送机，奥克兰接机（2.5小时车程） 参考航班：JQ236 1445/1605 早餐后，从特卡波湖返回基督城，乘坐飞机至奥克兰，接机后送往酒店休息。	汽车+飞机	早、中	奥克兰市区

276

续前表

天数	日期	行程安排	交通	用餐	住处
第6天	4月7日	1. 植物园：位于新西兰的雅芳河（Avon River）畔的基督城植物园占地30公顷，种植了海内外最好的植物品种。玫瑰园是植物园的环境展示在游客面前，有250多种玫瑰。无论是新品种还是老品种，都以最适宜的环境展示在游客面前。 2. 雅芳河：在基督城的市中心，有一条贯穿全城的河——雅芳河，河两岸绿草如茵，种满了白杨，梧桐、垂柳等绿植，加上错落其间的花坛，不难体会此地人们的亲密关系和人们对自然的依恋之情。即便称基督城拥有"花园城市"的美名，也不为过。 下午搭机飞往奥克兰。	汽车+飞机	早、中	奥克兰市区
第7天	4月8日	奥克兰 ➡ 罗托鲁阿（10小时用车，3小时车程） 早餐后，前往新西兰地热中心——罗托鲁阿。抵达后，可游览： 1. 毛利文化地热景点Te Puia（意为喷泉，以部落里的几个地热喷泉而闻名。独有的毛利文化，一直吸引着来自世界各地的游客所喜爱，其中浦湖度（Pohutu）喷泉可向空中射出高达30米的热水柱，这就是世界著名的"间歇喷泉"。除此，硅石台地、沸腾的泥浆及独特的植被，都不容错过。园区内还有新西兰国宝"奇异鸟"。 2. 爱哥顿牧场：罗托鲁阿的五星景点，在爱哥顿牧场参与一系列活动，能与种可爱动物零距离接触，并可在奇异果树下品尝微微茶以及特色奇异果童，还有一连串有趣的活动。 3. 维多摩萤火虫洞：一处十分难得的活性石洞穴。该洞穴约在一万五千年前形成，洞穴上方原有一小湖泊被冰封着，后来因为气候改变，冰雪渐渐融化，流入下方的石灰质岩层裂缝，逐渐冲蚀成一洞穴。因生成年代仍属年轻，洞穴内尚有水流，且洞穴仍在扩大中，因此被称为活性岩洞。	汽车+飞机	早、中	罗托鲁阿

第四篇　行万里路

277

续前表

天数	日期	行程安排	交通	用餐	住处
第8天	4月9日	罗托鲁阿 ⇌ 玛塔玛塔 ⇌ 奥克兰（10小时用车，3小时车程） 1. 政府花园：在繁花似锦的花园前摄影留念。 2. 红森林公园：罗托鲁阿的一大奇迹，可以在此见识到真正的参天大树，天赐美景让人叫绝。 3. 玛塔玛塔霍比特人村：霍比特人的美丽家园。《指环王》和《霍比特人》的电影造景在这里完整地保留了下来。在连绵青翠的山坡上，错落有致，镇上著名的霍比特人洞穴酒馆——绿龙酒馆，半圆形的霍比特人酒馆，除了供"镶嵌"在半山腰里，错落有致，镇上著名的霍比特人酒馆，可在充满了魔幻之外，还是一家真正营业的酒馆，可在充满了魔幻风情的酒馆内，体验奇妙乐趣。后返回奥克兰市区。	汽车	早、中	奥克兰皇后大街
第9天	4月10日	奥克兰 → 上海 参考航班：MU780 2200/0530+1 1. 奥克兰城市观光：奥克兰是沿山坡而建的城市，市区内高低起伏甚大，常常下坡时眼前是美丽的海岸，上坡时却是大片如茵茵绿草，让人的心情随时转换，惊喜不断，它的地形非常适合帆船运动，城中居民多拥有私人游船，所以又被称为"风帆之都"。 2. 游艇俱乐部，"教会湾"也是赏景重点。 下午前往皇后大街购物，晚上搭机飞往上海。	汽车+飞机	早	飞机上
第10天	4月11日	到达上海。	飞机	飞机上	飞机上

278

"丧"之旅 | 私募老总寻房记

我们公司在徐家汇上实大厦写字楼办公，办公区、休闲区、会客区、会议室、交易室一应俱全，但办公面积趋于饱和，考虑到明年我们会增加员工，场地明显不够了。基于此，我考虑在不增加预算的前提下换个更大些的办公场地。

正好市场清淡又非财报季，我想顺带调研下上海的商务地产行情，于是干脆直接开干。我首先上网查找了无数的办公楼出租信息，不查不知道，一查吓一跳。原来，上海的高层办公楼租金不仅没涨还一直在降，像浦东陆家嘴附近的中国人寿世纪广场证券大厦之类的高楼，租金大都在5~9元每平方米，还都是精装修，带办公家具，可以直接拎包入驻的，价格我们也可以接受。于是，我先和中介打听了一些最近的行情，得到的回复是："你们做基金可以在陆家嘴附近看看，年底租金便宜很多。"

不过，我们从创业初期就刻意回避在浦东扎堆，这么多年也习惯在浦西了。我想，按照这个价格，我们完全可以在浦西找个环境更好些的地方办公吧？于是，我很开心地加了好几个专做写字楼、创意园、独栋洋房的房产中介的微信，开始了我的寻房之旅。于是就有了下面的故事：

"姐，很高兴为您服务！这是我们根据您的需求为您推荐的房源……对了，姐，请问你们公司的业态是什么？"

"我们是一家私募基金公司。请问第二套房的报价是否已包含物业费？"

发出的微信消息被拒收，我竟然被中介拉黑了？！这是什么情况？莫名其妙啊！

为了避免再次受伤害，我决定先不找中介，直接联系物业公司，与负责招商的人电话联系。

"我们是一家投资管理公司，我想找一个280平方米左右的房子，请问您那边现在有合适的房源推荐吗？""哪方面的投资管理？"对方的话语里充满了警惕。我如实回答：

"权益投资。""权益投资是什么？""就是以二级市场的股票投资为主。""哦！原来是炒股票的！"

啪！那头果断挂掉了电话，剩下电话这头无比凌乱的我……

但是，我哪里是那么容易被击败的人呢？于是，我添加了更多的中介，当别人都在为"双十一"备战时，我却以翻这些中介的朋友圈为乐。没想到，一个崭新的豪宅世界打开了我的眼界。华洲君庭、檀宫、九间堂、御翠园、汤臣一品、绿城黄浦湾、御翠园、华府天地、嘉天汇……这些传说中的顶级豪宅就这么轻而易举地出现在了这些中介的朋友圈中，出售和出租的都有。我简单看了看，基本上市场售价在8 000万以上的豪宅，月租金15万~20万；市场售价在5 000万左右的豪宅，月租金在10万左右；市场售价3 500万左右的豪宅，月租金在6万左右。租售比基本稳定在2%~2.5%间。

我咨询了一位中介："那套300平方米的独栋洋房，房东既然要以 6 万的价格出租，为啥还在别的地方挂着要卖 3 500 万？"中介小哥很懂行，这样回答我："房东当然是想卖的，关键是他不肯降价。这年头，不肯降价怎么可能卖得出去？所以，他现在急了，想先租掉算了。不过，姐，这套您就放弃吧，我看您人挺好，不想坑您。就算房东不挑你们是干金融的，周围邻居以后搞不好随时举报你们。""我们是正规经营的合法公司！""您和我说没用，现在谁都知道好多干金融的是骗子、是坏人，和我们中介一样，只招人讨厌。"

世道什么时候变成这样的了？这画风变化得让我有些适应不了啊……

上周中午吃饭时，和小伙伴聊我惨痛的寻房经历，大家笑晕过去。我说快来出出主意，看看怎么才能快速说明我们是个付得起房租、愿意签长期合同且非常靠谱的好公司。A 说："告诉对方我们管理资金规模超 10 亿。"B 立马反驳："10 亿算什么，那些 P2P 跑路前资金上百亿的都大把。我们这是遭遇了劣币驱逐良币的典型。"C 建议："就说我们是非常稳健的投资管理公司，今年那么烂的市场，我们的产品回撤控制在了 3%，客户对我们很满意，没人会闹事。""那有什么用，就算相信你们现在没事，人家也担心后面会有人闹事，现在维稳第一。"D 也发言："要么把我们刚开的年会照片给他们看？一看就应该知道我们个个都是满身正能量的读书人。""搞笑吧你？真正骗子公司的年会比我们陆宝年会规模大多了好吗？人家都是三亚啊，游艇啊，安缦、四季啥的，那奢华呀。话说骗子们智商也不低的。"众说纷纭之际，王老师总结发言："刘老师就别折腾了，挤点就挤点呗。这世道，别说好多金融机构的信用崩塌，连不少上市公司都困境重重。我们现在能在徐家汇市中心办公，已经很不错啦。"

我不死心，给自己熬了碗鸡汤喝。话说，2005 年的时候，我那会儿还在国泰君安总部工作。记得有一天，我一个同事发烧感冒，从延平路骑着单车到静安中心医院看病，医生本来准备要给他开挂水的单子，无意中瞄到了病历本上工作单位写的是国泰君安，就问我同事："你搞证券的啊？"我同事是外地考上财大的高才生，特别自豪，说："是的！就在延平路上国泰君安。"没想到医生幽幽地说："你们公司还没破产啊？南方证券不都破产了吗？看你蛮可怜的，就节约点吧，不用挂水了，给你开几片退烧药先吃着。"我同事拉着脸回来，说此生第一次受到了羞辱和歧视，竟然是因为我们大家最引以为傲的职业。十年后（2015年），当国泰君安隆重上市且市值突破2 000亿时，我看到了这位老同事发的朋友圈图文，隔着屏幕都能感受到他的兴奋和激动。这个真实发生在我身边的故事，令我印象无比深刻，也令我对所有的周期保持觉醒。人性从来都是这样的，太阳底下没有新鲜事。

昨天，一个之前联系过的中介突然在微信上发了一组照片，让我中午赶紧去看长宁区刚出来的一套房子，三层独栋的，报价5.5万一个月，说应该符合我的要求。我一看还真是，面积有310平方米，不过离地铁站稍微远了些，算是能勉强接受，于是就和小黄同学一起开车去看了。和我们一起看房的还有另外三组人，其中一组甚至还带了个风水师。看下来，我觉得并不是特别满意，但也还算凑合。我是个做决策挺快的人，我想这前后也看了一两个星期了，我可没那么多时间和精力，差不多就行了。于是，我和中介说：行吧，就这个，定了。中介挺高兴，于是就带我去找他们老总谈。路上，他叮嘱我："姐，等下你可千万别说你是干投资的，就说是搞设计的。""这个没法撒谎啊，签合同时人家肯定都会知道的啊。""管他呢，只要他们收了定金就行。"到了物业老总办公室，另外一组人也坐在那里，我内心一惊：这难道是要我们两组人现场PK吗？物业老总看起来挺和善，先问那组人："你们公司是干什么的？"那边答："我们搞软件设计的，与卫星发射相关的高科技创业公司。"我一听，职业病立马犯了，拼命在脑子里过滤：这是什么公司？卫星发射相关的公司我都看过啊，怎么可能现在还有在创业的？正在走神拼命想数据，那个老总问我："这位大姐，你们公司做什么的？"我挺直胸膛脱口而出："我们是上海陆宝投资管理有限公司，中国证券投资基金业协会备案的正规持牌阳光私募。"我一说完，包括中介在内的所有人都像看怪物一样盯着我，气氛瞬间无比尴尬；此时的我，也倔强而平静地看着他们……

"软件公司的留下签合同。你们几个，走好不送！"在赤裸裸的歧视下，我默默无言，转身离开。这段寻房遭遇，实在有点"丧"。

万物皆周期，低谷时保持乐观，高峰时学习淡然。这点"丧"对经历过牛熊转折考验的人来说，真是小事一桩。

2018 年 11 月 10 日，于上海

后记：2019 年年初，陆宝顺利搬到了古北 1699 商务中心办公。

伦敦游记

从伦敦回来已经一周了,我一直想写点东西,顺带回答不少朋友的疑问。恰逢今天一人宅家里,于是静下来敲些字。

先交代为什么选择休假去英国伦敦。答案是性价比。今年国庆放假期间,我在网上看到东方航空正在搞会员积分半价促销的兑换活动,当时我本想去韩国,大概22 000分就可以兑换往返免费机票,但是一查网上的机票销售价格,居然很容易就可以订到1 500元左右的来回机票,明显性价比不高嘛,立即放弃。然后想干脆飞远点。美国纽约? 一看,郁闷啊,要48 000分,而我的积分只有46 000分,于是只能在45 000分的国际航线里选: 法国巴黎去过了,意大利罗马去过了……于是,英国伦敦跳出来了,一查票价,直飞往返票价都在9 000元以上,这个划算,性价比高! 那就伦敦了!

上班后第一天午餐,碰到同事H美女,一聊此事,她也正好有大把东航积分没用,也有假期没休。于是,我们立马约好第二天带上护照换免费机票去——绝对地雷厉风行。我们就这样搞定了上海往返伦敦的直飞机票,票价为0元,个人只支付燃油税和机场建设费,这个性价比,赞!

所谓的性价比,做了这么多年的投资分析,我有个观点越来越清晰,那就是: 投资其实就是性价比的选择,为不同的资金在不同的期限配置最具备性价比的标的,如此而已。再直白点的比喻就是,尽量利用市场提供的机会。这个原则几乎已经渗透到了我全部的工作和生活中，当然更涵盖了旅游和购物。今年夏天我到悉尼和墨尔本度假，往返上海的四程机票全部加起来才1 900元，连我早已移民到澳大利亚的表哥都惊呼便宜到不可思议。但是，我确实做到了。秘诀是，只要用心，机会无处不在！

机票到手，接下来就是办旅游签证。我有多次出国自办签证的经验，这次当然也不例外。有不少朋友一直认为自办签证很麻烦，我仔细对比过，办理旅游签证，旅行社需要你提供的资料往往比大使馆或者签证中心要求的更多，而且所有的拒签风险仍然由个人承担；因为申请表一般都是英文的，很多人觉得有障碍。其实借助网络和翻译软件，填表不算太麻烦的。一周后，我已经根据网上的预约到签证中心送签证材料了，很顺利，也很方便；又过了十天，我收到EMS，拿到了半年有效期多次往返英国的签证！

机票、签证搞定，对于我来说，剩下的都是小问题。加上这次有同事一起出行，大家一起做攻略，更加轻松。很快，同事设计出"伦敦—巴斯—牛津—伦敦"的游览路线，我则配合预订好了相关的酒店。同时，为减少对目的地的陌生感，我事先下载了伦敦的地铁图，标注出我们的住宿酒店位置及参观景点的位置；同事则买了一本叫《搭地铁游伦敦》的书，以便旅行时备用。

到伦敦的第1天，我们直奔福尔摩斯博物馆和大英博物馆。我初中读书时，被福尔摩斯这位伟大的侦探迷得一塌糊涂，梦想中的理想职业就是侦探。当我终于来到贝克街221号，穿过身着维多利亚时代制服的守卫身旁，进入客厅，坐在壁炉前，头顶着招牌猎鹿人黑帽照相时，我知道，梦其实早已远去。但是，我的现实职业也包含了侦探成分，那就是侦探哪些股票具有很高的性价比！

而大英博物馆作为全球历史最悠久的博物馆，600多万种藏品绝对能让任何人眼花缭乱、大饱眼福。

从中东古文明到希腊与罗马文明，从人类学发展到史前时代与欧洲，从钱币、奖章到印刷品，仅一个古埃及展馆居然就有 7 万件傲视全球的展品。大英博物馆是可以免费参观的，我们花费几英镑租了个中文导览器，这样参观效果好很多。

在伦敦的第 2 天，按照计划，我们是走马观花看景点，所以我们果断买了地铁一日票——7 英镑随便坐。于是乎，一大早我们就到英国国家美术馆排队等开门。这里收藏了 2 300 多幅画作，是全世界著名的宝库，也成为我此行中最钟爱的目的地。这里的展馆布置合理且舒适，每个展馆都不大，且配有欧式沙发，让参观者可以极其舒适地饱览大师名画。达·芬奇的珍品《圣母子、圣安娜以及圣施洗者约翰》、印象派始祖莫奈的《格尔奴叶的浴者》（又名《蛙塘岛》）、凡·高的《向日葵》、扬·凡·艾克的《阿诺菲尼夫妇像》等大师名作均可在此处欣赏到，让人神往和回味无穷。

从英国国家美术馆出来后，我们步行走到英国首相的住所和办公所在地唐宁街。之后参观了丘吉尔博物馆，其实也是二战作战指挥署，在这里体会了一把英式幽默。这个展馆由于是私人筹建的，所以是收费的，当我正准备归还导览器时，突然听到里面传来"感谢您的付费参观，您的本次费用将在美国得到退税"的声音，我和同事相视一愣，继而哈哈大笑！

之后，在明媚的阳光下，我们到了附近的议会大厦、大本钟、"伦敦眼"摩天轮拍照留念。然后参观了著名的威

斯敏斯特教堂，它就坐落在议会广场的南侧。我出国多次，宏伟的教堂见过不少，之所以对这间教堂感兴趣，不仅是因为它展现了中古世纪建筑的绝佳风采，更是因为有英国皇室成员、主教、政治家、诗人、作家等无数重要人物葬于此处。参观这里，令我感慨最深的是伊丽莎白一世之墓。作为享年 70 岁、终身未婚的英国最伟大的新教女王，她一生的天主教死对头、被她下令砍头的妹妹玛丽女王的遗体，竟在伊丽莎白一世去世 9 年后被詹姆士一世也移送到威斯敏斯特教堂，两者之墓相对……我想，这是她们生前做梦也想不到的吧？这让我想到，人活着，为什么非要有那么多的仇恨？有什么不能放下？

夜幕降临，今晚去哪儿？答案早就有了，因为去英国前我们就在网上预订了韦伯的四大名剧之一《剧院魅影》的门票，所以，当然就是听歌剧啦！伦敦的剧院非常多，建筑也非常漂亮，每家剧院常年演出的剧目都不同，比如雨果的《悲惨世界》就在女王剧院上演，而阿加莎·克里斯蒂的《捕鼠器》则在另一家上演。我们这次观看的《剧院魅影》是在女王剧院定期上演的。剧场非常小，但是基本满座，我估计就两百多人吧，和上海大剧院、悉尼歌剧院等相比，简直可以说太小了。好在无论演出质量还是舞台音美，都绝对有保证！在任何时候、任何地方，我发现人类最相通的就是艺术！这点我觉得自己很幸运，我喜欢令人遐想的画作、动人的音乐、悦目的建筑，我从来不会因为不懂而自卑。我坚信，只要是欣赏美好就好，只要感受到魅力就好！

第 3 天，我们乘火车到了伦敦周边的巴斯小镇，英文名叫 Bath，光从名字就能感觉到这是个浪漫的小镇吧。去了一看，果然如此！我们先去参观了古罗马的温泉博物馆，然后就来到了我们此行预订的价格最高的新月酒店，远远望见酒店外观，已经狂赞不已了。入住后，

更是满意。我不禁想,其实这家酒店还真适合真正想让自己身心放假的人。宁静、舒适,不仅有绝对贴心的英式管家服务,还有经古罗马马厩改造而成的温水游泳池以及桑拿房等各项免费设施,当然这个价格还包含了极其丰盛的早餐,我觉得性价比非常高。也因为前几天比较辛苦,所以当同事还要抓紧时间出去逛时,我果断选择在房间里美美地睡了一个午觉,真是舒服啊!

第4天,在新月酒店美美地享用了早餐后,我们就搭乘火车出发前往牛津。牛津,作为英国最古老的大学城,给我的印象并非充满活力,大概是圣诞前学生放假的缘故,整个牛津反而到处弥漫着寂静、忧郁的古意。我们想要去的博物馆正好在装修,没参观成,而最壮观的学院——基督学院也闭门谢客中,所以我们在牛津只参观了科学史博物馆。这家博物馆虽然小,但是窥一斑而知全豹,我依然能感受到化学、生物学等学科在英国的历史发展,而且这里居然还保留有爱因斯坦1932年上课时使用过的黑板,好有意思。

第5天。我出国旅行有个习惯,就是尽量集中时间购物,这样一来方便,二来节约时间。这次的英国行,我们特意安排前往著名的比思特购物村购物。到了英国的比思特,我发现这里的商品性价比相当高。很多品牌的价格是国内专柜的四分之一。女人没有不爱购物的,尤其在这种氛围下,不买只看都很开心。我天生理性,并不容易头脑发热,所以坚决只对性价比最高的东西下手,适逢节日来临,能以国内 2 折的价格买回来作为圣诞礼物送给朋友们，大家都会很开心的。后来，香港的好友打来电话，拼命夸赞我送她的围巾她越看越喜欢，说我眼光确实好，不禁有点得意。

在比思特逛时，我还观

唯一有汉字的站台名

察到一个现象，那就是留学生至少占了一半，他们买起东西来可是毫不手软啊，令我有些意外。原本以为他们是打工做网上代购生意的，但是留意他们的对话，发现很多居然还是买给自己的，这个有点夸张，父母花许多钱送他们到英国读书，应该不希望他们整天在名牌店购物吧？

第 6 天，回到伦敦。告别物欲，重返精神世界。上午，同事建议去参观金丝雀码头。我也想看看正在与伦敦金融城争锋的新兴 CBD 到底是个啥模样。到了一看，怎么感觉有点像陆家嘴？其实，英国最高的三幢建筑都坐落于此，不过就算这样，和上海比，那高楼还是少很多。于是赶紧撤，直奔我心仪已久的泰特现代美术馆。这座号称伦敦最令人兴奋的新美术馆是由昔日的河岸发电厂改建而成的，大到有 88 个宽敞明亮的展厅！每个楼层有不同的主题，比如行动、裸体、回忆、社会等主题在一层楼，而静物、对象、事件、环境等又在一层楼。我对现代艺术并不怎么理解，所以对于看不懂的，我都匆匆扫过。但是对于这里的画作，我却十分喜爱，尤其是这里有泰特从全球搜罗来的当代艺术精品，包括毕加索、达利、罗斯可等大师的作品，《三名舞者》《自杀》《蜗牛》等，实在令人流连忘返。

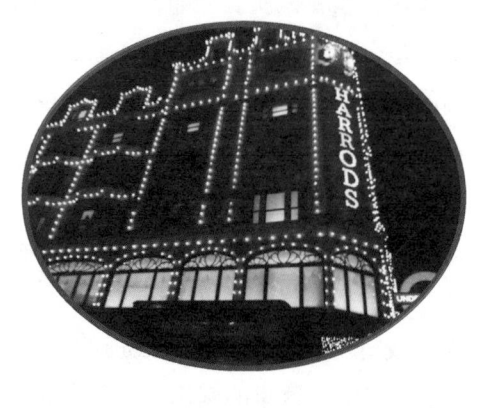

通盘无妙手

我们此行运气甚好,几乎日日出行都是阳光明媚、蓝天白云,和我想象中的阴冷相差甚远!只是伦敦的冬天日照时间确实短,下午4点左右天就全黑了。我特别喜欢阳光,于是趁着还有阳光,我们从泰特现代美术馆出来到千禧桥散步留影。之后,我们乘地铁来到著名的哈罗兹百货,我要在这家英国最负盛名的百货公司请我的同事享用一次醇正的英式下午茶,感谢她一路的陪伴和翻译。哈罗兹百货公司有深厚的底蕴,这家于1849年开业的百货公司，起初只是个小杂货店，而发展到今天，它里头居然有300多个商品部门，大到一天都逛不完。从传统的食品到顶级的奢侈品，从餐厅到书店，这里统统都有！人们可以在这里待一天不花一英镑，也可以在这里挥金如土，且都能得到令人愉悦的服务，实在很棒。

第7天是在伦敦的最后一天。终于遇到下雨天了，下得还不小呢。一大早，我们冒雨前往海德公园，居然看到一条排得很长很长的队伍，原来这里正在办新年嘉年华，很多带着子女的家长都在雨中耐心等候开门。雨越下越大，我当天正好穿了我在哈罗兹百货新买的衣服，舍不得弄湿啊，时间有限，我和同事干脆分开自由活动。我选择去了著名的牛津街，因为我此行还有个任务没有完成，那就是给我女儿买礼物——一款卡西欧手表。实在是老天眷顾我，很快我就找到一家大的手表专卖店，正好有我要买的那一款，而且因为是最后一只，居然还打折！价格算下来才600元人民币左右，大约相当于国内价格的四折。我灵机一动，问店员："这里还有最后一只打折的手表吗？"只会说粤语的店员非常认真且细心，后来真给我找到了两只非常赞的英国本土品牌的手表，说是表带有轻微瑕疵。我一看价格乐坏了，都是英国官网的半价呀！这个价格不买都有点对不起我的性价比购物宗旨。一淘到便宜的好货我就心情大好。就它了，送给老爹他肯定会喜欢。再三道谢后，我满意而归！我们这次入住的宜必思黑衣修士店，是2012年10月新开的现代创意酒店，房间超大，干净舒适，全天候免费wifi，我在网上预订的价格每晚600多元，性价比高，值！

我们提前四个小时到达希思罗机场，没想到这里人满为患。排队实在太无聊，我只好给自己找点事做。干什么呢？当然就是算账啊。登机后我立马蒙头大睡，睁开眼，已到上海了！

关于伦敦的美好记忆还有很多，走过欣赏过真是心满意足。新的一天又将开始，未来，我还会带着火热的心，踏上新的旅程，去体会新的美好！

2012 年 12 月 29 日，于家中

美东游记

从纽约飞回上海的航班刚一落地浦东机场,我们立马被浓浓的大雾包围着,像是在提醒我们,休假已经结束了。

每年的休假旅游对我来说是最值得重视的活动,这次碰巧几位同事也因各种原因要前往纽约,于是,我自然又成了"领队"。鉴于过往多年的旅游经历,我对网淘特价机票和酒店已是轻车熟路,挖掘性价比也令我乐在其中。忙里偷闲,我很快帮大家搞定了总价 6 900 元上海往返纽约的含税直飞航班,之后,和 R 同学配合搞定了签证、酒店以及美国国内的交通,充分展示了合格"领队"的办事效率。技多不压身,副业线不断拓宽中……

20 世纪 80 年代初,我大哥跟着收音机练口语。还不到十岁的我啥也不懂,只知道英语口语分美式和英式发音。长大后,看好莱坞大片,听摇滚;再后来,从事金融行业,才发现美国对金融的影响挺大……假期有限,我一点都没有纠结是去领略美西的自然景观还是美东的人文景观,对我来说,第一次美国行,必须是美东。于是,我安排了如下线路:纽约—费城—华盛顿—布法罗—波士顿—纽约。带着美好的心情,出发!

不走寻常路,我可不打算记流水账了。对我而言,走马观花式的旅程中点点滴滴都是美好的,所以,我就简略写些这一路上的所见、所闻、所思,和大家分享吧。

还在我的少女时代，我就曾立下了要在法国埃菲尔铁塔、美国自由女神像、澳大利亚悉尼歌剧院前拍照留影的三大世俗心愿，这次到纽约总算把其中一个心愿完美达成了。

天公作美，我们前往自由岛的那天，正是此行中天气最好的一天；而且，那位手抖的队友，那天神奇逆转，突然又会帮人拍照了，这真是个大好消息！此话怎讲？这得从我们刚到纽约的头天晚上讲起：由于有同事受美国朋友邀请共进晚餐，我只能兴冲冲地拉着某队友陪我去华尔街参观，当然重点是要和莫迪卡设计的华尔街铜牛合影。然而在寒风下的华尔街街头，我的队友无论怎样努力，还是控制不住发颤的手，居然连续为我照了 30 多张模糊不清的照片。我简直哭笑不得……随着脸上的肌肉越来越僵硬，我的队友开始"威胁"我，说他手抖是小事，比较严重的是由于高度近视，晚上视线模糊，眼睛已经快看不见了，我晕……恨不得撞上牛头啊。好在吉人自有天相，就在进退两难之时，守护华尔街铜牛的警察大叔估计在旁边实在看不下去了，突然主动走上前来，直接"缴下"队友手中的相机，旋即熟练地帮我拍照，咔咔几下，搞定！我是真开心呀，为表示感谢，我提出要和警察大叔合影留念。于是，队友再次拿起相机，再次颤抖，为我们定格了非常美好的模糊瞬间。

每次旅行前，我都会淘些关于这个国家的书籍来看。美国的历史较短，加之平时看了许多有关美国资本市场的书，而美国的小说《飘》和《大街》等已经让我觉得美国并不陌生，所以，这次出发前，我淘

的书是《自由的张力》，这是美国博物馆之旅的介绍，简要精炼。后来我还读了赵玫新出的《博物馆书》，更赞！想当年我狂追布老虎丛书时，赵玫就是我的最爱作家之一，这书，无论是内容还是印刷，都堪称精美。

这次，我本来计划一定要去纽约的大都会博物馆和古根汉姆美术馆，还有华盛顿的美国国家美术馆，结果，后来被"黑色星期五"一搅和，我只去成了大都会博物馆和美国国家美术馆，留下了一点遗憾。逛博物馆，对我来说一直是休闲活动。我逛博物馆的乐趣在于寻找感动。我从来不是那种非从一楼看到六楼、每件展品都要过目的游客，我只选择自己感兴趣的、能吸引自己目光的展品。我一直觉得，在一次逛馆过程中，只要有一件作品让我记在心中了，就很值得。

这次让我记在心中的作品是大都会博物馆展出的凡·高的一幅草帽版自画像，我记下了那无边的忧郁的眼神。还有美国国家美术馆的镇馆之宝——达·芬奇于1474年创作的肖像画《吉内薇拉·班琪》。逛博物馆时有种感觉很神奇，就是有时我会在一幅画前被莫名地吸引住，不愿走开，总觉得画上人物的内心情感需要我停下来倾听，《吉内薇拉·班琪》就是这样的画。通过导览器的解说我才知道，原来这就是达·芬奇留存世上的19幅画作之一！这幅画使用的是已经失传的无比复杂的多层染色画法，我离得很近，但几乎看不到笔触。注目凝视，甚至可以感觉到班琪少女的呼吸，绝对有种超凡脱俗的意境。

另外值得一提的是，这至美的享受完全免费，包括导览器都免费。在华盛顿，所有的美术馆和博物馆都隶属于史密生协会，这个协会是由史密生协会干事、美国国务卿、财政部部长、最高法院院长和五位民间理事共同经营管理的。而我参观的美国国家美术馆，可以说是全世界最年轻的国家级美术馆，它是由曾经当过11年美国财政部部长的安德鲁·梅隆发起兴建的，梅隆为美国国家美术馆捐了价值 6 500 万美元的个人收藏品。值得一提的还有美国国家美术馆的现代化东馆,这是由著名的建筑大师贝聿铭设计的,贝聿铭当时用一句"让我们好好工作,这件作品将会永垂不朽"成功说服后来的保罗·梅隆将 3 000 万美元的建筑预算最后追加到了近 1 亿美元。1978 年 6 月 1 日,在卡特总统的见证下,保罗·梅隆将这座全美最贵的公共建筑,同时也是集智慧和艺术的心血献给了美国人民。

在纽约的某天晚上,我还邀请同伴们一起去百老汇欣赏了一场代表 21 世纪百老汇艺术风范的音乐剧《妈妈咪呀》。在世界流行音乐史上,《妈妈咪呀》绝对赢尽口碑。我虽然爱看演出,但每次掏钱买票时我都尽量从最低价开始买。这次因为时间紧迫,我们订票时居然只剩两种最高的票价了,我说那就赶紧订更划算的那种。没想到,我们可爱的 R 同学订票时小手一抖,居然下了最贵的单。所以,当我们入场时,我非常不习惯地在众目睽睽之下走到了最前面第 3 排的最中央坐下，舞台就在我眼前，演员就在我前方。我，在最无防备之时，就这么当了一回"土豪"！此等情景，终生难忘啊！精彩绝伦的演出结束后，我整晚都处于兴奋状态，享受着音乐带来的美感。

我发现我这人对于性价比特别在意。继续深入探讨性价比。这次预订机票时，我特意选了感恩节后几天的回程，就因为我要亲自感受一下著名的"黑色星期五"购物打折的魅力。我在上海很少购物，工作忙，周末宅，网购嫌麻烦。但是出于对价格的天然热爱，我记得很多牌子和大致价格，每次出国旅游我也会安排一天的时间来购物，所以我的价格清单非常简单。到美国后，我发现感恩节前的美国物价超级低。我们特意选在 27 日前往纽约中央山谷的 woodbury 购物，事后证明，这非常英明，折扣几乎和"黑色星期五"一样，而且人少，能真正享受购物的乐趣。这和股票大跌时抄底一样，我从不指望能在最低点买入，能在次低点拿下我就很满意。抱着这种心态，老天反而多次赠送我在最低点买入的机会。奥特莱斯的标价原本就只是美国专柜价的 5~7 折，我们去时，基本能在这个折扣的基础上再打 5 折。我在国外购物有个习惯，就是只看价格是国内 3 折以下的东西，带着淘便宜货的心态购物，轻松又愉快，基本上每次都能满意而归。

这次在美东游走，感受到美国的资源非常丰富。美国森林覆盖率高达三分之一。尤其在我们从费城坐大巴到华盛顿以及从波士顿回纽约的路上，两旁的森林实在美，不仅树种丰富，还满带色彩之美。美国的面积和中国差不多，但人口只有中国的四分之一左右，美国资源丰富且分布均匀，得天独厚的优势令年轻的美国占尽先机。这次美东游，我还特意安排了前往《独立宣言》的发表地费城参观。可惜在独立宫，我完全听不懂解说员在说啥，只能自己走到外面的花园，重温《独立宣言》中我最喜欢的前言："我等之见解为，下述真理不证自明：凡人生而平等，秉造物者之赐，拥诸无可转让之权利，包含生命权、自由权与拥有私人资产之权。兹确保如此权利，立政府于人民之间，经受统治者之同意取得应有之权利。特此，无论何种政体于何时坏此标的，则人民有权改组或弃绝之，并另立新政府，本此原则，以成此形式之政权，因其影响人民之安全幸福至巨。"

华盛顿和杰斐逊总统为美国树立了良好的标杆，让信用文化在美国得以流传。我们在美国，深切体会到了美国的信用文化。在华盛顿买的眼镜，在纽约也可以退货，不需要理由；在超市，有些出口可以自己扫描商品刷卡走人；在酒店退房时，客人可以直接把房卡投进退房箱后自行离开；地铁检票口只需刷卡进，出口则不必再刷卡……我个人认为，信用文化是美国的真正智慧所在！我一直喜欢一个词——双赢。我固执地认为，只有存在双赢，一切才是合理的。我特别讨厌人与人之间的对立和紧张，我认为对立是不正常的，因为这违背了人类的进化要素。人类之所以比其他动物高级，正是因为我们更懂得合作，人类的进步是基于合作，是合作令知识得以快速分享、人们能够发挥所长。所以，满怀希望的生活才应是我们向往的生活。只有在诚信的基础上，我们才可能有足够的时间去积累财富，去做大实业，去集中所有精力做成自己感兴趣的事，并做好。这才是真正的良性循环。我之前对此已有认知，但这次旅行让我感受更加深切。

在这次美东之行中，我们还前往波士顿参观了两所世界顶尖名校：哈佛大学和麻省理工学院。踏入哈佛，眼前的场景几乎和我的想象一致：一座座古朴典雅的砖红色楼房，散落在一片片绿茵和浓荫中，清雅幽静的气氛营造出了能让人潜心钻研的好环境。我知道哈佛成立比美国建国还早140年，哈佛的历任校长都坚持3A原则，即学术自由、学术自治和学术中立。哈佛共出过8位美国总统、40名诺贝尔奖获得者（其中有34名出自教授团中），还有30名普利策奖获得者。我们还专门走到了哈佛商学院，这可是如今美国最大、最富有、最有名望，也是最有权威的商学院，有多达 250 亿美元之巨的基金，比美国所有其他商学院的总和还要多。我看过的为数不多的金融市场书籍，很多可以和哈佛扯上关系。

走马观花般参观完哈佛，我们又坐地铁来到素有"世界理工大学之最"的麻省理工学院，R 同学在清华的同学王帅哥正在此攻读博士，热情的小王博士陪同我们详细参观了这个全世界优秀学子云集的地方。据说麻省理工学院的学生必须拿满 360 个学分才能顺利毕业。在繁重的学习中，学生们几乎都在"夹缝里求生存"。我们在麻省理工学院的很多角落，都看到学生在专心读书。王博士说学生入校后，表面上基本没人管，但其实每个人都会自觉地拼命学习的。麻省理工学院曾被称为全美最难进的大学，培养了很多著名的毕业生，其中包括我们熟知的伯南克、贝聿铭和钱学森等。参观完麻省理工学院的教室、各种实验室、办公室、资料室后，我不禁感叹：若没有顽强的意志、没有远大的理想、没有对科学研究的执着追求，实在很难成为麻省理工学院的优秀学子。麻省理工学院的很多毕业生，愿意十年、二十年甚至更长时间待在这所校园中，度过一年又一年东北部漫长的冬天。这里，绝对是大神级人物的天堂，是"伪大神"的地狱呀！

欢乐的时光总是很短暂，写游记的时间却总显得很漫长。对于此次美东之行的其他一些景点，比如冬季的尼亚加拉大瀑布、华盛顿的林肯纪念堂等，都给我留下了无比深刻的回忆，我就不一一介绍了。

梦有多远，路就有多长。愿我们每个人能永远做个追梦人！

2013 年 12 月 7 日，于家中

通盘无妙手

奥马哈之旅

我们陆宝团队一行5月2日下午到达奥马哈,是从洛杉矶飞凤凰城,再转机抵达的。下机后,坐出租车去酒店的路上,我们看到了窗外的CenturyLink Center(股东大会举办地),大家都兴奋地掏出手机拍照。入住的酒店果然离大会地址非常近,我庆幸当初坚持按地图选择入住的酒店。

我们提前三个月就计划安排好本次行程了,小伙伴们分工合作,大约3天时间全部搞定。我负责预订国际机票和所有酒店,预订标准是我提出的,即必须有性价比,酒店每晚不超过150美元,力争少

花钱办好事。但是,当我开始查询 5 月奥马哈的酒店价格时,我还是被吓到了:但凡靠谱的酒店,要么已经被预订满了,要么就是开出天价;更重要的是,这些开出天价的酒店地址距离会场至少 25 公里!也就是说,奥马哈根本没有能满足我的条件的酒店了!小伙伴们说,四五十万人口的小镇,一下子来四万多股东,怎么可能找到有性价比的酒店呢?你还要离会场近,实在不可能呀!可我就是不死心,晚上在家认真搜索,不停地在地图上画圈,终于发现了这家 Quality Inn & Suites,离会场不到 2 公里,价格也非常公道。但是下单前,我又看到,酒店的地址并不是奥马哈,而是康瑟尔布拉夫斯!究竟是我错了,还是市场错了?理性又一次帮了我。我换了至少三种地图,最后确认:我没错。亲临奥马哈观察地形后,我知道了缘由:康瑟尔布拉夫斯和奥马哈之间有一桥之隔,类似上海的浦西和浦东吧,由于地名不同,大家都只找奥马哈的酒店,而忽略了桥那端的酒店。真是有趣。我暗自想,如果这是巴菲特给大家来奥马哈所出的一道闯关题的话,我应该算一名优秀的闯关者吧。

之前我阅读过无数关于巴菲特股东大会的报道,大家纷纷表示凌晨三四点就得起来排队之类。我可不愿意这么干。一来是因为我的生活习惯保持稳定——基本晚上十一点前睡、早上六七点起床;二来是因为我们到美国本来就需要倒时差,如果因睡眠不足导致精力无法集中,反而得不偿失。因而,之前我一直说要找个离会场近的酒店。所以,股东大会当天,我们仍然七点起来吃早餐,七点半乘坐酒店的免费车到了会场。

在路上,司机告诉我们,昨夜通宵就有人开始排队,凌晨五六点已经有两三万人了。司机夸张地表示:"人们太疯狂。"我微笑,心想,我不愿排队,我可不疯狂。

但是,当我们轻松进入会场后,我差点疯狂。因为我们进入会场后，绕了无数圈，走了无数个方向，但就是找不到一个座位。许多空着的座位上要么放件衣服、要么摆着一张报纸，都代表有人了。这完全超出我的想象了。我之前以为，晚来（也不算晚，离正式开始还有一小时）就坐偏远的位置吧，现在怎么能一个座位都找不到了呢？于是，我们迅速分散开来，自求多福地各自去找座位了。眼看离开场电影播放时间越来越近，我也越来越紧张起来，甚至已经做好了干脆在场外看直播的准备。我盲目地在会场中穿梭，莫名地跟着一个穿制服的老外走，这时突然会场灯光暗了下来，全场瞬间无比轰动，开场电影即将开始播放。我当时正站在靠近主席台楼梯的过道上，十分尴尬，正进退两难，一个工作人员指示我蹲下，我就赶紧一屁股坐到了台阶上。无数次魂牵梦绕的巴菲特股东大会，居然不是坐在座位上开始的，我哭笑不得啊！

但是很快，我就偷着乐了起来，因为我发现，我这个位置离主席台好近，几乎可以算是全场最佳的位置了。开场电影播放开始！电影

有许多小段落，比如奥马哈将在2034年举办冬季奥运会，巴菲特的伯克希尔战队将代表美国出征。还有GEICO的小蜥蜴作为解说员，介绍美国冰球队的组成、巴菲特的喜诗糖果队老总和俄罗斯冰球队交上了手、比尔·盖茨是守门员等有趣的画面。还有伯克希尔旗下许多公司产品的广告（可口可乐和喜诗的广告时间相对较长，都充满了欢乐的气氛）。我也第一次见证了巴菲特因所罗门兄弟的丑闻在国会做证的画面，巴菲特当年在现场的话掷地有声："赔钱的企业，我可以理解；但失去公司一丝一毫的信誉，我将是无情的。"这段20年前的听证录影，虽然令现场的欢乐气氛瞬间变得有些凝固，但是仍然迎来全场热烈的掌声。接下来的时刻更加令人激动，因为电影里居然出现了巴菲特和已去世歌手保罗·安卡的和声二重唱——这巴菲特，还玩穿越！全场再次爆发雷鸣般的掌声和笑声！

开场电影播放完毕后，伴随着音乐，大屏幕上开始滚动伯克希尔所投资的公司负责人头像，而且这时观众席上居然还出现了一些暖场的跳舞女孩，全场股东随着音乐打起了拍子，气氛几乎HIGH爆。果然是一场欢乐的盛典。

终于——巴菲特和芒格出场了！我顿时无比激动，总算见到了……

巴菲特首先介绍了出席大会的股东们，包括他的儿子霍华德·巴菲特、公司董事保罗·鲍尔森等。接下来，巴菲特开始讲述介绍伯克希尔的业绩，他说今年有位股东谏言："伯克希尔实在是太有钱啦！可并不是每一个股东都能像巴菲特那样成为亿万富翁，所以应该考虑每年支付给股东一定数量的股息。"巴菲特笑着说："可是，B股股东投票反对了这项提案。"于是，全场又是掌声一片。

之后就进入了股东提问时间，鉴于网上已有非常详尽的报道，我就不在此赘述了。本想就所有问答写下我的个人点评，但是这会涉及很多专业投资理念，以后再专门讲吧。关于股东问答环节，我有些感受和大家分享。

一是，提问的人都非常幸运，所以事先都会准备充分，极其郑重。下午的一个提问人，就在我的座位附近（午场休息后，我已轻松找到好座位），我看见她的手不停抖动——她非常紧张。

二是，伯克希尔的股东群体非常广泛。现场有非常多白发苍苍甚至杵着拐棍的老人，他们有些还是夫妻，驼着背，相互牵着手，让我看了非常感动。股东中也有非常年轻的学生，这些十几岁的孩子很多都边听边记笔记，非常认真。来自全世界各地的四万多人因为巴菲特欢聚在一起，实在是非常难得的缘分。

三是，巴菲特和芒格绝对是最佳精神搭档，他们之间的默契超出我的想象，没有任何身体语言，没有任何眼神交流，步调却能完全一致，堪称完美。尤其当巴菲特不停喊"Charlie"时，芒格那种舍我其谁的腔调简直是魅力无边呀。

四是，今年84岁的巴菲特和90岁高龄的芒格敬业态度实在令人敬佩不已。他们光是坐在主席台上不停讲话的时间就足足有六个小时！除了偶尔喝水，他们就一直稳稳地坐着。光是保持不变的坐姿都需要两位老人有很大的毅力来支撑。我比他们年轻都很难做到，这差距，太大啦。

五是，巴菲特确实很幽默，他总能逗笑台下的观众，这功力，非同凡响。比如在回答关于可口可乐的高管期权薪酬问题时，芒格表示："巴菲特对可口可乐一事处理得非常好。"巴菲特立马说："所以，你还是我的副董事长……"我想，这就是所谓的"最佳损友"吧。

股东大会不得不提的还有现场产品展示区，那里照样人山人海。我是跟着几个拿喜诗糖果大袋子的墨西哥人走到那儿的，展示区场地非常大，布置极为合理。之前在会场很多地方听不懂，但到了这里全是我懂的。几乎每个牌子都是我读到过的上市公司的产品,但是当它们突然全部出现在我面前时,我仍然觉得很震撼,也因此产生了些许关于投资的新感悟。我一个人慢慢地来回在那儿兜了两大圈,既看产品又看价格,非常有劲。最令人兴奋的是,我在展厅玩了一个拍照游戏,竟然因此得到了一张与巴菲特共聚午餐的合影照片!我在展厅除了买了些喜诗糖果外,还淘到了双有巴菲特头像的 Brooks 的 DNA 跑鞋。因为家里的运动鞋鞋底已经磨坏了,我一直想换双新鞋,在现场导购的推荐下,我一试穿就觉得无比舒服,当即买下。回来上网一查,这款鞋在国内还没有卖的,我看报道说这是最牛的技术鞋,确实,我穿上后前掌、后掌和脚弓外侧都极舒服,难怪有人说穿了这款鞋后其他跑鞋都是"浮云"。

在股东大会于四点结束后,我们直奔伯克希尔总部所在的 Kiewit Plaza 大厦。我知道,因为周末,大厦门肯定关着。但我不能免俗,还是想看看全世界最伟大的投资公司所在的大厦,尽管伯克希尔只在这里租了第 14 层的半层楼,尽管这里平时也只有十来个人上班。照相留影后,我们为了省钱,不叫出租车,选择一路从 36 街区步行到 10 街区,这一个多小时的步行时间让我们有幸饱览了奥马哈市区的无限美景。一望无际的蓝天白云,肆意开放的灿烂小花,五彩的树木和周边精致的建筑,交相辉映,处处透着宁静与和谐,我的内心充满了喜悦。之前我一直认为奥马哈无非是个美国中部的小城市,没想到,现在呈现在我眼前的它如此美丽。这超出了我的预期,难怪巴菲特愿意一直待在家乡啊。

当天的晚餐是在市中心的一家墨西哥餐厅享用。我们的到来让服务员很开心,问我们是哪里人。当知道我们来自中国时,他们都表示非常惊讶,说那是很远的地方,因而对我们特别热情。一位服务员给我推荐了一道菜后,看我吃法不对,还及时来纠正,给我演示如何正确地吃。我哈哈大笑，他也特别开心，之后又不停来问我是否好吃，我只有拼命微笑点头，吃光了，他才真正满意地走开，真是友好热情的奥马哈人。

这就是我在奥马哈的一天。这一天的经历如此丰富，有太多的启发、太多的感动……

我知道，这美好的一天，其实意味着更多的信心、更多的勇气、更多的激励……

巴菲特堪称股神，伯克希尔生逢盛世，不可复制……

2014年5月18日，于上海

欧洲游记

——有逻辑地做事，有乐趣地生活

自春节旅游结束，从德国飞回上海后，我一直非常忙碌，大部分时间都在阅读研究分析上市公司的年报。截至 3 月 8 日，已有 266 家上市公司正式发布了 2014 年的年报（Wind 显示只有 247 家，且年报数据更新不及时）。按照陆宝的多因子选股体系，我挑选了 17 家公司的股票进入基础股票池，3 家进入核心股票池。在此期间，我对已正式公布年报的公司和已公布业绩快报的公司做了粗略的统计，整理的数据初步显示如下：2013 年 2 637 家上市公司的 EPS（每股收益）为 0.376 0 元，2014 年已公布业绩快报的 1 418 家公司的 EPS 是 0.389 6 元；经营活动产生的现金流量占比是 29.10%；过去 3 年的净利润复合年增长率是 3.18%。相比 2013 年（ROE：7.16%；ROIC：6.06%），2014 年的 ROE（净资产收益率）、ROIC（投入资本回报率）指标的算术平均数分别为 7.23%、5.83%。除此之外，我还分析了另外几十项和上市公司成长、估值、动量等相关的数据。在如今的经济结构环境背景下，某些有着特殊因子的上市公司，通过实实在在的数据散发出迷人的味道，让我独自在市场普遍悲观的氛围中体会难得的欣喜。

今年春节的这趟旅行，我先后去了德国、奥地利、匈牙利和捷克等国。因为这次是带着女儿和朋友的女儿三人一起出行，我选择了最大众化的游览路线，大家都玩得很开心，美不胜收的风景也已留在心里。由于之前的功课做得足够多，再写游记对我来说已经没啥乐趣了，今天我主要想写写这趟旅行带给我的一些感受和思考。

前后12天的旅行，我们来回一共有长达26小时的飞行时间，还有近2 000公里的长途客运时间，我将这漫长的时间用来读书。《关键对话》和《高难度对话》都在车上读完，我女儿问："妈妈你干吗看这种书？"我记得当时回答得很马虎。后来，我们两个都迷上了一档网络节目《奇葩说》后，我重新认真又严肃地回答了女儿的问题，引用的是《蔡康永的说话之道》中所说的："我喜欢研究说话这件事，是因为我觉得通过研究说话，我会比较根本地搞清楚自己和别人的关系，搞清楚自己在想什么、别人在想什么，以及最有趣的——搞清楚自己到底是一个什么样的人。演练说话就是演练如何和别人相处。你越会说话，别人就越快乐；别人越快乐，就会越喜欢你；别人越喜欢你，你得到的帮助就越多，你就会越快乐。"所以，我既然要做一个快乐的人，必须学习说话的技巧。

我多次强调旅行对人生的重要意义，就像我在朋友圈中所说的："每次旅行，都深感自己的幸运。年少时穷游，只有100元就敢跑云南、贵州、广西；年轻时狂游，所有假期都消耗在世界各地；如今人到中年，终于懂得轻游，轻松自在践行着我的人生梦想：读万卷书，行万里路！"每次旅行，总会碰到各种各样的事，遇上各种各样的人。这次当然也不例外，而我的观察兴趣，这次主要就是"说话"。"不会说话"的人其实不少。

先"吐槽"下我们的导游，他是位大学毕业后留学德国的山东汉子，已移民德国十多年。这位导游完全颠覆了大家心目中导游的传统形象，既不油嘴滑舌，更绝不蒙骗购物。游客如果主动提出想在逛景点时买点东西，导游不仅替你心疼钱包，还会百般阻拦。同行的一名留学生，因为实在饿得不行，花 3 欧元在布拉格广场买了个肉包子吃，把这导游刺激得不行："3 欧元一个肉包子，太贵了！"对于任何景点，导游都极力推荐穷游，非常不主张任何人花钱。比如，到了维也纳的美泉宫，导游说："这里比巴黎的凡尔赛宫差远了，不用买门票进去了，就到后面的花园照照相就好，一样是参观了美泉宫嘛。"团友们每次都被他弄得进退两难。唯有我每次都会买票参观，比如花 7.5 欧元买票参观美泉宫的原因是，我想看看茜茜公主曾经生活的地方。茜茜公主在现实中其实蛮苦的。她 17 岁就嫁给了她的表哥——奥地利皇帝约瑟夫，婚后才发现自己不喜欢宫廷生活，加上后来得了肺结核，与老公渐行渐远，独子鲁道夫自杀对她的打击也很大。后来，皇帝的侄子费迪南大公夫妇又被刺杀并最终引发一战。

这次旅行还遇到了因为不好好说话，引发夫妻之间吵架的。比如，我们到达萨尔茨堡的米拉贝尔花园时，因为天色已晚，想美美拍照的计划落空，同行的一对夫妻中年轻的妻子就开始拼命抱怨："我最喜欢看《音乐之声》，你明明知道的，看看你找的这个团，行程安排这么差，天黑了啥也看不到，我们到底来干吗？！"当着那么多人的面，不停地训斥老公，她老公就怒了，两人吵个不停。

我从小就是个完全不会吵架的人，看到有人吵架就赶紧走开，回酒店后，我告诉女儿，其实，米拉贝尔花园除了《音乐之声》，还需要知道的一个人是莎乐美，因为这座花园就是当时的大主教迪特里希为情人莎乐美建造的宫殿。这位俄罗斯的天才美女非同一般，她是很多天才的情人，从尼采到里尔克再到弗洛伊德，她可是一个能让男人倾倒的女人。

既然都说到了莎乐美，我就趁机开始再教育，和我的女儿聊上了。我说，厉害的人都是哲学高人，一切哲学问题经过分析都会是语言问题，而语言问题归根到底就是逻辑问题。现说现用，我继续分析：导游不主张我们买门票参观，其实不符合逻辑，因为我们出行的主要目的并不是省钱，省钱可不等于性价比；吵架的夫妻如果沟通顺畅也可以避免矛盾发生，旅游的目的是开眼界，遇到什么情况都正常，放松心情就好，没必要生气。我说，逻辑学的主题是清晰高效地思考。它既是一门科学，更是一门艺术。我们参观了欧洲那么多那么美的景点，想过为什么它们只存在于欧洲吗？一个很大的原因就是文艺复兴诞生于此！自然科学、哲学、文学、绘画、建筑都从此蓬勃发展。

"那么，什么是逻辑学？"女儿问我。当时，我已经累得够呛，没有正面回答她。今天，我坐在电脑前，想回答这个严肃的问题。

逻辑就是思维的规律和对思维的剖析，逻辑学就是关于思维规律的学说。它适用于人类理性的因果推理。逻辑学有四个基本原理：矛盾律（在同一时刻，某事物不可能既这样又不这样）、同一律（任何事物只能是其本身）、排中律（任何事物在一定的条件下的判断都要有明确的是和非，不存在中间状态）、充足理由律（任何事物都有其存在的充足理由）。逻辑推理的具体表现形式就是论证。论证的成败取决于其所包含的推理的好坏。

幸亏我在少女时代最爱的小说除了金庸的武侠系列还有柯南·道尔的《福尔摩斯探案全集》，侦探小说可是最好的逻辑普及教材呀。我告诉女儿，《奇葩说》其实也算极好的普及逻辑的教材，我鼓励女儿可以反复学习，并让她留意很多选手的诸如偷换概念、虚假假设、对人不对事、以泪掩过、情感误导等非逻辑思维的表现。

无论生活还是工作，逻辑无处不在。就拿价值投资来说，它是逻辑感最好的投资体系。买股票就是买公司：买什么样的公司？以什么价格买？成熟的价值投资者自然会有一套胸有成竹的体系。买股票容易，卖股票难。那么，回头梳理所有的交易，我们一定会发现，只有买卖都符合逻辑的交易，才是真正赚钱且让人舒心的交易。

为什么企业很难进入世界 500 强？其实也与逻辑有关。因为企业在用人、融资、管理、研发、营销等方面，都或多或少缺乏逻辑。而管理的基石恰恰就是逻辑。所以，我在看年报时，很少只看当年的，而是会分析连续几年的数据。近 20 年的经验积累下来，我发现的事实是：有好管理模式的好公司实在是凤毛麟角。

虽已年过四十，我也已经很努力地让自己尽量有逻辑地做事，但是我始终没法做到有逻辑地表达。我想，2015 年的我，除了可以继续有逻辑地做事、有逻辑地投资；我还可以继续学习，研究语言的逻辑，提升说话的技巧。当然，我还会一如既往，继续读书、继续旅行，过自我感觉有趣的生活。总之，我会继续用心，继续快乐认真过一场属于我自己的精彩人生！

今天是 3 月 8 日，顺祝各位姐妹们：节日愉快！

布达佩斯

通盘无妙手

2015年3月8日，于家中

匠人之旅

犹记得上个月某个场景。当时,一位老师在开课前突然问学生们:"你们听说过一位世界级的禅学大师叫铃木大拙吗?"在台下的我,稍感放松,因为我对这位名叫铃木大拙的大师碰巧有些了解。知道这个名字,是因为我几年前读到过胡适和铃木大拙在东西方哲学会议上(1949年夏威夷大学)一段堪称巅峰的辩经。我对带有激烈矛盾碰撞的观点有着天然的好奇,所以曾找来两位大师的大作拜读,然毕竟资质愚钝,终是一知半解。

所以,这次去日本,我把第一站定在了镰仓,因为很想去看看铃木大拙年轻时学习并"见性"彻悟的圆觉寺;至于他的墓地所在地东庆寺以及晚年居住的松冈文库(虽然也都在镰仓),我没有特别计划。火车到达镰仓后,我先去江之岛闲逛了一圈,把圆觉寺留待更清静的午后来参观。如果不知道铃木大拙,对我而言圆觉寺和日本其他寺院并无多大分别,就算是巨松,也并无特别之处。那么,我的参观究竟有无意义?当我漫步在圆觉寺中时,想起因为胡适才知道了铃木大拙,然而胡适究竟是否不屑于禅,我尚未真懂。但我一直特别喜欢胡适在赠言北大哲学系毕业生的文章里,所引用的禅宗高僧的那句经典:"达摩东来,只要寻一个不受人惑的人。我这里千言万语,也只是要教人一个不受人惑的方法。"走在静谧的圆觉寺,我想多少都能感受到些许"雁水化生"之"无心禅"吧。

铃木大拙享年96岁高龄。他用了毕生的时间，将东方的禅学介绍到西方，架起东西方文化沟通的桥梁，直至94岁都还赴欧洲、美国等地讲授禅学。铃木大拙的初衷是"想知道世间与人的本来面目"，后来又变成"想让人们普遍了解世间与人的本来面目"。禅其实是一种实际的、个人的体验，属于自证自受的，具有"超理性""超逻辑"的特性，并不是一种用分析或比较的方法就能获得的知识。因此，这种感性或者灵性之禅，与西方推崇的极端理性主义是完全不同的。按照禅的理念，正是由于西方的理性思维方式生硬地将不可分离的主客体置于对立状态，才导致了人类历史充满动荡和争斗。仅从这一点来说，我们应该能了解到，铃木大拙穷尽一生所致力的西渡传禅事业会是一条多么艰辛的崎岖之路。直至二战结束，由于战争造成的创伤引发人类的迷茫，无数人开始寻找心灵的慰藉和生命的意义，英语教师出身的铃木大拙的禅学论著才慢慢影响到"垮掉的一代"，西方最重要的知识分子开始看他的论著《禅宗入门》《禅与心理分析》等，诸如金斯堡、凯鲁亚克、海德格尔成为狂热的禅宗爱好者，甚至乔布斯后来也开始了"苹果禅"的传教运动。70年很长，但铃木大拙终其一生只做了传禅一事，终成为世界的禅者。

如果很多人对铃木大拙了解不多，那么宫崎骏的大名应该就无人不晓了吧。承蒙我在日本的朋友的帮助，我预订到了宫崎骏75岁生日当天三鹰吉卜力美术馆的门票。我一大早就坐着公交车前去等待开门，终于可以如愿来到向往已久的美术馆。美术馆内不能拍照，也没有任何指定路线，这样反而可以用心参观。我参观了将近3个小时，内心非常震撼。我并不是一个动漫迷，更没有看过宫崎骏所有的作品，但我知道宫崎骏在全球动画界所具有的无可替代的江湖地位，他的动画能从日本本土走向世界，不仅是跨文化传播的一个成功典范，更是拯救日本经济的一剂强心剂。日本动漫产业之巨大，早在我分析日本的"滞涨"时就提及了(动漫已是日本第三大产业,日本也是世界上第一大动漫作品出口国,占据国际市场的6成,在欧美市场的占有率高达80%以上,年营业额达230万亿日元,折合人民币14万亿元)。所以,我一直特别好奇:究竟是什么样的奇才,获奖无数甚至拿下了奥斯卡终身成就奖?究竟是什么样的性格,导致他屡次退出又屡次复出?究竟这个75岁的老头有什么魔力,能让他的作品具备如此超凡的想象力,带给我们一个又一个魔幻且美丽的漫画世界?

漫步于美术馆中,我想要的答案开始慢慢呈现。工作室里随意堆放的大量书籍,让我惊叹:《世界机关车大全》《世界航空史》《史记》《唐诗宋词》《建筑史》等大部头的书,静静地告知我们,知识何以成为力量。编号整齐、数目众多的细分品类的色彩板,整齐地摆在那里,我数了数,仅仅一个蓝色系列,就多达四十几种色号。美术馆的各个角落里都摆放着许多厚厚的画稿草稿——《天空之城》《风之谷》《千与千寻》……用大盆子装着的画废的铅笔,还有书桌上烟缸里满得快要扑出来的烟头……我一边参观着这些细节,一边想象着这位漫画之神的工作状态,触动很大,因为所有的展品无一不在向每一位参观者诉说着大师对唯美画面的极致追求。

整个美术馆的设计和装饰,毫无商业感,更没有展示和悬挂任何奖项。门票难买,但票价低(1 000日元,相当于60元人民币)。美术馆里还有很多关于动画的制作以及互动的游戏,充分显示了宫崎骏对孩子们的热爱。我特意浏览了关于他的作品的梳理动画,能强烈地感觉到,他通过每一部动画电影,反复地和孩子们对话:这个世界很好,很美,值得勇敢地活下去!世界难免有邪恶,但正义永存。宫崎骏把美好和梦想留给了孩子们,把创作的艰辛和自我的突破留给了自己。台上一分钟,台下十年功。宫崎骏大师用了50多年的时间走出了一条超凡创作之路,太不寻常,堪称匠人中的牛人。

匠人之旅的第三站：日本最杰出的天妇罗之神的"是山居"。我不是一个特别爱吃的人，但是，大概是因为老妈厨艺太好，且年轻时有机缘品尝过不少美食，我的味蕾一直很挑剔。对于很多受到网络好评的美食，我都觉得一般，寻找米其林餐厅之类的游戏也不是我的乐趣。况且，我之前对天妇罗其实是有偏见的——毕竟无论哪里的日料店都有天妇罗，感觉不过是低卡路里的"炸蔬菜"或者"炸海鲜"罢了。当我得知"是山居"的牌匾是日本巨匠、人间国宝芹泽圭介亲手所制，且店里还有不少古董与艺术品，所用餐具更是由20位日本当代最有名的艺术家共同创造，每套价值100万日元以上时，我仍不觉得特别有趣。然而在看了某期纪实采访的节目后，我对那位拒绝了米其林的评级，活得放松自然，可以公开对媒体说自己爱好抽烟和玩弹子机的70岁老人早乙女哲哉，充满了敬佩和亲切感。人生莫过于自然，我喜欢自然的一切。

感恩我总是能得到好朋友的关照，让我在离开日本前如愿来到了"是山居"品尝早乙女哲哉的绝技，制作了整整两个小时的天妇罗极其美味，让我大饱口福、大开眼界。由于事先得到朋友的关照，他告诉我们再好的赞叹也不必说出来，用心品尝就好，所以我们十位围坐在吧台的食客都很有默契：大家在极其安静的环境中，享受着大师亲自递到我们面前的每一道无比美味的天妇罗。

之前我看过报道，说早乙女先生最拿手的就是控制锅中每一种不同食材的火候：牡丹虾炸20~30秒，穴子是35~45秒，舞茸是50~60秒，而海胆仅需要短短的10~15秒。虽然每一位客人的进餐速度不同，但老爷子从来没出现过火候不足或过了的情况，绝对保证刚刚出锅的每一道天妇罗呈现在每位客人面前时都一样的美味，这就是"天妇罗之神"的绝对核心竞争力。

整整两个小时，大师就隔着吧台在我的正对面，站在一口大油锅面前，双手极其麻利，有条不紊地忙碌着，神态平静，眼神专注。看着我面前这位年已70岁仍专注且忙碌的老人，尤其是一想到他15岁就开始做学徒，早已功成名就，如今依然如此热爱料理事业，依然带着淡淡的微笑站着为来自世界各地有缘且有福的客人提供美味的天妇罗，早乙女所拥有的匠人精神实在令我感动不已。

进餐到一半，坐在我旁边的日本大叔实在太兴奋了，主动和我聊天。当得知我来自上海时，他立马告知早乙女。老人家也很开心，一改之前的沉默专注，带着更爽朗的笑和大叔聊天，"是山居"的气氛瞬间变得活跃起来，客人们都赶紧发表感慨，称赞实在太美味了，表示非常感谢之类。老人家默默点头微笑，摆出了传说中的"就该这个样子"的神态，食客们都很有默契地笑了，享受这份愉快的邂逅。用餐结束后，我斗胆跟着日本大叔一起请早乙女先生为我们在人手一份的手绘菜单上签名，大师爽快地答应了，然后走到吧台的另一侧，拿起毛笔细描起来。等我双手接回时，又一次被惊喜到了：大师竟然还画了一只活灵活现的水墨虾送给我！我扭头看隔壁日本大叔的，给他画的是一只乌贼。我们俩喜不自胜，就差再喝一杯啦。

回到上海后，和好友兴奋地聊起这次的匠人之旅，她说："终于明白你这人为啥这么轴了，喜欢的全都是这种50年甚至70年只干一件事的人。有的人追求人生的宽度和长度，而你追求的却是人生的精进和深度。"我听了哈哈大笑，果然是知音啊。

如果没有和好友的这番对话，我可能不会写这篇又是"闲扯"的杂文。但越是回味，我越有感触。时间和金钱，无疑是现代人最珍视的两样东西。但是，如果有一件事是自己真心喜爱的，有些人是可以不计较时间和金钱的，那么我们愿意为之付出多少？宫崎骏的作品之所以深受欢迎，是因为他坚决摒弃了动画的商业性，用50多年的时间把动画的艺术性推向了极致，利用动画传达自己对人生、对世界的认知。他的工作室从不以营利为前提，为了保证作品的高品质，基本不外接漫画改编，从原作、剧本到动画电影，一步到位，也不出版漫画。这样的做法，在一般同行眼里简直就是跟钱过不去，所以在很长的时间里，宫崎骏都保持着穷人的身份，甚至曾经负债累累。然而最终，他依然获得了傲然的成功。早乙女哲哉同样，15岁开始从学徒做起，经历55年风风雨雨，对他而言，竟然只是感觉时间一晃就过去了。他从来不屑于商业宣传，更没有想过要将店面扩张或扩大规模。对于他来说，只有一个心愿，那就是做出更美味的天妇罗给来小店的客人品尝就足矣，所有的快乐和满足都在于只求一生做好一件事。在当下的浮躁社会，可能只有傻人才会干这样的傻事。但是，聪明不等于智慧！无论铃木大拙、宫崎骏还是早乙女哲哉，他们的真实故事都告诉我们，只要秉承初心，抛开杂念，坚韧地奋斗下去，定将获得时间赐予我们的超额奖励。而这，恰恰也是价值投资的精髓。

愿我有这样的福分，能把投资这件事干上50年，人生仅此一愿……

2017年1月8日，于家中

后 记

年初几番犹豫，把这几年写的随笔整理成了书稿。承蒙中国人民大学出版社鼎力支持，在曹沁颖老师的耐心帮助下，我在8月下旬收到了本书的清样稿件。

在重读书稿修订通稿的过程中，我蓦然发现这近三十万粗浅的文字犹如一面镜子，如此真实地照见了一路蹒跚走来并不完美的我，这令我惭愧不已。就在我几乎将要放弃它时，女儿鼓励我说："还是出一本吧，花了那么多心血，这些文字对读者可能还是会有启发。"

感谢陆宝的合伙人、我的工作搭档王成老师，你用自强不息的拼搏精神鼓舞着团队探索奋斗。同时借这个机会向所有关心陆宝的领导们、客户们、同事们、朋友们和家人们表达深深的谢意！没有你们一路给予的爱和鼓励、信任和鞭策，我的人生怎会精彩？如果曾经有任何不妥之处，那一定是我的无心之过，本人在此致歉，请您包涵不够成熟的我。对于本书的读者朋友，我要感恩你们的用心陪伴。见字如面，希望我的絮叨能为您的投资或生活带来些许启发。祝福我们的未来，愿我们都能成为最棒的自己！

最后，感谢我的女儿，你是我生命中的小天使！

刘 红

2021年9月11日

图书在版编目（CIP）数据

通盘无妙手：女私募基金经理26年投资感悟/刘红著.--北京：中国人民大学出版社，2022.1
ISBN 978-7-300-29831-3

Ⅰ.①通⋯ Ⅱ.①刘⋯ Ⅲ.①投资—经验 Ⅳ.①F830.91

中国版本图书馆CIP数据核字（2021）第174165号

通盘无妙手

女私募基金经理26年投资感悟

刘 红 著

Tongpan Wu Miaoshou

出版发行	中国人民大学出版社		
社　　址	北京中关村大街31号	邮政编码	100080
电　　话	010-62511242（总编室）	010-62511770（质管部）	
	010-82501766（邮购部）	010-62514148（门市部）	
	010-62515195（发行公司）	010-62515275（盗版举报）	
网　　址	http://www.crup.com.cn		
经　　销	新华书店		
印　　刷	北京联兴盛业印刷股份有限公司		
规　　格	148 mm×210 mm　32开本	版　次	2022年1月第1版
印　　张	10.5　插页2	印　次	2022年1月第1次印刷
字　　数	262 000	定　价	88.00元

版权所有　侵权必究　印装差错　负责调换